elefante

elefante

Conselho editorial
Bianca Oliveira
João Peres
Tadeu Breda

Edição
Tadeu Breda

Assistência de edição
Natalia Engler

Revisão
Luiza Brandino
Eveline Almeida da Silva

Direção de arte
Bianca Oliveira

Assistência de arte
Sidney Schunck

Diagramação
Fernando Zanardo
Daniela Miwa Taira

ORGANIZAÇÃO

Rafael Domingos Oliveira

GAZA NO CORAÇÃO

História, resistência e solidariedade na Palestina

Em homenagem às vítimas da expulsão, do apartheid e do genocídio perpetrados contra os palestinos há mais de sete décadas, em decorrência da política colonialista e racista do sionismo, que serve de alicerce para o Estado de Israel. Que seus nomes, memórias e vozes permaneçam vivos, inspirando-nos a lutar pela verdadeira emancipação humana.

Um dia se fará a história do sofrimento
do povo palestino e ela será um monumento
à indignidade e covardia dos povos.

— **JOSÉ SARAMAGO**

Nota da edição 13

Introdução 17
RAFAEL DOMINGOS OLIVEIRA

Welcome 29
FARAH CHAMMA

A medida do que somos capazes de fazer para mudar o mundo 33
FRANÇOISE VERGÈS

Em Gaza, o capitalismo reencontra sua vocação originária 41
SILVIA FEDERICI

Esqueci de morrer: reflexões sobre a reprodução social da vida palestina 51
TITHI BHATTACHARYA

Al-Nakba e os percursos historiográficos de uma tragédia sem fim 67
ARLENE CLEMESHA

Por uma pedagogia da Nakba 95
FRANCIROSY CAMPOS BARBOSA

103
A conquista da Palestina: uma terra, muitos povos
SAMIRA ADEL OSMAN

115
Racismo, colonialismo e genocídio na Palestina ocupada
DEIVISON FAUSTINO

139
O sionismo e a luta anticolonial do povo palestino
JONES MANOEL

147
Pensar após Gaza: desumanização, trauma e a filosofia como freio de emergência
VLADIMIR SAFATLE

165
Genocidade: microfísica da morte continuada
BERENICE BENTO

173
Sumud
RIMA AWADA ZAHRA

177
Gaza e os filhos de Eichmann
TADEU BREDA

193
Quanto mais outrificado, mais o palestino se assemelha ao judeu de outrora
DAFNE MELO

199
Israel, sionismo, apartheid: o que você esperava?
BENJAMIN MOSER

211
Questão judaica e emancipação humana
MARCIO FARIAS

219
Solidariedade com a Palestina, encontro com a judeidade
BRUNO HUBERMAN

227
Para estarmos inteiros
VOZES JUDAICAS POR LIBERTAÇÃO

233
Contra o pó
PEDRO FERRARACIO CHARBEL

241
A não violência que ninguém vê
THIAGO ÁVILA

251
Vacas, tijolos e comida na Palestina
ANA CAROLINA COPPOLA

261
A pior dor do mundo
GABRIEL ROCHA GASPAR

267
***Pinkwashing* e homonacionalismo no contexto da Palestina**
GABRIEL SEMERENE
KAIS HUSEIN

285
Redes sociais e a voz palestina
HYATT OMAR

291
Um chamado das mulheres palestinas
SORAYA MISLEH

299
Quantos campos de batalha?
RITA VON HUNTY

307
A ONU sob os escombros de Gaza
JAMIL CHADE

321
O fracasso sionista na Palestina
UALID RABAH

331
Por um “nós” inclusivo
GENI NÚÑEZ

337
O genocídio é um rosto que nos olha
GERALDO GODOY DE CAMPOS

345
A solidariedade como pensamento/ação anticapitalistas
RAÚL ZIBECHI

353
O povo originário palestino reexiste por seu território e vida
CASÉ ANGATU

357
Das favelas do Rio à Palestina
GIZELE MARTINS

365
Povo negro brasileiro e povo palestino: a aliança dos condenados da terra contra o colonialismo
DOUGLAS BELCHIOR
PEDRO BORGES
SIMONE NASCIMENTO

373
A solidariedade do MST com a Palestina
GERSON DE SOUZA OLIVEIRA
SELMA DE FATIMA SANTOS

379
A responsabilidade de todos nós
HELOISA VILLELA

385
Viagem à Palestina: segregação, racismo e militarização
GAL SOUZA

393
O sonho do meu avô, e o meu
MAYNARA NAFE

401
As chaves de Yaffa
SHARIF SHABAZZ

407
O genocídio versificado: testemunhos de três poetas de Gaza
FELIPE BENJAMIN FRANCISCO

415
O último abraço
MILTON HATOUM

419
Mãe palestina
CARLOS LATUFF

Nota da edição

A capa deste livro presta homenagem ao *tatriz*, técnica ancestral de bordado criada e disseminada de geração em geração pelas mulheres palestinas, reconhecida como Patrimônio Cultural Imaterial da Humanidade pela Unesco em 2021. Estima-se que esse tipo de ponto-cruz, chamado de *fallahi*, tenha surgido há três mil anos na região do Levante, que séculos mais tarde ficaria conhecida como Palestina. Em árabe, *fallaha* significa "camponesa", daí o nome, *fallahi*, ponto-cruz feito pelas *fallaha*. O *tatriz* costuma enfeitar os vestidos tradicionais palestinos (*thobe*), entre outras peças de vestuário, tanto para uso cotidiano como cerimonial. Cada localidade da Palestina preserva um desenho típico. Diz-se que uma boa conhecedora consegue saber onde o *tatriz* foi feito apenas batendo o olho no formato do *fallahi*.

O bordado que reproduzimos na capa foi retirado do livro *Palestinian Embroidery: Tradicional Fallahi Cross-Stitch* [Bordado palestino: o tradicional ponto-cruz *fallahi*], de Widad Kamel Kawar e Tania Tamari Nasir, publicado em 2021. Trata-se de um padrão de bordado típico da região de Gaza. O desenho representa um pendente (*qilada*, em árabe), mas também podemos ver nele um coração, e costuma adornar exatamente a parte do *thobe* que fica sobre o peito de quem o veste. Foi costurado por tecelãs oriundas do antigo vilarejo de Majdal, em um campo de refugiados palestinos na Jordânia. Os habitantes de Majdal foram expulsos pelas forças judaicas em 1948, no início da Nakba.

Hoje, a localidade faz parte de Ashkelon, cidade israelense que fica apenas treze quilômetros ao norte da atual Faixa de Gaza. A *qilada* da capa deste livro, portanto, é um dos muitos símbolos da resistência do povo palestino — notadamente, das mulheres palestinas, que, em seus territórios ancestrais ou na diáspora, não deixaram de preservar suas raízes e exercer sua cultura, e que hoje, junto com as crianças palestinas, são as maiores vítimas do genocídio empreendido por Israel com apoio dos Estados Unidos e de países europeus, como Inglaterra, França, Itália e Alemanha.

O título deste livro é uma referência direta a *Espanha no coração: hino às glórias do povo na guerra*, de Pablo Neruda. A obra foi publicada originalmente em espanhol, no Chile, terra do autor, durante a Guerra Civil Espanhola (1936-1939), e traz 23 poemas sobre os horrores do conflito. Foi durante os cruentos combates entre as forças da República (que concentravam social-democratas, liberais, comunistas, socialistas e anarquistas) e os fascistas liderados pelo general Francisco Franco que a cidade basca de Gernika recebeu um pesado bombardeio, executado pelas forças aéreas alemã e italiana. Enquanto as potências ocidentais lavavam as mãos e preferiam não se envolver no fratricídio espanhol (os republicanos foram apoiados apenas pelo México e pela União Soviética), Adolf Hitler e Benito Mussolini prestaram grande auxílio material aos franquistas, definindo os rumos do enfrentamento.

A destruição de Gernika ocorreu em 26 de abril de 1937. Profundamente impactado pelo episódio, Pablo Picasso pintou, no mesmo ano, seu imenso e célebre quadro; e Neruda escreveu seus dolorosos versos. Assim como a Guerra Civil Espanhola foi um divisor de águas do século XX — pelo nível de brutalidade que atingiu, pelos alinhamentos geopolíticos que provocou e pelo absoluto desastre humano que prenunciou —, podemos dizer o mesmo, com relação ao século XXI, sobre o que passou a acontecer na Palestina a partir de outubro de 2023. O mundo não será o mesmo depois do genocídio aberto cometido por Israel. Já não é. Por isso, estamos e estaremos com Gaza no coração. Como não estar?

Quando finalizamos esta edição, em agosto de 2024, a ofensiva israelense na Faixa de Gaza já havia provocado pelo menos 40 mil mortes, das quais 16,5 mil de crianças, e ferido 95 mil pessoas. Mais de 10 mil estão desaparecidas. A infraestrutura de Gaza, que já era precária, também vem sendo sistematicamente destruída: 60% dos edifícios residenciais, 80% dos pontos comerciais, 65% das ruas e estradas, 85% das escolas e 65% dos campos de cultivo agrícola foram danificados; apenas 16 dos 36 hospitais de Gaza estão conseguindo funcionar parcialmente. Uma imensa devastação.

Os eventuais lucros obtidos com a venda deste livro serão revertidos a organizações de assistência ao povo palestino.

RAFAEL DOMINGOS OLIVEIRA
é historiador e educador, bacharel e mestre em história pela Universidade Federal de São Paulo (Unifesp) e doutorando em história social pela Universidade de São Paulo (USP). Especialista em estudos sobre escravidão e abolição nas Américas, foi coordenador do Núcleo de Educação do Museu Afro Brasil e pesquisador do Projeto Querino. É membro do Núcleo de Estudos e Pesquisas da Afro-América (Nepafro) e coordenador do Núcleo de Acervo e Pesquisa do Theatro Municipal de São Paulo. É autor de *Vozes afro-atlânticas: autobiografias e memórias da escravidão e da liberdade* (Elefante, 2022).

Introdução

RAFAEL DOMINGOS OLIVEIRA

Fragmentos de três dias em Gaza:

(i) Janelas tremem violentamente, reverberando os mísseis dos caças que explodem no chão, lançando estilhaços e detritos por todos os lados. Bebês esperneiam, cachorros latem e o pandemônio se sucede. As ruas estão sem tráfego. Tudo o que se move torna-se alvo. Acima, os caças israelenses guincham cortando o ar, acompanhados pelo habitual zumbido dos drones que pairam sobre as nossas cabeças. [...] O Ministério da Saúde de Gaza anunciou que os hospitais estão com falta de remédios e que 25% dos suprimentos médicos estão em falta. O porta-voz do ministério, Ashraf Al-Qidwa, implorou à comunidade internacional para que reaja frente às necessidades da população.

(ii) Em declaração oficial, o primeiro-ministro israelense, Benjamin Netanyahu, negou as acusações de que Israel está alvejando civis palestinos. "Israel tem como alvo os terroristas do Hamas, não civis inocentes. Ao contrário, o Hamas alveja civis israelenses, e se esconde atrás de civis palestinos. O Hamas, portanto, carrega toda a responsabilidade por qualquer mal que os civis, tanto israelenses como palestinos, possam vir a sofrer."

(iii) Com lágrimas nos olhos, o âncora do canal televisivo Al-Aqsa anunciou a morte do jornalista palestino Hamed Shehab no início da noite de quarta-feira, atingido por um ataque aéreo israelense enquanto dirigia para casa na Rua Omar Al-Mukhtar. Shehab, 27 anos, estava trabalhando para a emissora local Media 24. Dirigia um carro que tinha as letras "TV" em adesivos vermelhos grandes no teto quando foi atingido por um míssil israelense.

Ao ler esses relatos, seria natural que qualquer pessoa rapidamente associasse os eventos narrados a alguns dos episódios que se seguiram ao dia 7 de outubro de 2023. São descrições com um grau de detalhamento incomum aos canais da imprensa hegemônica, é verdade; no entanto, quem lê notícias internacionais certamente esbarrou em alguma do tipo. Os fatos acima, porém, foram escritos há dez anos — respectivamente, nos dias 9, 10 e 11 de julho de 2014 — pelo jornalista palestino Mohammed Omer, testemunha ocular daquela que ficou conhecida como operação Margem Protetora.[1] Após quase dois meses de ataques mortais, mais de duas mil pessoas foram assassinadas em Gaza pelas forças israelenses — 536 delas, crianças. Dias antes do início da ofensiva, em 2 de julho, o jovem palestino Muhammad Abu Khdair, de dezesseis anos, havia sido sequestrado, torturado e queimado vivo por colonos judeus. Quando foi capturado, Khdair estava à espera de amigos com os quais comeria antes do jejum diurno do Ramadã; depois, iriam para a mesquita. Um dia antes, o jovem tinha decorado as ruas de Shuafat, seu bairro em Al-Quds (Jerusalém), com lanternas típicas do mês sagrado dos muçulmanos. Seu corpo foi encontrado dias depois nas florestas de Dair Yassin.

Os relatos de Omer sobre os eventos de 2014 também caberiam perfeitamente nas descrições da ofensiva israelense em Gaza ocorrida entre 27 de dezembro de 2008 e 18 de janeiro de 2009, conhecida no mundo árabe como Massacre de Gaza e referida por

1 Mohammed Omer, *Em estado de choque: sobrevivendo em Gaza sob ataque israelense*. Trad. Vinicius Gomes Melo. São Paulo: Autonomia Literária, 2017.

Israel como operação Chumbo Fundido. Mais de 1,5 mil palestinos foram assassinados na ocasião, e outros cinco mil ficaram feridos. As descrições do jornalista palestino ainda seriam plausíveis se se referissem à ofensiva israelense de maio de 2021, batizada pelo Estado judeu como operação Guardião das Muralhas, que vitimou mais de trezentos palestinos e provocou o deslocamento forçado de 72 mil pessoas.

Mesmo nos intervalos entre os sucessivos morticínios perpetrados por Israel, a vida em Gaza não é fácil. O Movimento de Resistência Islâmica — mais conhecido pelo seu acrônimo, Hamas — venceu as eleições parlamentares na Palestina em 2006 e expulsou totalmente o Movimento de Libertação Nacional da Palestina (Fatah) em junho de 2007. Desde então, Israel e Egito impuseram um bloqueio total ao território, o que significa o controle de tudo o que entra e sai por terra, ar e mar. Em março de 2008, o relatório de uma coalizão de organizações de direitos humanos que contou com a participação de Anistia Internacional, Care International, Cafod, Christian Aid, Médecins du Monde, Oxfam, Save the Children e Trócaire advertiu que o bloqueio a Gaza constituía uma punição coletiva à população civil, e que a situação humanitária na estreita faixa territorial era a pior desde o início da ocupação israelense, em 1967, considerada ilegal pela Resolução 242 do Conselho de Segurança das Nações Unidas.

Gaza possui uma das maiores densidades demográficas do mundo. O bloqueio impôs aos cerca de dois milhões de habitantes da região uma crise permanente, ampliada a cada onda de bombardeios intensivos de Israel — que ocorrem em intervalos de três a cinco anos. Dados oficiais revelam que mais da metade da população vive abaixo da linha da pobreza e que pelo menos 45% da força de trabalho está desempregada. Muitas das pessoas que moram em Gaza são refugiadas de ações militares anteriores promovidas por Israel. Há escassez crônica de água, energia, alimentos, combustíveis e medicamentos.

O bloqueio israelense é sustentado pelos Estados Unidos e pela União Europeia, que justificam seu apoio pelo fato de o Hamas não reconhecer o direito de existência do Estado de Israel. Como resultado, a maioria dos gazenses sobrevive com menos de dois dólares por dia. Em 1998, cerca de 21,6% da população amargava a pobreza absoluta, percentual que subiu para aproximadamente 35% em 2006, conforme dados do Banco Mundial. Sem assistência financeira e humanitária, em 2007 o índice de pobreza absoluta alcançou 67%. A situação se agrava a cada ano, e agora chegou a níveis extremos.

Segundo o relatório "Gender Alert: The Gendered Impact of the Crisis in Gaza" [Alerta de gênero: o impacto de gênero na crise em Gaza], divulgado em janeiro de 2024 pela ONU Mulheres com informações sobre a atual ofensiva israelense, duas mães são mortas em Gaza a cada hora; 85% da população foi deslocada, incluindo mais de um milhão de mulheres e meninas; mais de dez mil crianças perderam a mãe. Segundo dados da Agência das Nações Unidas de Assistência e Obras para os Refugiados da Palestina no Oriente Próximo (UNRWA, na sigla em inglês), 63 mulheres são assassinadas por dia em Gaza. Mulheres e crianças são alvos preferenciais de Israel, que, como de costume, acusa o Hamas de utilizá-las como "escudo humano".

A tragédia em Gaza, porém, não começa com o bloqueio de 2007; está profundamente conectada com a catástrofe palestina de 1948, a Nakba.

Abder Raouf Ibrahim Yusuf Misleh era uma criança quando seu povoado foi invadido por forças judaicas: primeiro, pelo Irgun Zvai Leumi; logo depois, pela Brigada Alexandroni, criada pela Haganá. Abder Raouf era uma das mais de duas mil pessoas, distribuídas em 434 casas, que habitavam a aldeia de Qaqun, seis quilômetros a noroeste do distrito de Tulkarm, no território da Palestina histórica. Em algum dia entre março e junho de 1948, Abder viveu um verdadeiro pesadelo:

> Lembro exatamente de quando entraram na minha aldeia. Eu tinha mais ou menos doze anos, a minha aldeia tinha uma mesquita, tinha uma praça só. [...] *Naquele* praça, sempre juntava muita gente no fim do dia, *pra* conversar, *pra* trocar ideia, toda *aquele* coisa de aldeão. Aquele dia, mais ou menos *era* cinco, seis horas da tarde, os judeus bombardearam *aquele* praça e mataram pessoas. Trinta e oito pessoas *mortos* na praça! Nós estávamos jantando, a comida ficou no prato.[2]

A Haganá foi uma organização paramilitar judaica que operou no território palestino entre 1920 e 1948, quando se transformou na célula central das Forças de Defesa de Israel (IDF, na sigla em inglês). O Irgun, também uma organização paramilitar sionista, surgiu como uma dissidência radical da Haganá. Essa organização foi considerada de natureza terrorista e de inspiração nazifascista, conforme denunciaram intelectuais judeus — entre eles, Albert Einstein e Hannah Arendt — em uma carta aberta publicada no *New York Times* em 4 de dezembro de 1948. Um dos líderes do Irgun, Menachem Begin, tornou-se, em 1977, o sexto primeiro-ministro de Israel. Além disso, o grupo transformou-se, ainda em 1948, no partido de direita Herut, que em 1973 liderou a coalizão responsável pela criação do Likud, partido atualmente presidido por Benjamin Netanyahu.

> Eu vi mulheres que a bomba explodiu, eu vi gente com barriga *tudo* aberta. Eu pessoalmente vi um amigo meu, a gente estudava junto. Eu vi, com minha idade. Eu passei a mão no rosto dele, na testa dele, *pra* reconhecer ele, tinha sangue *pra tudo* lado, a cabeça dele cortada, o rosto todo branco e eu passei a mão na testa dele *pra* reconhecer ele, eu nunca esqueço essa cena.[3]

2 Soraya Misleh, *Al Nakba: um estudo sobre a catástrofe palestina*. São Paulo: Sundermann, 2017, p. 80-81.
3 *Idem*.

A cena, rememorada por Abder Raouf em entrevista à pesquisadora Soraya Misleh, sua filha, é inacreditavelmente contemporânea: as imagens e vídeos de crianças palestinas assassinadas, decapitadas, amputadas ou em estado de choque após perderem os pais e a família em bombardeios israelenses em Gaza circulam o mundo em tempo real. Os relatos de Mohammed Omer e Abder Raouf, assim como as imagens de Gaza pós-outubro de 2023 que nos chegam graças ao corajoso trabalho de jornalistas e fotógrafos como Motaz Azaiza, Belal Khaled, Bisan Owda, Wael Al-Dahduh, entre tantos outros, criam a impressão de que Gaza, e os palestinos em geral, vivem um regime de historicidade particular, uma espécie de *história fora do tempo*, submetidos a uma eterna repetição da catástrofe.

Essa percepção, no entanto, é acrescida de uma vigorosa capacidade de resistência e reconstrução, reafirmada todos os dias pelos próprios palestinos que, há 76 anos, denunciam as agressões das quais são vítimas, impedindo a normalização do estado de exceção em que vivem. Essa situação é também sintoma de um confronto mais profundo: nas palavras de Edward Said, "o confronto entre uma afirmação e uma negação". Como compreender e capturar esse regime de historicidade? Como descrevê-lo e narrá-lo? Para Said, "devemos compreender a luta entre palestinos e sionistas como uma luta entre uma presença e uma interpretação, em que a primeira parece ser constantemente subjugada pela segunda".[4]

É esse embate existencial que explica por que, na manhã de 7 de outubro de 2023, quando surgiram as primeiras notícias do ataque do Hamas nas regiões fronteiriças de Gaza, ao sul de Israel, pelo menos dois tipos de sensações se espalharam pelo mundo. De um lado, houve um choque generalizado com o que foi noticiado como "o maior atentado contra judeus após

4 Edward Said, *A questão da Palestina*. Trad. Sonia Midori. São Paulo: Editora Unesp, 2012, p. 10.

o Holocausto", mais um exemplo do profundo ódio de árabes e islâmicos, todos bárbaros terroristas, à "única democracia do Oriente Médio"; portanto, mais um capítulo do supostamente milenar e insolúvel "conflito religioso" entre "dois lados" em disputa pela "terra santa", a luta entre "civilização e barbárie". Para muitas outras pessoas, contudo, aquele momento se transformou em uma angustiante apreensão: sabíamos que uma escalada inimaginável na violência contra os palestinos estava por vir, ainda mais brutal que aquela dos relatos de Abder Raouf e Mohammed Omer.

O que explica a coexistência de percepções tão profundamente diferentes e de escala global em torno de um mesmo acontecimento? Trata-se do choque entre a *interpretação*, mencionada por Said, e a *realidade* dos fatos. A interpretação, nesse caso, pode ser definida como a narrativa ideológica que apresenta o Estado de Israel como a única, natural e indiscutível manifestação do direito de autodeterminação dos judeus — de todos os judeus. Essa interpretação estabelece um vínculo incontornável entre o judaísmo, a judeidade e o Estado de Israel. Assim, a mais sutil crítica a esse Estado ou mesmo a entidades sionistas seria uma expressão do antissemitismo que culminou no Holocausto — e, por isso, deve ser duramente reprimida. Enquanto isso, Israel está autorizado a cometer as maiores atrocidades, pois, pela narrativa que difunde ao mundo, estaria apenas exercendo seu "direito de defesa". A realidade, por outro lado, revela aspectos que essa narrativa busca propositalmente esconder: entre eles, o fato de que a construção de Israel se deu a partir de sucessivos e bem documentados fenômenos de expulsão e limpeza étnica dos palestinos, e a manutenção do Estado judeu ocorre por meio de ocupações ilegais, apartheid e encarceramento em massa, constituindo-se em uma forma, ao mesmo tempo, típica e particular de colonialismo.

A repetição sistemática da narrativa ideológica sionista, à direita e à esquerda, desde fins do século XIX, atualizada constantemente pelo lobby internacional israelense, é revestida por uma armadura quase intransponível, com o intuito de protegê-la de toda e qualquer crítica. Esse "domo de ferro" se caracteriza não apenas pelo apoio mas, sobretudo, pelo patrocínio da maior potência econômica e militar do planeta, os Estados Unidos, como outrora contou com a proteção de um dos maiores impérios coloniais de que se tem notícia, a Grã-Bretanha. É essa filiação de conotações colonialistas, imperialistas e neoliberais que permite a impunidade de Israel perante as organizações internacionais, apesar de todos os crimes de guerra, punição coletiva, ocupações ilegais e violações de direitos humanos que comete sistematicamente e que são de conhecimento público.

Mas nenhum projeto de dominação é total. Em entrevista a uma jornalista israelense no filme *Nossa Música*, de Jean-Luc Godard (2004), o poeta Mahmud Darwich afirma que, para os palestinos, foi um azar e ao mesmo tempo uma sorte ter Israel como inimigo: "Isso ofuscou nossa tragédia, mas também lhe deu visibilidade. Israel nos deu a derrota e o reconhecimento". As contradições de uma *história fora do tempo* ou de um tempo de eterna repetição — do confronto entre uma presença e uma interpretação, ou entre a derrota e o reconhecimento — constituem um campo de experiências que expõe as vísceras de um dos fenômenos mais importantes da era moderna. Uma espécie de síntese de todas as crises: social, racial, religiosa, ambiental, econômica, cultural, geopolítica.

Gaza é, de alguma forma, o centro do mundo. E este livro se situa nesse campo, ao perseguir a realidade dos fatos e, ao mesmo tempo, oferecer subsídios para a desconstrução da interpretação hegemonicamente aceita que tem justificado o genocídio dos palestinos há 76 anos, ocasionando a pior de todas as crises: a crise de humanidade.

Inspirado no livro de poemas *Espanha no coração*, do chileno Pablo Neruda, publicado em 1937, este *Gaza no coração* nasce de um sentimento de profunda angústia, mas também de um desejo poderoso de esperança e justiça. Por essa razão, a solidariedade é o fio condutor dos 42 capítulos que compõem a coletânea — e foi o tema gerador das reflexões desenvolvidas pelas autoras e autores. O resultado é um livro que trata de aspectos centrais da história do povo palestino, ao mesmo tempo que revela os fundamentos de sua resistência histórica. Um livro que é, para todas as pessoas envolvidas, uma obrigação moral, um compromisso ético e uma declaração de esperança.

Para quem tem pouca proximidade com a Questão Palestina, uma abordagem introdutória, porém consistente, pode ser lida nos textos de Arlene Clemesha e Samira Osman, em que é possível também encontrar referências basilares sobre a Palestina histórica antes do Mandato Britânico e os eventos que culminaram na criação do Estado de Israel — momento também conhecido como Nakba. O capítulo de Francirosy Barbosa propõe a "pedagogia da Nakba", um programa que visa tornar a catástrofe palestina não apenas conhecida, mas o ponto nodal do debate público sobre a questão. O enquadramento desse processo histórico no colonialismo, sua vinculação congênita com uma nova fase do capitalismo e a realidade dos palestinos sob dominação colonial é debatido com profundidade nos capítulos de Françoise Vergès, Silvia Federici, Tithi Bhattacharya, Deivison Faustino, Pedro Charbel, Ana Carolina Coppola e Heloisa Villela.

A reflexão sobre o sionismo enquanto ideologia política que não apenas sustentou a criação do Estado de Israel como busca justificar a limpeza étnica dos palestinos é desenvolvida nos capítulos de Jones Manoel, Benjamin Moser e Ualid Rabah, que também apresentam perspectivas para a sua superação. Nessa mesma chave interpretativa, é fundamental debater os impactos da tragédia palestina para a judeidade e a importante atuação de judeus antissionistas compromissados com a verdade e a justiça em solidariedade aos palestinos. Nesse sentido, destacam-se os capítulos de Bruno Huberman, do coletivo Vozes Judaicas por

Libertação, de Dafne Melo, Tadeu Breda e Marcio Farias. Já o capítulo de Hyatt Omar versa sobre a censura aos conteúdos palestinos nas redes sociais, que muitas vezes operam como mais uma arma de guerra do sionismo.

Compreender e narrar o genocídio em curso são imperativos tanto para pressionar pelo cessar-fogo imediato quanto para imaginar um futuro possível não apenas para os palestinos, mas para toda a humanidade. Esse é o tema dos capítulos de Vladimir Safatle, Berenice Bento, Gabriel Rocha Gaspar e Geraldo Godoy de Campos. O impacto particular da violência sionista para as mulheres e a população LGBTQIA+ é tema dos textos de Soraya Misleh, Kais Husein e Gabriel Semerene. Já o protagonismo palestino na criação de estratégias de resistência e sua história de resiliência — expressas no conceito de *sumud* — oferecem referências importantes para a luta internacional e impõem desafios que são discutidos por Maynara Nafe, Rita von Hunty, Rima Awada Zahra e Thiago Ávila.

O que temos que ver com os palestinos? Quais as relações históricas entre a tragédia palestina e os problemas profundos que afligem os povos oprimidos do mundo? Como a solidariedade pode ser uma tecnologia de emancipação humana, ao conectar povos explorados em diferentes regiões do planeta? São perguntas debatidas nos capítulos de Geni Núñez, Casé Angatu, Gizele Martins, Douglas Belchior, Pedro Borges e Simone Nascimento, Gerson de Souza Oliveira e Selma de Fatima Santos, Gal Souza e Raúl Zibechi.

Há ainda o futuro. O que restará sob os escombros de Gaza? Duas perspectivas são apresentadas por Jamil Chade e Sharif Shabazz. Na mesma entrevista de Darwich anteriormente citada, o poeta palestino diz: "Há muito mais inspiração e riqueza humana na derrota do que na vitória". E acrescenta: "Ai de nós, porém, se também formos derrotados no domínio da poesia". Para que não sejamos derrotados, abrimos o livro com os versos de Farah Chamma e o fechamos com obras de três poetas de

Gaza, selecionadas e traduzidas por Felipe Benjamin Francisco, um conto de Milton Hatoum e um desenho de Carlos Latuff.

Organizar e editar este livro foi um verdadeiro *tour de force*: 47 autoras e autores responderam ao chamado para escrever em um momento de urgência, no calor dos acontecimentos, tomados por sentimentos de profunda tristeza, aflição, revolta e indignação. Todos estavam cientes de que, a milhares de quilômetros de distância de Gaza, restava-nos muito pouco a fazer. Por isso, fizemos aquilo que sabemos e podemos: escrever. Agradecemos a todos que ouviram e aceitaram o chamado, tornando possível este documento de resistência e solidariedade. Pela interlocução diária e fundamental apoio, agradeço especialmente a Anita Lazarim e Felipe Costa.

Todas as pessoas devem viver em segurança, paz e dignidade. Todos os povos possuem o direito de reivindicar melhores condições de existência. Mas em hipótese alguma é aceitável, ou sequer justificável, que o direito de um povo signifique a expulsão, o extermínio, a violência contra outro povo. Esperamos, com este volume, oferecer um arsenal crítico que alcance cada vez mais pessoas, que una e difunda as vozes palestinas e de não palestinos no exercício da solidariedade internacional, exigindo o cessar-fogo, o fim da ocupação, o respeito ao direito internacional e a emancipação dos palestinos. *Gaza no coração* é também uma declaração aos palestinos: de que não estão sozinhos, de que existem vozes que se erguem pela justiça e que não têm nada a temer, a não ser tornarem-se indiferentes. Por isso, este livro é também um gesto de reencontro da humanidade consigo mesma.

FARAH CHAMMA é poeta e performer de origem palestina nascida em Sharjah, nos Emirados Árabes Unidos, em 1994. Participou de inúmeros festivais, como Palestine en Campagne (França), Wilde Möhre (Alemanha), Bradford Literature Festival (Reino Unido), Karama Film Festival (Jordânia), Faladura (Portugal), Requiem for Justice (México) e Le Guess Who? (Holanda). Junto com o produtor musical brasileiro Liev, compõe o duo chamæleon, que mistura poesia e música eletrônica.

Welcome

FARAH CHAMMA

Tradução Tadeu Breda

Você chegará de uma cidade distante
com um visto religioso.

Então, quase imediatamente, você perceberá:
há um muro a sua volta para manter uns dentro, outros fora.

Você vai ter que se alistar. *Vai ter.*
Você ouvirá falarem outra língua. Você aprenderá a olhar
para baixo.

Você se convencerá
de que isto foi prometido a você
— uma falsa sensação de superioridade —
Você muitas vezes não suportará este sol.

Você muito provavelmente terá uma arma.
Talvez mate alguém.

Na sua cabeça, uma voz talvez sussurre: *você matou*
especialmente depois do terceiro drinque.

Quando ficar difícil lidar com tudo isso,
você usará seu *poderoso* passaporte
para ir a alguma ilha.

No bar, você cantará junto com John Lennon:
"And no religion, too".

Você nunca terá espaço para se perguntar por que
há fantasmas sitiando seu *novo* país,
há um checkpoint perto da sua casa,
há pedras sendo jogadas em você,
há um fuzil nos seus ombros,
há boa música tocando *do outro lado*.

Mais importante, você terá que fazer as pazes
com o fato de que sempre existirá o outro lado.

Você seguirá ordens
Você protegerá fronteiras
Você internalizará o soldado

Welcome,
esta é a terra dos seus sonhos.

FRANÇOISE VERGÈS nasceu em 1952, em Paris, França. Cresceu na Ilha da Reunião e morou na Argélia, no México, na Inglaterra e nos Estados Unidos. Cientista política, historiadora, ativista e especialista em estudos pós-coloniais, é autora dos livros *Um feminismo decolonial* (2020), *Uma teoria feminista da violência* (2021) e *Descolonizar o museu* (2023), todos publicados pela Ubu.

A medida do que somos capazes de fazer para mudar o mundo

FRANÇOISE VERGÈS

Tradução Diogo Santiago

Tratarei aqui de solidariedade — uma solidariedade que exige que não se fale no lugar daquelas e daqueles que estão concretamente em luta, que resistem à ocupação, à colonização; uma solidariedade, por um lado, baseada em agir no lugar onde moramos e, por outro, em ouvir as demandas das pessoas afetadas. Não é, portanto, uma solidariedade silenciosa, passiva, mas ativa, atenta a atitudes que podem travar a máquina de guerra imperialista: bloquear a indústria de armamentos, ocupar as ruas, pressionar governos, botar desordem na desordem da guerra, enfraquecê-la.

"A Palestina serve de medida ao que nós somos capazes de fazer para mudar o mundo", escreveu a grande poeta afro-estadunidense June Jordan. Em outros termos, "onde quer que estejamos, o que quer que façamos, nós devemos ser solidários à Palestina", explica Angela Davis. Essas frases resumem o que a Palestina diz ao mundo, ou seja, que o mundo a construir não pode ser imaginado senão com a libertação da Palestina — que é também a libertação do Congo, da Caxemira, de todos os territórios sob dominação. Só a abolição da despossessão e do extrativismo, do roubo de terras, de memórias e de criações, da militarização da vida cotidiana, abrirá caminho para um mundo mais justo, mais igualitário.

Para mim, essas observações ecoam uma anedota que me contou o historiador, escritor e militante indiano Vijay Prashad. Durante a Guerra do Vietnã contra o imperialismo estadunidense, uma delegação do Partido Comunista Italiano em visita ao Vietnã do Norte se encontra com Ho Chi Minh. Os membros da delegação lhe apresentam, várias vezes, a seguinte questão: "Que podemos fazer para ajudar vocês?". Finalmente, Ho Chi Minh lhes responde: "Voltem para casa e façam a revolução".

São duas as lições políticas que constituem a base da solidariedade: uma, onde quer que estejamos, o que quer que façamos, nossas ações de solidariedade mostrarão aquilo que somos capazes de fazer para mudar o mundo; outra, achar, no lugar onde estamos, o alvo sobre o qual jogar a pedra para impedir o funcionamento da máquina de guerra imperialista, a maneira de nos mobilizarmos para fazer com que nosso próprio governo pare de apoiar incondicionalmente o Estado de Israel e de lhe vender armas, fazê-lo aderir ao movimento Boicote, Desinvestimento e Sanções (BDS), divulgar as vozes da resistência, ocupar as ruas, agir para que o mundo fabricado pela colonização e pelo imperialismo — ou seja, a naturalização da violência e da brutalidade — deixe de funcionar.

Com frequência, durante debates e reuniões políticas, eu ouço essas questões — "Que fazer? Como ajudar?" —, que fazem entrever um sentimento de impotência contra o horror imperialista e colonial. Mas o movimento massivo e global de solidariedade à Palestina desde outubro de 2023 demonstra que essas duas lições foram aprendidas. Devemos agir de onde estivermos, fazendo ouvir as vozes palestinas que teorizam o futuro político da Palestina, que questionam o direito outorgado aos Estados colonizadores de escolher quem será convidado à mesa de negociações. A arrogância das grandes potências, sua pretensão de saber o que é bom para os povos do mundo, não é senão a continuação da missão civilizadora colonial. O Ocidente deu a si mesmo o papel de fazedor de guerra *e* de paz, decidindo quais são as "guerras justas" (tais como a "guerra ao terrorismo" e a "guerra às drogas", que já fizeram milhares de mortos, deixando ruínas e devastação por onde passam) e impondo uma paz que não passa de um interlúdio entre duas guerras, uma breve suspensão do ruído ensurdecedor das armas, já que vivemos um estado de guerra permanente às minorias racializadas e aos povos do Sul global.

Os repetidos vetos dos Estados Unidos no Conselho de Segurança das Nações Unidas às propostas de cessar-fogo em Gaza mostram a que ponto a guerra está no fundamento de um mundo cujos dirigentes são mensageiros da morte. Aliás, o movimento de solidariedade deve também se opor às soluções rápidas que marginalizam os palestinos, que são os únicos aptos a escolher o destino da Palestina. Seus debates sobre o próprio futuro político, econômico e cultural, realizados há muito tempo nos territórios ocupados e na diáspora, não devem ser apagados. Um futuro decolonial se fará *com* o povo palestino.

O que a Palestina dá ao mundo é a oportunidade de redesenhar, com todas as forças que se opõem à atual contrarrevolução global, um horizonte emancipador, reapropriando-se da noção de "paz" abandonada a um inimigo que preconiza a paz armada, a paz sob ameaça de intervenção, a paz garantida por muros, arames farpados e drones, pela criminalização de exilados, de refugiados, de migrantes e de todas as vidas identificadas como nocivas, matáveis, pelas quais não se chora. Uma paz que não garante vida justa, pois não dá fim ao extrativismo, à despossessão, à exploração. Por isso o apelo por uma "paz urgente, imperativa e vital, uma paz que não pode vir dos fazedores de guerra, pois é uma paz antiliberal, antirracista e anti-imperialista, em suma, uma paz decolonial e revolucionária".[1] Uma paz

1 "Guerre permanente ou paix révolutionnaire, il faut choisir!", *Le Club de Mediapart*, 11 set. 2021.

que considera as relações de força, que não será obtida pela boa vontade dos poderosos e dos colonos, nem pelo apelo à sua razão.

Essa paz se opõe ao "solucionismo", ou seja, às conversas sobre a urgência de encontrar uma solução que tenha por objetivo colocar a colonização debaixo do tapete. Pois a colonização — que é despossessão, extrativismo, exploração e devastação — é indispensável ao mundo da modernidade ocidental e da acumulação de riquezas. Não importa que essa colonização não assuma exatamente a forma que teve no século XIX. A colonização é também o que está nos fundamentos da democracia e da república, as quais proclamam como princípios basilares a igualdade e a liberdade, mas as violam sistematicamente. Ora, democracia e colonização são contraditórias. As antigas metrópoles coloniais da Europa são exemplos disso. Mas pensemos sobretudo naquelas democracias que se construíram em oposição à monarquia absoluta do Velho Mundo: Estados Unidos, Canadá, Austrália, Argentina. Elas basearam seu relato nacional nessa oposição, criando ao mesmo tempo um Estado que toma genocídio, limpeza étnica, roubo de terras, plantation e mineração — ou seja, extrativismo e devastação ambiental — como modelos econômicos. O que pedem os povos e as minorias desses Estados não é a expulsão dos descendentes dos colonos, e sim sua renúncia à posição de colonos.

Colonização é inevitavelmente apropriação de terras, água, florestas, mares, assim como das memórias, das criações, das línguas. O Estado de Israel, a autointitulada "única democracia do Oriente Médio", que se construiu com base nesse modelo, é uma democracia colonial-racial. Seria falso pensar que um Estado colonial-racial não pode realizar eleições, instaurar uma separação dos poderes ou garantir direitos aos seus cidadãos. Nenhum poder colonial foi total; todos eles permitiram a existência de classes encarregadas de intermediar, policiar e administrar os nativos. Enquanto não fizermos uma separação clara, precisa e absoluta entre democracia e colonização, não existirá democracia no sentido de igualdade entre cidadãos sem qualquer distinção. É uma banalidade dizê-lo, mas é preciso, porque essa questão ainda não é evidente, como demonstra a quase proibição de dizer que o Estado de Israel é um Estado colonial. Estamos assistindo a um crescimento da instrumentalização sistemática da acusação de antissemitismo contra artistas, intelectuais, pesquisadores, políticos, representantes de organizações internacionais, jornalistas e militantes que proclamam solidariedade à Palestina, que declaram que o Estado de Israel é um regime de apartheid, que recusam a instrumentalização da Shoah [Holocausto] para justificar o genocídio em Gaza.

Como nomear um Estado que barra o acesso de todo um povo a água, comida, medicamentos, abrigo, segurança, senão o qualificando de colonial-racial? Ao impedir a entrada de bens vitais — ou seja, daquilo que o corpo humano precisa para viver — aos residentes de Gaza, o Estado de Israel se inscreve na longa tradição política da punição coletiva, que tem por objetivo esgotar e humilhar. Quando ficamos sabendo que, nos campos aos quais foram confinadas pelas forças armadas israelenses, as mulheres e adolescentes palestinas se veem obrigadas a cortar tiras do tecido das tendas onde vivem para improvisar absorventes, mensuramos a que ponto a política colonial-racial ataca a intimidade dos corpos. As cenas de júbilo dos soldados israelenses quando as bombas explodem, quando seus tanques retornam dos cemitérios; a felicidade com que filmam tudo enquanto escarnecem e parodiam a dor dos palestinos; as humilhações sádicas e as violências sexuais às quais se entregam mostram que toda ocupação colonial é baseada na necessidade de degradar o outro.

Talvez seja a ocasião de citar alguns escritos de Aimé Césaire em *Discurso sobre o colonialismo*: "Uma civilização que escolhe fechar os olhos ante seus problemas mais cruciais é uma civilização ferida. Uma civilização que engana a seus próprios princípios é uma civilização moribunda". Césaire acrescenta que se trata de

> admitir de uma vez por todas, sem titubear por receio das consequências, que na colonização o gesto decisivo é o do aventureiro e o do pirata, o do mercador e do armador, do caçador de ouro e do comerciante, o do apetite e da força, com a maléfica sombra projetada por trás por uma forma de civilização que em um momento de sua história se sente obrigada, endogenamente, a estender a concorrência de suas economias antagônicas à escala mundial.

Foi nesse texto que Césaire falou do "golpe devolvido pela colonização" (*choc en retour*), seja pelo fato de que não se coloniza impunemente, seja porque a brutalidade e as práticas genocidas retornam ao país que as organizou, que as aplicou e justificou, contaminando até as mais democráticas de suas instituições. Césaire interpelava o Ocidente: "E esta é a grande reprovação que eu faço ao pseudo-humanismo: haver socavado por muito tempo os direitos do homem; tido deles, e ainda ter, uma concepção estreita e dividida, incompleta e parcial; e, no final das contas, sordidamente racista". Para Césaire, o humanismo que desviava os olhos dos crimes racistas e coloniais não podia se dizer universal, pois não passava de uma aparência de humanismo, e a colonização não era mais que uma "cabeça de ponte da barbárie em uma civilização, da qual pode chegar a qualquer momento a pura e simples negação da civilização".

Em 27 de março de 2024, quando eu terminava este texto, contava-se em Gaza 31.988 pessoas mortas pelos bombardeios e pelos tiros do exército israelense, das quais 13.600 crianças e pelo menos 3.250 mulheres, sem contar os milhares de desaparecidos e os corpos sob os escombros, cujo número permanece desconhecido. Cidades, museus, universidades, escolas, hospitais, arquivos, sítios históricos e arqueológicos foram inteiramente destruídos ou terrivelmente danificados. Imagens de ruínas, de ataques de drones, de crianças aterrorizadas, de fileiras de palestinos fugindo das zonas de bombardeio, de soldados israelenses gargalhando ao exibir troféus de guerra pilhados das casas palestinas, humilhando prisioneiros, zombando das suas vítimas. Penúria alimentar. Falta d'água. Insegurança total. Na Cisjordânia, expansão das colônias, recrudescimento das violências, famílias palestinas expulsas de suas casas e de suas terras, todos os seus bens confiscados por colonos dotados de um sentimento de impunidade justificado pela indiferença ou pela ajuda direta do governo e do exército israelense, oitocentos hectares de novas terras confiscadas aos palestinos em 22 de março no Vale do Rio Jordão. Detenções ilegais às centenas, violências sexuais nas prisões, tortura. E a coragem indomável do povo palestino.

A Palestina continua a servir "de medida daquilo que nós somos capazes de fazer para mudar o mundo".

SILVIA FEDERICI nasceu em Parma, Itália, em 1942. Mudou-se para os Estados Unidos em 1967, onde participou ativamente da campanha Wages for Housework [Salários para o trabalho doméstico]. Nos anos 1980, lecionou na Universidade de Port Harcourt, Nigéria. Atualmente, é professora emérita da Universidade Hofstra, em Nova York. É autora de *Calibã e a bruxa* (2017), *O ponto zero da revolução* (2019), *Reencantando o mundo* (2022) e *Além da pele* (2023) e co-organizadora de *Quem deve a quem*? (2023), todos publicados pela Elefante.

Em Gaza, o capitalismo reencontra sua vocação originária

SILVIA FEDERICI

Tradução Tadeu Breda

A crueldade da guerra que Israel está conduzindo contra o povo palestino é tão extrema — e sua intenção genocida, tão evidente — que descrevê-la parece impossível. De fato, não há palavras capazes de expressar o horror e o sofrimento que as operações militares israelenses estão infligindo aos palestinos. O que testemunhamos desde outubro de 2023 é uma inquestionável campanha de extermínio, cujo principal objetivo é destruir tudo aquilo que permita aos palestinos viver em sua terra — ou simplesmente sobreviver. Trinta mil pessoas já foram massacradas, e esse número não inclui os milhares de corpos soterrados nos escombros do que um dia foram suas casas (que jamais serão recuperadas) ou os cadáveres de tanta gente executada (que agora estão sendo encontrados em valas comuns, alguns claramente enterrados vivos ou mutilados).

Todas as estruturas voltadas à reprodução social em Gaza foram desmanteladas. Residências, estradas, sistemas de abastecimento de água e eletricidade, hospitais — tudo foi destruído. Até mesmo ambulâncias foram bombardeadas. E pelo menos quatrocentos médicos, enfermeiros e outros profissionais de saúde perderam a vida tentando salvar vidas em seis meses de genocídio: assassinados, assim como tantos palestinos que se refugiaram nas imediações dos hospitais depois de terem suas casas transformadas em montes de entulho. Durante semanas não se permitiu a entrada de alimentos em Gaza, o que provocou uma intensa fome. De forma sádica, quando caminhões de ajuda humanitária finalmente conseguiram entrar, soldados israelenses atiraram contra pessoas desesperadas por um pouco de comida. Trabalhadores de ajuda humanitária também foram atingidos.

Enfim, não há nenhuma dúvida de que Israel está travando uma guerra total contra a reprodução do povo palestino. Mulheres e crianças — precisamente as pessoas que asseguram a reprodução da comunidade e que são a esperança de futuro — são alvos deliberados e prioritários das armas israelenses, representando mais de 70% das vítimas conhecidas.

Israel também está fazendo todos os esforços necessários para apagar o passado dos palestinos, pois teme o poder da memória coletiva. Tel Aviv sabe que a história viva de um povo oprimido — as violações que sofreu e as lutas que empreendeu — é um poderoso instrumento de resistência. A memória dos povoados destruídos durante a Nakba, em 1948, motivou gerações de palestinos a fincar os pés na terra de seus antepassados. Por isso, todos os repositórios dessa memória — bibliotecas, universidades, arquivos públicos e pessoais — estão sendo transformados em pó.

Essa campanha mortífera vem acompanhada de uma ofensiva brutal de colonos israelenses fortemente armados, não raro vestidos com uniformes militares, contra propriedades rurais na Cisjordânia, obrigando os camponeses palestinos a deixar a área sob a mira de fuzis, roubando e matando seus animais e destruindo seus cultivos. Lembremos ainda dos milhares de palestinos detidos em prisões israelenses, alvos de constantes torturas e humilhações. Muitos deles nem mesmo passaram por julgamento. Alguns permanecem acorrentados por tanto tempo que precisam ter as pernas amputadas devido à gangrena.

O que torna a campanha genocida de Israel especialmente terrível é o fato de estar sendo conduzida abertamente, diante dos olhos do mundo inteiro, com apoio incondicional dos Estados Unidos e da União Europeia, que provêm um incessante fluxo de dinheiro e armas para sustentá-la. De fato, tamanho é o compromisso de Washington com as decisões de Tel Aviv, a despeito de quão assassinas possam ser, que, mais que um apoiador, o governo estadunidense se comporta como um parceiro, senão como um instigador, um mandante da guerra contra o povo palestino.

O que está em jogo na Palestina, portanto? O que faz governos que se dizem defensores dos direitos humanos se esforçarem para sufocar qualquer protesto contra esse genocídio?

Uma resposta é que a expulsão massiva dos palestinos e a campanha terrorista israelense são a conclusão da tarefa assumida pelo Estado de Israel desde a sua formação: defender os interesses dos Estados Unidos e do capital internacional (sobretudo das companhias petrolíferas) na região, além de controlar as aspirações do povo árabe de recuperar as terras e os recursos naturais que lhe foram roubados pela colonização britânica. Como sabemos, desde o princípio Israel assegurou que os campos de petróleo dos arredores estivessem abertos a empresas estadunidenses, e que os regimes autocráticos instalados no Oriente Médio pelos Estados Unidos e pela Grã-Bretanha não fossem desafiados.

Israel levou a cabo essa tarefa repressiva com tamanha eficiência que se tornou um dos maiores exportadores mundiais de armas e, mais importante, de tecnologia de vigilância, para as quais a Palestina tem servido de campo de testes, como demonstra Antony Loewenstein em *Laboratório Palestina*. Regimes autocráticos ao redor do mundo se beneficiaram disso. Israel foi um dos principais apoiadores do apartheid na África do Sul e da longa ditadura de Mobutu Sese Seko no Congo, além de ter colaborado com o governo de Augusto Pinochet no Chile e com Efraín Ríos Montt no massacre da população indígena da Guatemala nos anos 1980. A lista é longa.

Não surpreende que o presidente dos Estados Unidos, Joe Biden, tenha afirmado em 1986 e reafirmado em 2023 que, "se Israel não existisse, teríamos de inventá-lo", e que, apesar de algumas leves condenações públicas, a maioria dos governos ao redor do mundo permaneça em silêncio enquanto os palestinos são diariamente assassinados. Isso porque boa parte desses governos se beneficia das armas e das táticas militares exportadas por Israel. Hoje, drones israelenses patrulham as fronteiras de vários países, assegurando, por exemplo, que nenhum imigrante cruze o Mar Mediterrâneo sem ser detectado pelas autoridades europeias. Tecnologias israelenses são largamente utilizadas para erguer muros, construir cercas eletrificadas, militarizar regiões inteiras.

Esse projeto foi consumado diariamente ao longo das últimas sete décadas. Nesse período, Israel manteve os palestinos sob cerco constante, privou-os de acesso à terra e à água e de qualquer possibilidade de ir e vir livremente dentro do próprio território, transformando a Palestina em uma colcha de retalhos com áreas separadas e descontínuas, intercaladas por um número crescente de colônias israelenses. Isso fez com que a Palestina se tornasse uma "prisão a céu aberto", onde qualquer forma de resistência é punida cruelmente com detenções, assassinatos e demolição de casas.

Além disso, hoje em dia outro fator vem contribuindo com a guerra de Israel (e dos Estados Unidos e da União Europeia) contra os palestinos: a descoberta de uma grande bacia de gás natural na costa de Gaza. Como a história dos Estados Unidos demonstra de maneira cristalina, diversos governos foram derrubados ao redor do mundo graças à extração de petróleo, e não há nenhuma dúvida de que esta é uma razão poderosa para a aceleração do projeto de construção de um Estado de Israel ainda maior e da condenação dos palestinos à morte ou à expulsão em massa. Ainda assim, não poderemos compreender totalmente o que está ocorrendo na Palestina hoje se não conectarmos a atual campanha militar à guerra mais extensa levada a cabo por Estados Unidos, União Europeia, Fundo Monetário Internacional (FMI) e Banco Mundial com o objetivo de controlar a economia e a riqueza globais — o que, em muitas partes do planeta, vem criando um estado de guerra permanente à medida que novos territórios são abertos ao capital para a exploração de recursos naturais.

Nesse sentido, "a Palestina é o mundo", como escrevi em 2002, em um discurso para a Socialist Scholars Conference [Conferência de acadêmicos socialistas] em Nova York, na ocasião do ataque israelense a Gaza promovido pelo então primeiro-ministro Ariel Sharon. Como afirmei naquele momento,

> O que na Palestina é destruído pelas Forças de Defesa de Israel, em muitos países africanos é destruído pelo Banco Mundial, o FMI e a Organização Mundial do Comércio (OMC). Na Palestina, são os tanques israelenses que destroem escolas e casas. Na África, é o "ajuste estrutural", os cortes de verbas no setor público, a desvalorização da moeda. Mas os efeitos são os mesmos. [...] Em ambos os casos, o resultado são populações de refugiados e a transferência de terras das pessoas locais para os novos poderes coloniais, promovendo e protegendo os interesses do capital internacional.

Desde então, têm sido cada vez mais explícitas as evidências de que o desenvolvimento capitalista requer uma verdadeira guerra contra os meios e as atividades de que as pessoas precisam para reproduzir a vida. Seja por intervenções financeiras, seja por operações militares — ou, mais frequentemente, por ambas —, milhões de pessoas são espoliadas de suas casas, terras e países, enquanto seus territórios são privatizados e abertos a novos investimentos e empreendimentos extrativistas por companhias petrolíferas, grandes mineradoras ou pelo agronegócio. É por isso que estamos assistindo a movimentos migratórios massivos ao redor do mundo. Mais de trinta mil africanos já se afogaram no Mediterrâneo tentando chegar à Europa nos últimos dez anos — três mil deles apenas em 2023. Trata-se de um genocídio, assim como o que estamos vendo em Gaza, porém silencioso, invisível. Também na América Latina há um imenso fluxo de pessoas dispostas a enfrentar uma jornada extremamente perigosa para entrar nos Estados Unidos, onde são caçadas como criminosas pela guarda de fronteira.

Neste momento, em que o capitalismo atravessa uma crescente crise e os capitalistas competem ferozmente entre si para multiplicar seus lucros, o desenvolvimento requer remoções massivas, novos cercamentos e o saqueio de regiões inteiras, além da redução de investimentos em reprodução social, do corte de benefícios e da desvalorização salarial. Assim, nos últimos tempos, a guerra passou a ser dirigida prioritariamente contra a população civil, com o objetivo de esvaziar seus territórios, uma vez que, depois de aterrorizados e privados de seus meios de subsistência, aos habitantes locais não resta alternativa a não ser fugir.

No Iraque, como afirma Dan Kovalik em *No More War* [Basta de guerra], os Estados Unidos atacaram "casas, usinas elétricas, depósitos de combustível, fábricas civis, hospitais, igrejas, aeroportos civis, armazéns de alimentos, laboratórios alimentares, silos de grãos, centros de vacinação de animais, escolas, antenas de comunicação, edifícios governamentais e lojas". E a maioria desses lugares foi bombardeada duas ou três vezes, "assegurando que não pudessem ser reparados". Como resultado, as pessoas continuaram morrendo por muito tempo depois do fim dos bombardeios, motivo pelo qual estima-se que dois milhões de pessoas — quinhentas mil delas, crianças — pereceram como resultado da campanha militar ocidental liderada pelos Estados Unidos no Iraque (2003-2011).

Sem nenhuma dúvida, é isso que acontecerá na Palestina. Não podemos prever, hoje, quando cessarão a matança e a fome provocadas por Israel em Gaza. A carnificina parece não ter fim, como prenunciam os preparativos israelenses para ocupar Rafah, ao sul do território — onde Tel Aviv ordenou que os palestinos se refugiassem para escapar dos ataques mais ao norte. Independentemente dos futuros desdobramentos desse genocídio, porém, os palestinos ainda continuarão morrendo por um bom tempo após o fim dos ataques devido aos efeitos da desnutrição, das doenças causadas pela escassez de água limpa, dos ferimentos e de outras enfermidades que já não podem nem poderão ser tratadas adequadamente, além do trauma psicológico indescritível que acomete essas pessoas.

A guerra de Israel contra os palestinos é especialmente cruel para as mulheres, que são responsáveis pela reprodução de suas comunidades — e que agora ficaram sem casa, sem comida, sem meios para reproduzir, cuidar e proteger suas crianças e suas famílias. São as mulheres que mantêm a comunidade unida. São elas que seguram a barra quando tudo parece perdido, que saem em busca de pão, que fazem a vida seguir adiante mesmo debaixo de uma tenda, que consolam as crianças aterrorizadas. Em Gaza, muitas deram à luz apenas para ver seu bebê ser assassinado ou morrer de fome. Ninguém pode imaginar a dor de centenas de gestantes palestinas obrigadas a parir sob intenso bombardeio, sem assistência médica, sabendo que o filho que carregam na barriga terá pouquíssimas chances de sobreviver. A crueldade a que foram submetidas essas mulheres tem um significado especial.

Juntamente com o horror que sentimos pelas ações desumanas de Israel, devemos nutrir uma imensa admiração pelo povo palestino, pelas pessoas que, debaixo de bombas de última geração, continuam resistindo e dizendo ao mundo que preferem morrer ali onde estão a deixar mais uma vez a sua terra, porque deixar a sua terra também é uma forma de morte — e por saberem que, sob ocupação israelense, não existem lugares seguros.

Denunciar esse genocídio, apoiar a luta do povo palestino com todos os meios que estiverem ao nosso alcance e protestar não apenas por um cessar-fogo mas também pelo fim da dominação israelense da Palestina é o mínimo que podemos fazer diante de tamanha abominação. Além disso, é uma ilusão pensar que essa guerra não tem uma grande importância para nossa vida. O constante fluxo de dinheiro e armas do Ocidente para viabilizar o genocídio está sendo retirado de nossas escolas e de nossos hospitais. E o tratamento bárbaro infligido aos palestinos é uma ameaça direta para todos nós: um aviso do que pode ser feito conosco, uma lembrança de que vivemos em um sistema que não tem qualquer preocupação com a vida humana e não hesita em destruir populações inteiras para alcançar os seus objetivos.

TITHI BHATTACHARYA é professora de história sul-asiática e diretora de estudos globais na Universidade Purdue, nos Estados Unidos. Ativista de longa data por justiça social e pela causa palestina, escreve principalmente sobre teoria marxista, gênero e islamofobia. É organizadora de *Teoria da reprodução social: remapear a classe, recentralizar a opressão* (Elefante, 2023) e coautora, com Nancy Fraser e Cinzia Arruzza, de *Feminismo para os 99%: um manifesto* (Boitempo, 2019).

Esqueci de morrer: reflexões sobre a reprodução social da vida palestina[1]

TITHI BHATTACHARYA

Tradução Camila Carduz Rocha & Rhaysa Ruas

Hoje é o 167º dia do genocídio de Israel contra o povo palestino, que começou em 7 de outubro de 2023. Mesmo antes do ataque do Hamas, muitos veículos de imprensa já vinham chamando 2023 de "o ano mais mortal já registrado" para o povo palestino na Cisjordânia, contabilizando 404 palestinos mortos: 395 pela ação das forças militares israelenses e 9 nas mãos de colonos israelenses. Além de assassinatos como esses, que representam a cessação direta da vida, Israel ainda pratica outras formas de violência, como ataques a hospitais e escolas, que impedem a produção da vida (*lifemaking*) do povo palestino. Cada declaração de guerra de Israel é uma escalada espaçotemporal de uma guerra lenta e contínua contra os palestinos.

Neste ensaio, usando as lentes da teoria da reprodução social (TRS), demonstro que a interrupção (por meio de políticas) ou a aniquilação (por meio da violência) da vida palestina é ine-

1 Ensaio proferido no Simpósio Internacional de Teoria da Reprodução Social, França, 23 maio 2024.

rente ao projeto sionista. Consequentemente, no atual ciclo de violência, Israel tem como alvo dois tipos de capacidades de reprodução social: instituições de reprodução social, como escolas e hospitais, e a geração futura, ou seja, as crianças. Israel quer erradicar tanto a vida quanto a capacidade futura de reprodução da vida na Palestina. Portanto, o cessar-fogo só pode ser uma exigência básica: o florescimento da vida na Palestina exige mais do que a interrupção da matança; exige o que Marx considerava como a realização do ser-espécie. A criatividade ineliminável da resistência palestina revela precisamente o que o ser-espécie pode e, de fato, deve significar.

Repensando a produção da vida com Marx

As feministas da reprodução social usaram a formulação *produção da vida* para identificar as várias maneiras pelas quais os seres humanos trabalham para transformar a natureza a fim de se manterem e satisfazerem suas necessidades. Utilizo esse conceito para entender as comparações, conexões e resultados afetivos entre os pontos nodais da violência sionista, tanto direta quanto indireta. Para reconhecer a continuidade entre a agressão militar e a contenção militarizada da vida palestina, precisamos começar com a desestabilização, a vulnerabilização e a aniquilação das capacidades palestinas de reprodução social. O conceito de *produção da vida* nos proporciona uma compreensão sobre o tecido conjuntivo que existe entre os pontos nodais.

Nos *Manuscritos econômico-filosóficos*, de 1844, Marx nos conduz por uma cuidadosa distinção entre trabalho alienado e não alienado. O primeiro, sob a direção capitalista, aparece como "*externo* ao trabalhador" (Marx, 2010, p. 82), enquanto no segundo os seres humanos fazem "da sua atividade vital mesma um objeto da sua vontade e da sua consciência" (Marx, 2010, p. 84). Como seres humanos, agimos deliberadamente;

não nos fundimos com nosso trabalho, tal como faz uma aranha. Muitos marxistas se concentram em comida, abrigo etc. quando citam os produtos resultantes da ação humana sobre a natureza. Marx, no entanto, enxergava essas necessidades básicas de produção da vida como exemplos limitados. O que é, então, a produção da vida em um sentido não restritivo?

Marx usa a palavra "espiritual" 22 vezes nos *Manuscritos econômico-filosóficos*. Ele denota que o trabalho humano é uma forma de atividade na qual "toda a diversidade natural, espiritual e social da atividade individual sobressai" (Marx, 2010, p. 25). O que mais o impressiona é a deliberação e a universalidade do trabalho humano, em que se trabalha não apenas "sob o domínio da carência física imediata", mas inclusive quando "livre da carência física", quando, portanto, se produz "primeira e verdadeiramente em liberdade" (Marx, 2010, p. 85).

A distinção entre a produção da vida por meio de regimes de trabalho capitalistas e a produção da vida sob condições de liberdade é um tema persistente em Marx. Ele usou um quadro analítico aristotélico, mediado por Hegel, para discutir as liberdades formais, que estão disponíveis no capitalismo, e a falta de liberdade e a alienação que nelas se ocultam. Marx concordava com os teóricos liberais que a condição da liberdade era histórica e que, mesmo em seus procedimentos preliminares, tinha de ser fundamentada nas necessidades básicas da produção da vida. Assim, ele argumentou que o "reino da liberdade só começa onde cessa o trabalho determinado pela necessidade e pela adequação a finalidades externas" (Marx, 2017, p. 882).

Segundo Marx, há uma evidente distinção entre viver (uma forma de produção da vida sob condições capitalistas de liberdades formais, mas de trabalho alienado) e florescer (uma forma de produção da vida que está em nossa espécie). Embora a distinção seja óbvia em Marx, também está evidente que, na vida cotidiana sob o capitalismo, frequentemente conseguimos vislumbrar o que estou chamando de florescimento. Se o trabalho alienado é compelido por uma força externa ao trabalhador, então o trabalho não alienado é aquele que é escolhido livremente e autodeterminado pelo próprio trabalhador. Dentro do contexto geral da alienação sistêmica, ainda nutrimos nossas plantas/animais/crianças, produzimos arte e fazemos ótimo sexo — todas formas de trabalho às quais nos dedicamos com *relativa* liberdade. Nos *Grundrisse*, Marx (2011, p. 509) se refere ao trabalho de composição musical como "trabalhos efetivamente livres", que requerem "a maior seriedade e o mais intenso esforço".

Assim, quando a poeta feminista palestina Rafeef Ziadah escreve: "Nós, palestinos, acordamos a cada manhã e ensinamos ao resto do mundo a vida", eu leio isso como uma teorização contundente da política de produção da vida, como um chamado para explorar o que acontece com a produção da vida na Palestina, seja no sentido de viver ou de florescer.

Nakba e produção da vida

Israel emprega três estratégias amplas em relação à vida palestina: a expulsão, a morte intencional de gerações e o controle da fertilidade. Embora o colonialismo dos colonos, como estrutura analítica, explique o projeto biopolítico do sionismo, a TRS e seu conceito expansivo de produção da vida nos permitem documentar as várias maneiras pelas quais o Estado sionista tenta impedir não apenas que o povo palestino permaneça vivo como também que permaneça humano.[2]

O brilhante conceito de *debilidade* de Jasbir Puar se faz útil aqui. A partir de um estudo comovente da vida negra e palestina, Puar nos oferece uma teorização da economia política da capacidade corporal. De acordo com a autora, os mecanismos

2 "Não só permanecer vivo, mas permanecer humano: uma entrevista com Pavel Égüez", Instituto Tricontinental, 23 jun. 2020.

opressivos do Estado colocam a morte e a debilidade em relação produtiva uma com a outra. Os Estados se reservam o direito de ser os únicos provedores da morte, mas Puar mostra que não matar palestinos não é uma "forma humanitária de poupar a morte"; trata-se, na verdade, de um movimento para torná-los "sistemática e totalmente debilitados" — um "uso biopolítico e uma articulação do direito de mutilar" (Puar, 2017, p. 108). Essa debilitação constante cria um "regime de poder asfixiante" (Puar, 2017, p. 135) que se estende no espaço e no tempo por meio de intrincadas relações sociais de violência e ocupação.

O conceito de debilidade de Puar deve ser ampliado para incluir a mutilação de instituições de produção da vida. Esse sentido está implícito em Puar quando discute a "guerra de infraestrutura" ou o ataque de Israel à infraestrutura como "um componente essencial, até mesmo central, da regulação biopolítica de um colapso humanitário maleável" (Puar, 2017, p. 135). Puar se baseia no trabalho realizado por Omar Jabary Salamanca, ao reproduzir sua referência ao político israelense Dov Weissglass, que descreve a política israelense como "uma consulta com um nutricionista" (Puar, 2017, p. 135): os palestinos ficariam um pouco mais magros, mas não morreriam.

É a *continuidade* desse ataque à produção da vida, desse poder asfixiante e desse fazer definhar que espero capturar aqui.

Diferença desde o nascimento

Uma abordagem biopolítica totalmente oposta é reservada para a população judaica doméstica de Israel. Desde 1948, Israel tem consagrado políticas pró-natalistas em sua miríade de instituições, constituindo um regime reprodutivo por meio de recompensas monetárias e comitês que garantem uma taxa de natalidade crescente. Teóricos críticos como Sigrid Vertommen e Nira Yuval-Davis rastrearam essas iniciativas, que se expressam, entre outras, no Heroines Award, criado em 1949 para premiar mães com pelo menos dez filhos, no Demographic Center's Fund for Encouraging Birth, de 1968, e mais recentemente no Israel Council on Demography, de 2002.[3] Meira Weiss (2020) também observou a veia profundamente eugenista do sionismo, que, historicamente, por meio de uma "revolução corporal", visou "criar um novo povo apropriado para uma nova terra". O corpo judeu ideal que emergiu dessas políticas era "masculino, asquenaze,[4] perfeito e saudável" (Weiss, 2020, p. 1) — um corpo que ela chama de "o corpo escolhido" (Weiss, 2020, p. 4).

Enquanto isso, todas as mães em Israel têm direito à licença-maternidade, e um grande número delas, a um subsídio de maternidade. Tel Aviv é uma cidade "conhecida por seus mimos para as novas mães". Os cafés da capital israelense realizam "atividades diárias 'mamãe e eu', como artes e artesanato, fisioterapia e massagens, e clínicas de amamentação e sono".[5] Como parte desse florescimento, a criança israelense judia tem a garantia de uma educação pública gratuita em um sistema escolar considerado o quinto melhor do mundo, à frente dos Estados Unidos e do Reino Unido.[6]

Atualmente, duas tecnologias amplas moldam a biopolítica sionista: uma agrupada em torno da fertilidade e da maternidade; outra em torno do diagnóstico fetal. Embora as tecnologias de reprodução assistida sejam proibitivamente caras no mundo inteiro, em Israel elas são gratuitas. Em 2010, o Parlamento israelense [Knesset] aprovou a controversa Lei de Doa-

3 O Heroines Award foi descontinuado em 1959, quando o governo percebeu que eram principalmente as mães palestinas que estavam reivindicando a recompensa (Stasiulis & Yuval-Davis, 1995; Vertommen, 2017).

4 Referência à comunidade judaica da Europa Central e do Leste Europeu, falantes de iídiche. [N.E.]

5 "Maternity Leave in Israel", *Jewish Herald Voice*, 28 dez. 2023.

6 "World's Most Educated Countries and Their Main Common Characteristics", Erudera, 5 out. 2022.

ção de Óvulos, que permite que as mulheres doem em troca de compensação financeira, facilitando que israelenses inférteis solicitem uma doação de óvulos. Emendas à lei estipulam que a doadora e a receptora do óvulo compartilhem a mesma religião, impossibilitando que uma mulher judia doe óvulos a uma muçulmana, cristã ou drusa, e vice-versa. O segundo conjunto de tecnologias surge após a concepção. As mulheres israelenses judias lideram o mundo em medicalização do nascimento e vigilância fetal, com 60% delas submetidas a testes de diagnóstico antes do parto. Os pais e as mães israelenses preferem o aborto, mesmo em casos de "deficiência" corporal menor, como lábio leporino, o que levou Weiss (2020, p. 2) a comentar que a "obsessão israelense com a fertilidade envolve não apenas quantidade, mas também qualidade".

A reprodução social da produção da vida israelense não se limita, evidentemente, às tecnologias de nascimento. Toda uma infraestrutura societária e estatal garante o florescimento da vida israelense e a aniquilação/debilitação da palestina. Os métodos de debilitação variam em toda a Palestina histórica. A organização intencional da Palestina em diferentes regimes de controle garante a violência diária infligida ao povo palestino nos territórios não reconhecidos, o que levou Noura Erakat a avaliar que Israel tenta alcançar em Gaza, "por meio da guerra, o que busca fazer na Cisjordânia por meio da lei marcial, em Jerusalém Oriental por meio da lei administrativa, na Palestina histórica por meio da lei civil" (Englert, Schatz & Warren, 2023, p. 13). De maneiras diferentes, e combinadas umas com as outras exatamente por causa dessa diferença, as estratégias de Israel impedem o florescimento palestino ao controlar os principais caminhos para a produção da vida palestina.

As organizações internacionais, como a ONU e o Banco Mundial, usam determinadas métricas para julgar o que chamam de *desenvolvimento* — que eu estou chamando aqui de *florescimento*. O acesso a alimentos, água potável, moradia, saúde e educação é usado como registro de avaliação mais comum. Na Palestina, o acesso a cada um desses elementos é produzido por meio de tecnologias coloniais. Além disso, embora esses registros formem uma espécie de "lista", quero chamar a atenção para o modelo generalizável de operações israelenses que compõe a estrutura na qual todos eles se encaixam. Em outras palavras, Israel organiza o espaço e as pessoas de maneiras específicas para garantir o crescimento e a consolidação do poder colonial.

Viver *versus* florescer

Os estudos anticoloniais nos ensinaram que as paisagens são compostas por políticas que produzem a natureza não apenas como o local do trabalho humano mas como uma categoria de pensamento e imaginação. Considere o lugar do peixe na Palestina, por exemplo. O sabor e o cheiro do peixe estão na arquitetura celular da história palestina. Os folclores tecem essas histórias em contos sobre o Rei Peixe, enquanto o endro, o alho e as pimentas transmitem essa história aos sentidos. No entanto, as águas que banham Gaza não são neutras nem isentas de molduras coloniais. Os pescadores de Gaza têm permissão para pescar a até seis milhas náuticas [11 km] da costa, quando a maioria dos peixes está a pelo menos nove milhas náuticas [16 km] mar adentro. Oceanos, desertos, rochas e peixes só podem se relacionar com os palestinos por meio do controle israelense, criando, assim, em primeiro lugar, o que Elizabeth Povinelli (2016) chamou de *geontologias* do poder colonial.

Em 1967, os palestinos foram proibidos de construir novas instalações de captação de água sem permissão de Israel. Até hoje é impossível obter essas licenças, o que impede os palestinos de perfurar poços ou instalar bombas. O Rio Jordão, em cujo vale estão enterrados alguns dos companheiros mais confiáveis do profeta Maomé, agora funciona como uma ferida para a produção da vida do povo palestino, que está impedido de acessar suas águas: mais de 180 comunidades rurais na Cisjordânia ocupada não têm acesso a recursos hídricos.

A situação é ainda mais terrível em Gaza, onde a água disponível para consumo é "tão salgada quanto o mar".[7] Além disso, desde 2007, Israel tem mantido as crianças palestinas em Gaza em uma situação que as Forças de Defesa de Israel chamam de "dieta de fome". Cerca de 80% das crianças dessa estreita faixa territorial sobrevivem com menos de um dólar por dia e, consequentemente, uma parte significativa delas passa fome diariamente, pois seu acesso a calorias diminuiu em razão do cerco contínuo.[8]

Enquanto os postos de controle mutilam o território, muitas crianças palestinas precisam percorrer longas distâncias para chegar à escola mais próxima. As escolas árabes recebem recursos que são, em média, 40% inferiores aos do ensino israelense (por estudante). Em 2018, o Knesset aprovou a Lei do Estado-Nação, que retirou do árabe o estatuto de idioma oficial de Israel, forçando a criança árabe a viver uma vida exofônica.

Portanto, os palestinos são incessantemente reproduzidos como se estivessem fora de lugar em sua terra natal. Até mesmo as estradas decretam e garantem a exclusão racial. A cor das placas determina a mobilidade: carros com placas palestinas não são permitidos nas estradas israelenses, independentemente da identificação do motorista. Um muro de apartheid e vários pontos de controle ajudam a criar um labirinto delirante de legalidade em toda a terra mutilada, onde, em cada ponto de contato com o Estado israelense, o palestino é jurídica e emocionalmente reproduzido como um *outsider*.

Essas políticas diferenciadas de reprodução social produzem resultados gritantes: mais da metade das famílias árabes

7 "Timeline: The Humanitarian Impact of the Gaza Blockade", Oxfam, s.d.

8 "Gaza's Kids Affected Psychologically, Physically by a Lifetime of Violence", *Al Jazeera*, 31 jul. 2014.

foi considerada pobre em 2020, em comparação com 40% das famílias judias.[9] Aqui, quero enfatizar a relação colonial como produtiva e geradora, em vez de estática; ela se reproduz não apenas por meio de leis e políticas estatais, mas por meio da segmentação, da ordenação e do cercamento sistêmicos de todo o corpo social.

"Esquecendo de morrer"

Atualmente, Israel expressa a quintessência do capitalismo global. O compromisso do Estado com o controle não hegemônico, seu envenenamento dos recursos naturais palestinos e sua rejeição aberta a grande parte das formas de democracia capturam a essência sistêmica do capitalismo quando despojado das formas burguesas. O florescimento da vida judaico-israelense contém um propósito e uma função que vão além da expulsão dos palestinos do corpo social. Esse florescimento — as belas avenidas, os gramados bem irrigados — permite que a sociedade israelense imite de perto o Ocidente, ensaiando assim os antigos tropos orientalistas do Ocidente civilizado contra o Oriente bárbaro. Essa identificação também faz com que o Ocidente simpatize mais com a produção da vida israelense, de modo que, no registro ocidental, o valor da vida israelense continua a subir em relação à palestina.

Neste ensaio, tentei mostrar como as infraestruturas da produção da vida na Palestina são única e intensamente políticas, e como o florescimento da vida israelense está relacionado à degradação da produção da vida palestina. O conto de Ursula K. Le Guin, "Aquele que se afasta de Omelas", captura essa relação violenta. Na história, somos apresentados a Omelas, uma cidade

9 "Five-Year Plan for Israel's Arab Community: $9 Billion Won't Bridge a Gap Decades in the Making", *Haaretz*, 28 out. 2021.

fictícia onde a vida é perfeita e abundante para todos os cidadãos. Omelas, no entanto, esconde um segredo. Sob as ruas está a única atrocidade dessa sociedade: uma criança mantida em constante miséria e estado de abjeção. Quando os cidadãos de Omelas atingem idade suficiente, essa verdade lhes é contada, e a maioria acaba aceitando isso como um sacrifício necessário para seu esplendor; alguns se afastam da cidade, mas a maioria escolhe permanecer. As imagens de civis israelenses se regozijando ao bloquear a entrada de caminhões de ajuda humanitária em Gaza ressituam o *insight* de Le Guin e perturbam a compreensão convencional da violência colonial.

Mas, se a comparação com Omelas serve muito bem aos israelenses, fracassa decisivamente em representar a condição palestina, pois os palestinos não estão nem perto dessa criança fictícia. Em vez disso, são um povo que mais se aproxima da definição de ser-espécie de Marx, com a qual começamos este ensaio. O militante sul-africano Barry Vincent Feinberg observou certa vez que "um número excepcionalmente grande de poemas provém de poetas palestinos". Um poeta palestino, em resposta ao comentário de Feinberg, respondeu: "A única coisa que nunca foi negada ao meu povo é o direito de sonhar". Essa é uma característica extraordinária mas consistente da vida palestina, a despeito de cem anos de violência colonial.[10]

As palavras do poeta palestino, como as de muitos outros poetas, contêm uma contradição brilhante. Por um lado, a arte palestina narra como os palestinos são violentamente expulsos do corpo social — ou violentamente controlados dentro dele. Por outro lado, a existência dessa arte em condições de degradação é uma negação da deportação palestina. Essas expressões da vida palestina na arte e no cotidiano devem nos levar a refletir sobre a afirmação de Marx de que a música era "trabalho efetivamente

10 "O único direito que não foi negado aos palestinos é o direito de sonhar", Instituto Tricontinental, 1º fev. 2024.

livre" e que esse tipo de trabalho constituía um *leitmotiv* contínuo *dentro* e *apesar* da alienação capitalista.

A Palestina de hoje, eu afirmo, atualiza essa tensão humana irreprimível dentro do capitalismo. É por isso que, assim como as rebeliões de escravizados na época de Marx e a resistência dos vietnamitas na década de 1960, a luta palestina ressoa hoje em uma ampla faixa de pessoas oprimidas, que veem sua própria luta ou sua humanidade articulada na do povo palestino. Os colonizadores sionistas conheciam bem o poder da humanidade palestina. O general Moshe Dayan disse certa vez que ler um poema de Fadwa Tuqan era como "enfrentar vinte comandos inimigos".[11] Foi assim que Tuqan falou da Palestina, no poema "Hamza":

> Nossa terra tem um coração pulsante,
> que não para de bater e suporta
> o insuportável. Ele guarda os segredos
> das colinas e dos úteros. Essa terra que faz brotar
> espinhos e palmeiras também é a terra
> que pare um povo que luta pela liberdade.
> Essa terra, minha irmã, é uma mulher.

O "sonho" da Palestina vai certamente além das energias criativas formais (como a composição de poemas ou de músicas); é um sonho de retorno à terra natal, de histórias — indicando, assim, um conjunto de trabalhos conscientes e intencionais para sustentar esse "sonho". Esse trabalho "racional", que visa à plenitude do florescimento humano, é a quintessência da espécie humana. Bertell Ollman (1977, p. 109) indica que o mais próximo que Marx chega da definição da "natureza humana em geral" é quando diz: "Todo o caráter de uma espécie [...]

11 "Lutamos com nossos olhos, semeamos com nossas mãos, veremos o trigo encher o vale", Instituto Tricontinental, 14 dez. 2023.

está contido no caráter de sua atividade vital; e a atividade livre e consciente é o caráter da espécie humana".

Como podemos chamar um povo que constantemente, incessantemente, apesar de tudo que se volta contra ele, continua a realizar "atividade livre e consciente"? Em outra época e lugar, nós os chamávamos de escravizados que organizavam revoltas ou vietnamitas em resistência. Hoje, não há dúvida, nós os chamamos de palestinos — um povo que, apesar da violência e da expropriação constantes, continua a expressar o instinto mais profundo da humanidade, que é ser livre. Nas palavras de Mahmud Darwich, no poema "Jerusalém":

> Uma mulher soldado gritou:
> É você de novo? Eu não matei você?
> Eu disse: Você me matou... e eu me esqueci, como você, de morrer.

Referências

ENGLERT, Sai; SCHATZ, Michal & WARREN, Rosie (org.). *From the River to the Sea: Essays for a Free Palestine*. Nova York: Verso, 2023.

MARX, Karl. *Manuscritos econômico-filosóficos*. Trad. Jesus Ranieri. São Paulo: Boitempo, 2010.

MARX, Karl. *Grundrisse: manuscritos econômicos de 1857-1858: esboço da crítica da economia política*. Trad. Mario Duayer e Nélio Schneider. São Paulo: Boitempo, 2011.

MARX, Karl. *O capital: crítica da economia política*, livro III, *O processo global de produção capitalista*. Trad. Rubens Enderle. São Paulo: Boitempo, 2017.

OLLMAN, Bertell. *Alienation: Marx's Conception of Man in Capitalist Society*. Cambridge: Cambridge University Press, 1977.

POVINELLI, Elizabeth. *Geontologies: A Requiem to Late Liberalism*. Durham: Duke University Press, 2016. [Ed. bras.: *Geontologias: um réquiem para o liberalismo tardio*. Trad. Mariana Ruggieri. São Paulo: Ubu, 2023.]

PUAR, Jasbir. *The Right to Maim: Debility, Capacity, Disability*. Durham: Duke University Press, 2017.

STASIULIS, Daiva & YUVAL-DAVIS, Nira (org.). *Unsettling Settler Societies: Articulations of Gender, Race, Ethnicity and Class*. Londres: Sage, 1995.

WEISS, Meira. *The Chosen Body: The Politics of the Body in Israeli Society*. Stanford: Stanford University Press, 2002.

VERTOMMEN, Sigrid. "From the Pergonal Project to Kadimastem: A Genealogy of Israel's Reproductive-Industrial Complex", *Biosocieties*, v. 12, n. 2, p. 282-306, 2017.

ARLENE CLEMESHA é professora de história árabe contemporânea na Faculdade de Filosofia, Letras e Ciências Humanas (FFLCH) da Universidade de São Paulo (USP). É autora do livro *Marxismo e judaísmo* (Boitempo, 1998) e de diversos artigos sobre a Questão Palestina, entre eles, "Uma educação para preservar a identidade palestina" (2006) e "Palestina, 1948-2008: 60 anos de desenraizamento e desapropriação" (2008).

Al-Nakba e os percursos historiográficos de uma tragédia sem fim[1]

ARLENE CLEMESHA

A origem do termo e os primeiros registros árabes e palestinos

O termo árabe *nakba*, traduzido como "catástrofe", foi cunhado em 1948 pelo historiador sírio Constantine Zurayk para referir-se à derrota infligida aos árabes, à destituição dos palestinos e sua expulsão dos territórios que passaram a constituir o Estado de Israel a partir de 14 de maio daquele ano. Considerado um dos pais da intelectualidade nacionalista árabe, Zurayk utilizou o termo pela primeira vez em sua obra *Ma'ana al-Nakba* [O sentido da catástrofe], publicada em Beirute em agosto de 1948, antes mesmo de terminada a guerra árabe-israelense. O livro esgotou-se rapidamente e foi reeditado sem acréscimos durante a segunda trégua, em outubro. *Ma'ana al-Nakba* constitui uma breve mas corajosa análise que enfatiza o desafio civilizacional colocado aos árabes pela catástrofe, salien-

1 Uma versão preliminar deste texto foi publicada em Osvaldo Coggiola (org.), *Guerra Israel-Palestina e crise mundial*. São Paulo: Livraria da Física, 2023.

tando que "não há registro de uma causa mais justa". O autor indicava que, àquela altura, já eram quatrocentos mil os refugiados palestinos, destituídos de seus bens e propriedades, que "vagavam sem rumo pelo que restava da Palestina e por outros países árabes". Para Zurayk, o sionismo era um projeto colonial, e a criação de Israel, o "desafio mais perigoso enfrentado pelo mundo árabe no século XX".

Em dezembro de 1948, foi publicado, novamente em Beirute, o segundo livro sobre o desastre palestino, *Tariq al-Khalas* [Caminho para a salvação], de George Hanna, um médico socialista libanês. Apesar de ocupar uma posição de liderança na Sociedade da Amizade Soviético-Libanesa e de ter feito uma viagem a Moscou em 1947, Hanna não poupou críticas à União Soviética pela Nakba, já que, "em que pese sua hostilidade à política anglo-americana [...], a Rússia endossou a partilha [da Palestina] e o estabelecimento de um Estado sionista ao lado de um árabe, na esperança de que algum deles lhe garantisse uma base de ingresso no Oriente Médio". Tampouco isentou de responsabilidade os regimes, as lideranças e os povos árabes, que precisavam empreender as reformas necessárias para superar a catástrofe.

Em 1949, o político e filantropo palestino nascido em Jerusalém Musa Al-Alami publicou o terceiro livro a analisar o desastre de modo quase simultâneo ao próprio acontecimento. Como diz o título, *Abrat Filastin* [Lição da Palestina] tinha em comum com as duas obras anteriores o objetivo de extrair lições da Nakba, além de registrar o seu desenrolar e atribuir responsabilidades. Al-Alami dividiu a guerra em duas fases. A primeira começava com o anúncio da partilha e chegava até a declaração que criou o Estado de Israel, em maio de 1948. Nesse período, "o ônus da defesa recaiu sobre os ombros dos palestinos; na segunda, foi assumido pelos exércitos árabes". A divisão da guerra da Palestina em dois momentos (uma guerra civil de novembro de 1947 a maio de 1948, seguida de uma guerra árabe-israelense de maio de 1948 aos armistícios de 1949) foi esboçada de forma pioneira por Al-Alami. A partir dele, como diz Manna, essa periodização foi aceita por pesquisadores e historiadores, e prevaleceu.

Na sequência desses livros — escritos por um sírio, um libanês e um palestino quase em tempo real —, a década de 1950 conheceu o lançamento de várias obras árabes sobre a Nakba, das quais não podemos deixar de mencionar *Sirr al-Nakba* [O segredo da catástrofe], de Muhammad Nimr Al-Hawari, palestino de Nazaré e importante liderança do movimento nacional palestino até 1948. Publicado em 1955, o livro levanta a questão controversa dos motivos por trás do êxodo palestino e tece críticas ao Exército de Libertação Árabe (Jaysh al-Inqadh) liderado por Fawzi Al-Qawuqji, bem como aos regimes árabes e ao *mufti* [chefe religioso] Hajj Amin Al-Husayni, além de dar destaque aos ataques e às pilhagens do exército de Israel, notadamente após o primeiro cessar-fogo, entre 11 de junho e 8 de julho de 1948. Mas o principal autor e historiador palestino da Nakba nesse período inicial foi Arif Al-Arif, autor de *Al-Nakba: Nakbat Bayt al-Maqdis wa al-Firdaws al-Mafqud* [A catástrofe: a catástrofe de Jerusalém e o Paraíso Perdido], obra em seis volumes, publicada entre 1956 e 1961, descrevendo cronologicamente o desenrolar da Nakba com base nas anotações feitas em seu diário desde a partilha da Palestina.

Segundo Manna, existem alguns traços comuns a esses autores. O primeiro e mais preponderante é o fato de que todos eles atribuíram aos ingleses a principal responsabilidade pela Nakba, seguidos por Estados Unidos e União Soviética. A Declaração Balfour[2] seria descrita como a origem e uma das principais peças

2 Carta enviada em 2 de novembro de 1917 pelo então secretário britânico dos Assuntos Estrangeiros, Arthur James Balfour, a Lionel Walter Rothschild, líder da comunidade judaica do Reino Unido, referindo-se à intenção do governo britânico de facilitar o estabelecimento do lar nacional judeu na Palestina, nestes termos: “Caro Lord Rothschild, tenho o grande prazer de endereçar a V. Sa., em nome do governo de Sua Majestade, a seguinte declaração de simpatia quanto às aspirações sionistas, declaração submetida ao gabinete e por ele aprovada: ‘O governo de Sua Majestade encara favoravelmente o estabelecimento, na Palestina, de um Lar Nacional para o Povo Judeu, e empregará todos os seus esforços no sentido

do apoio britânico ao projeto de criação do Estado de Israel. No que se referia à guerra, todos eles indicavam um "desequilíbrio de forças que favorecia o lado judeu, comparado à fraqueza e à disparidade de motivações entre os árabes".

A versão sionista do "êxodo voluntário" surgiu apenas em 1949, quando a liderança sionista percebeu que o problema dos refugiados árabes estava "atingindo a consciência do mundo civilizado" e decidiu "combater a influência prejudicial que ele exercia sobre a sua causa". Antes de 1949, os porta-vozes do sionismo não estavam preocupados em construir a versão de que os palestinos tinham deixado suas terras por vontade própria, o que explica que tampouco os primeiros historiadores e cronistas árabes se dedicaram a desmistificar a ideia do "êxodo voluntário", que para eles nem sequer existia, a não ser, possivelmente, de maneira incipiente e como propaganda de guerra.

Em 1948, Arif Al-Arif, além de historiador, era comissário-assistente do distrito de Ramallah e foi encarregado de receber o negociador da ONU, o conde sueco Folke Bernadotte, na terceira semana de julho daquele ano, pouco após a queda e o massacre de Lydd e Ramla (sessenta mil habitantes dessas duas cidades tinham sido forçados a uma marcha da morte em que centenas pereceram, desidratados e exauridos, antes de chegar a Ramallah). Bernadotte tinha sido informado pelos oficiais israelenses de que os palestinos fugiram a mando de seus líderes. Arif Al-Arif levou Bernadotte ao encontro de alguns desses líderes nas cavernas onde tinham se refugiado, para ouvir seus relatos — ou seja, para Arif, era uma questão de comprovar de imediato a falsidade do relato. Foram testemunhos como esses que certamente fizeram

...

de facilitar a realização desse objetivo, entendendo-se claramente que nada será feito que possa atentar contra os direitos civis e religiosos das coletividades não judaicas existentes na Palestina, nem contra os direitos e o estatuto político de que gozam os judeus em qualquer outro país'. Desde já, declaro-me extremamente grato a V. Sa. pela gentileza de encaminhar esta declaração ao conhecimento da Federação Sionista". [N.E.]

com que Bernadotte reportasse às Nações Unidas que "nenhum acordo será justo e completo se não for garantido o reconhecimento do direito dos refugiados árabes a voltarem para suas casas, de onde foram desalojados". O conde sueco foi assassinado poucos meses depois pelo grupo extremista judeu Lehi ou Gangue Stern, comandado na época por Yitzhak Shamir, que passou de "terrorista procurado" pelas autoridades inglesas a primeiro-ministro de Israel nos períodos entre 1983-1984 e 1986-1992.

Contudo, o mito do êxodo voluntário dos palestinos perdurou por três décadas, não obstante o trabalho do influente historiador Constantine Zurayk, dos primeiros cronistas e de Arif Al-Arif, que descreveram o terror infligido por organizações judaicas às aldeias e aos bairros palestinos, gerando fugas, confusão e vidas sem rumo lançadas ao caos. No final da década de 1950, Walid Khalidi foi o primeiro historiador palestino a comprovar a falsidade do argumento do "êxodo voluntário" com pesquisas documentais. Como a alegação era de que as altas lideranças árabes haviam emitido ordens pelo rádio para que os palestinos fugissem, Walid Khalidi recorreu aos jornais e aos relatórios oficiais do Alto Comitê Árabe e da Liga Árabe e ao acervo pessoal de Hajj Amin Al-Husayni — ao qual teve acesso nos anos 1950, antes de os arquivos serem destruídos por milicianos falangistas[3] durante a guerra civil do Líbano nos anos 1970 — e revirou o acervo das gravações radiofônicas de 1948, mantido no Museu Britânico, em Londres, no qual não encontrou nenhuma referência, direta ou indireta, de qualquer ordem de retirada dada aos árabes da Palestina.

O personagem Adam, do romance *Meu nome é Adam*, do escritor libanês Elias Khoury, pergunta, muito pelo contrário, "por

3 Referência às Falanges Libanesas, partido político nacionalista de extrema direita formado majoritariamente por cristãos maronitas. Fundado em 1936, teve papel central em matanças durante a Guerra Civil Libanesa (1975-1990), como os massacres de Sabra e Chatila, em que, com o apoio do exército de Israel, vitimaram entre 700 e 3.500 refugiados palestinos em Beirute, em 1982. [N.E.]

que as pessoas não fugiram, escapando assim do massacre, já que sabiam que não havia nenhuma possibilidade prática de resistir ao ataque iminente?". As estimativas apontam que quinze mil palestinos morreram na Nakba de 1948. Foram registrados mais de trinta massacres como o de Dair Yassin, ocorrido em 9 de abril de 1948, ou de Tantura, caso investigado por Teddy Katz, aluno do historiador israelense Ilan Pappé na Universidade de Haifa que, após defender seu mestrado com nota máxima, foi, na sequência, pressionado pela direção da faculdade a alterar suas conclusões.

Os acervos documentais árabes sobre a Nakba sofreram com a própria condição de desenraizamento, refúgio e despossessão palestina iniciada em 1947, conhecendo outros momentos críticos ao longo do tempo, como em 1967, quando Israel ocupou todos os territórios palestinos, e em 1982, quando Israel invadiu o Líbano e destruiu arquivos da Organização para a Libertação da Palestina (OLP) em Beirute. O Instituto de Estudos Palestinos, com sede em Beirute, guarda um dos maiores e mais importantes acervos documentais palestinos da Nakba. Suas instalações também foram invadidas pelo exército israelense em 1982, mas sua importante coleção de documentos oficiais e particulares foi preservada. Além dos papéis da Liga Árabe, o historiador israelense Avi Shlaim aponta que uma importante fonte documental pode ser encontrada no relatório da Comissão Parlamentar de Inquérito Iraquiana sobre a Palestina. O maior acervo particular palestino está na biblioteca Al-Khalidiyya, fundada em 1900 pela proeminente família Al-Khalidi na Cidade Velha de Jerusalém. Seus documentos e livros referem-se a toda a região e remontam ao ano 1000. Com relação à Nakba, especificamente, uma parte significativa dos registros palestinos se encontra na forma de memórias e relatos de soldados, pessoas da sociedade civil e lideranças nacionalistas da época, vários dos quais já foram traduzidos e publicados em livro.

As análises e memórias palestinas demoraram para ultrapassar os limites geográficos da região. Fora do mundo árabe, predominou a narrativa sionista ou a chamada "velha" história israelense. Nela, prevalece a ideia de que os palestinos teriam fugido a mando de seus líderes para dar lugar à entrada dos exércitos árabes, apesar das súplicas israelenses para que ficassem. Além da versão que isenta o Estado de Israel de qualquer responsabilidade por um êxodo supostamente voluntário, outras deturpações relativas à guerra de 1948 — que estão fora do escopo deste texto — diziam que: (i) os árabes seriam os primeiros responsáveis pela própria derrota, uma vez que não aceitaram a partilha da Palestina votada e aprovada pela ONU em 29 de novembro de 1947; (ii) a Grã-Bretanha fez tudo que estava a seu alcance no final do mandato colonial na Palestina para impedir o nascimento do Estado judeu; (iii) o jovem Estado de Israel, nascido das cinzas do Holocausto europeu, teria enfrentado uma terrível força árabe, cujo desejo seria eliminar o país e lançar os judeus ao mar; (iv) a guerra de 1948, segundo tal narrativa, seria uma guerra de defesa, e a imagem usada seria a de um Davi israelense contra um Golias árabe; (v) passada a guerra, Israel não tinha com quem negociar a paz devido à intransigência árabe.

Como argumenta Avi Shlaim, semelhante versão "não é história no sentido estrito da palavra", pois não foi produzida por historiadores e pesquisadores profissionais, mas por políticos, soldados, historiadores oficiais, biógrafos, cronistas, jornalistas e hagiógrafos simpáticos à causa sionista.

A "nova historiografia" israelense

No final dos anos 1980 — três décadas após historiadores árabes terem comprovado a expulsão dos palestinos durante a Nakba sem que o mundo lhes desse ouvidos — começaram a surgir publicações israelenses refutando a narrativa oficial sionista do "êxodo voluntário", entre outros mitos. Como bem lembra Avi Shlaim, o primeiro deles foi *The Birth of Israel: Myths and*

Realities [O nascimento de Israel: mitos e realidades], de Simha Flapan, publicado em 1987, que aborda o período entre 1947 e meados dos anos 1950, dedicando-se a desconstruir sete mitos amplamente difundidos em Israel e nos Estados Unidos a respeito da guerra de 1948 e que mais influência tiveram na justificação tanto da política israelense como da doutrina estadunidense para a região. Segundo Flapan, o livro tinha a intenção de contribuir para uma melhor compreensão da Questão Palestina e oferecer um tratamento mais construtivo do problema. Notadamente, o autor reconhecia no Plano Dalet[4] um projeto de limpeza étnica da Palestina. Flapan tinha sido diretor do Departamento de Assuntos Árabes do Partido dos Trabalhadores Unidos (Mapam), formado em 1948 e próximo à União Soviética até 1955, e seu livro tinha declaradamente o objetivo político de expor os mitos que dificultavam a solução do conflito entre israelenses e palestinos.

Depois da obra de Flapan, houve uma onda de publicações acadêmicas israelenses críticas à história oficial do país, que veio a ser chamada de "nova historiografia israelense". Como esclarece Avi Shlaim, a "nova história" não era exatamente nova, mesmo entre as versões israelenses, mas tinha como diferença fundamental o acesso a acervos nacionais e militares abertos na década de 1980. Além de auxiliar na solução do conflito, um dos fatores que motivaram o surgimento de uma revisão historiográfica em Israel foi a desastrosa invasão do Líbano comandada pelo governo do partido de direita Likud [Consolidação] em 1982. A incursão foi um divisor de águas. Até então, as lideranças israelenses tinham cultivado e difundido a ideia de que suas guerras eram "justas" e motivadas pelo imperativo da autode-

4 Plano de expulsão da população palestina elaborado entre o outono de 1947 e a primavera de 1948 pelo Haganá [A defesa], principal organização paramilitar judaica em atuação no território entre 1920 e 1948, e que se tornou o núcleo das forças armadas de Israel após a fundação do Estado judeu. [N.E.]

fesa. Com a invasão do Líbano, ficava claro que Israel recorria à guerra como forma de defender interesses geopolíticos e a própria expansão territorial.

Nesse momento, entre os "novos historiadores", incluía-se Benny Morris, com a publicação de *The Birth of the Palestinian Refugee Problem* [O nascimento do problema dos refugiados palestinos]; o já citado Avi Shlaim, com *Collusion across the Jordan: King Abdullah, the Zionist Movement, and the Partition of Palestine* [Colusão através do Jordão: rei Abdullah, o movimento sionista e a partilha da Palestina]; e Ilan Pappé, com *Britain and the Arab-Israeli Conflict* [Grã-Bretanha e o conflito árabe-israelense]. Se esses não foram os primeiros israelenses a desnudar os mitos de 1948 é porque, segundo Shlaim, muitos dos seus argumentos centrais já tinham sido articulados por outros autores, como o antigo historiador oficial do exército israelense, Israel Beer, que apresentou pela primeira vez o pai fundador do Estado de Israel, David Ben-Gurion, como a força por trás da limpeza étnica dos palestinos. (Em 1961, Beer seria preso sob acusação de ser um espião soviético.) Outros autores israelenses apontados por Shlaim como predecessores dos "novos historiadores" teriam por vezes a interessante característica de integrar o establishment político-militar, como Yaacov Shimoni, Gavriel Cohen e Meir Pa'il, para não mencionar os membros do Partido Comunista de Israel, Moshe Machover e Akiva Orr, que em 1961 publicaram, sob o pseudônimo de A. Yisra'eli, o livro *Shalom, Shalom — ve'ein Shalom: Yisra'el-Arav* [Paz, paz — e não há paz: Israel e os árabes].

Mas a primeira obra de grande impacto foi mesmo *The Birth of the Palestinian Refugee Problem*, na qual Benny Morris, após extensa pesquisa em acervos militares e de Estado, comprovou que os aproximadamente 750 mil palestinos que se tornaram refugiados em 1948 tinham sido, de fato, expulsos. Seu livro teve grande repercussão e lançava por terra, definitivamente, a versão do "êxodo voluntário". A discussão, então, passou a girar em torno dos motivos por trás da expulsão. Morris, porém, buscou comprovar a inexistência de ordens explícitas das lideranças israelenses determinando a retirada compulsória dos palestinos — e corroborou a ausência de instruções do tipo provenientes de lideranças árabes, já que ele tampouco encontrou indícios desse difundido mito. Como conclusão, afirmou que a expulsão foi a consequência inelutável da guerra de 1948: os palestinos teriam fugido para salvar a própria vida. Por esse motivo, o autor foi duramente criticado, entre outros, pelo cientista político judeu estadunidense Norman Finkelstein, que chamou a tese de Benny Morris de "meio-termo feliz", já que reconhecia a expulsão dos palestinos, mas negava que os israelenses tivessem intenção de expulsá-los. Em uma entrevista de 2004, Morris fez jus a essas críticas ao endossar a limpeza étnica da Palestina. Primeiro, disse que as expulsões de 1948 não constituíram crime de guerra; depois, que Ben-Gurion "cometeu um sério erro histórico em 1948", pois, "se tivesse realizado uma grande expulsão e limpado todo o país — toda a terra de Israel até o Rio Jordão —, esse lugar seria mais calmo e conheceria menos sofrimento".

Benny Morris deixaria claro que sua pesquisa não tinha qualquer intenção de condenar moralmente a expulsão dos palestinos. Na sua visão, a expulsão era necessária para criar o Estado de Israel com uma maioria judaica estável. Como salientou o historiador palestino Issam Nassar, Benny Morris apresenta uma pesquisa rigorosa e irretocável, com a ressalva de ter centrado esforços desproporcionais nas fontes israelenses em relação às árabes, o que de fato significou que a voz do povo palestino estivesse ausente de seu estudo. Uma observação frequente ao trabalho de Morris, feita tanto por analistas palestinos quanto por israelenses, é que a evidência apresentada no corpo do livro sugere um grau de responsabilidade israelense muito maior do que aquela admitida pelo autor em suas conclusões.

Vários pesquisadores israelenses, para não mencionar os historiadores palestinos no exílio, fizeram então importantes contribuições ao debate historiográfico, dando origem a uma proliferação de escritos que desconstruíram a velha mitologia sionista relativa à Nakba, sem, no entanto, eliminar completamente sua influência. Pode-se dizer que a principal ideia articulada nas explicações sobre a Nakba a partir da década de 1980 era a seguinte: a expulsão dos palestinos teria sido intencionalmente levada a cabo no contexto da guerra de 1948. Em outras palavras, a guerra seria o elemento-chave para explicar a expulsão, já que nunca foi encontrada uma ordem explícita do líder judeu, Ben-Gurion, ordenando a retirada dos palestinos.

O próximo grande avanço historiográfico em relação à Nakba e ao mito do "êxodo voluntário" viria em 2006, como resultado da publicação do principal livro de Ilan Pappé, *A limpeza étnica da Palestina*. A obra demonstrou que, na década de 1940, o Fundo Nacional Judeu financiou um projeto secreto de mapeamento do território da Palestina, ainda sob o Mandato Britânico. O levantamento incluiu o nome e a localização de vilarejos, a qualidade das terras de cada aldeia, sua produção agrícola, o número de pomares, a qualidade de cada pomar (e até de cada árvore), as fontes de água, quantidade de carros e carroças, a população masculina adulta, os nomes de todos os suspeitos de serem combatentes do movimento de resistência do campo, nomes das lideranças e descrição do interior das residências dos *mukhtars* (líderes/prefeitos), indicando que os espiões judeus eram recebidos com a típica hospitalidade árabe, na sala de casa. Os arquivos dos vilarejos, construídos de maneira completamente clandestina ao longo da década de 1940 pelos investigadores do Fundo Nacional Judeu, registraram dados extremamente detalhados, inclusive cada vez mais direcionados às capacidades militares e de resistência dos residentes árabes. A última atualização dos arquivos foi feita em 1947, quando foram acrescidas listas de pessoas "procuradas" em cada vilarejo.

Segundo Ilan Pappé, essa informação foi usada, primeiro, para entender quais terras seriam as mais cobiçadas para a formação do Estado judeu quando chegasse o momento; segundo, que tipo de força de resistência poderiam encontrar em cada região e em cada aldeia. Os arquivos dos vilarejos teriam fornecido a base de dados para a elaboração do Plano Dalet, o plano de guerra do exército israelense em 1948, ou, na visão de Ilan Pappé, o plano para a limpeza étnica da Palestina. O autor conclui ainda que, não obstante a muito citada ausência de uma ordem explícita de Ben-Gurion para a limpeza étnica da Palestina — argumento empregado por Benny Morris, entre outros, para eliminar a hipótese da intencionalidade israelense por trás da expulsão dos palestinos —, os documentos dos arquivos das Forças de Defesa de Israel "mostram claramente que, ao contrário das afirmações de historiadores como Benny Morris, o Plano Dalet foi entregue aos comandantes de brigada não como uma diretriz vaga, mas como um conjunto de ordens operacionais de ação, claras e diretas".

A periodização da guerra de 1948 em duas fases, conforme proposta pelo filantropo palestino Al-Alami, tem a vantagem de diferenciar entre o período de guerra civil e o ciclo marcado pelo ingresso dos países árabes no conflito, a partir de 15 de maio de 1948, permitindo ainda que se entenda claramente que cerca de metade dos refugiados palestinos foi expulsa na primeira etapa. Mas outra periodização, surgida entre os "novos historiadores", facilita a compreensão do impacto do Plano Dalet sobre a guerra. De acordo com essa nova sistematização, o conflito teve três fases: (i) os meses iniciais, de dezembro de 1947 a março de 1948, quando os ataques e contra-ataques foram mais esporádicos; (ii) os meses de março a maio de 1948, quando foi colocado em execução o Plano Dalet, e os ataques aos vilarejos e centros urbanos palestinos tornaram-se não apenas sistemáticos mas operacionalmente guiados por instruções claras, indicando qual região estava sob comando de qual batalhão e quais os métodos a serem empregados para executar a limpeza étnica; e (iii) os meses de guerra árabe-israelense, a partir de maio até o fim de 1948, seguidos dos armistícios do início de 1949.

A seguir, veremos como que se deflagrou a Nakba, seu desenvolvimento inicial e alguns momentos-chave na execução da limpeza étnica da Palestina até 1949, tal como foi retratada e interpretada por autores palestinos e expoentes da "nova história" israelense.

Al-Nakba

O ano de 1947 é frequentemente descrito como de tensões elevadas entre as comunidades árabe e judaica da Palestina, que pareciam constantemente à beira de uma conflagração. A ansiedade era particularmente elevada nas cidades de população mista. Assim que as pessoas souberam que, em 29 de novembro, as Nações Unidas haviam votado majoritariamente a favor da partilha do território entre árabes e judeus, "a lei e a ordem colapsaram. [...] O caos que se seguiu produziu a primeira guerra árabe-israelense: a limpeza étnica da Palestina havia começado", escreve Ilan Pappé. Para ele, o "aspecto mais imoral" da Resolução 181 da Assembleia Geral da ONU era a ausência de qualquer mecanismo para impedir a limpeza étnica da Palestina. A decisão pela partilha e os trabalhos do Comitê Especial das Nações Unidas para a Palestina (Unscop) basearam-se na suposição de que as novas entidades políticas conviveriam pacificamente e não seria necessário atentar para a sua composição demográfica — ignorando que o movimento sionista já nos anos 1930 declarava abertamente o seu desejo de "desarabizar" a Palestina, ou que o primeiro projeto de partilha do território (o Plano Peel, de 1937) previa a "transferência populacional" dos não judeus e foi recebido com revolta pelos palestinos. Com efeito, é muito improvável que os países que votaram a favor da partilha em 1947 não soubessem que ela provocaria grandes movimentações populacionais. Pode-se dizer, como Ilan Pappé, que esses países "contribuíram diretamente para o crime que estava prestes a ocorrer".

A recusa árabe em aceitar a partilha da Palestina tem sido arrolada pela narrativa sionista como indicativo de que os palestinos seriam os únicos culpados pela ausência de um Estado próprio. Mas a recusa palestina em aceitar a partilha, além de refletir a posição de um povo em resistência contra um projeto colonial (por que os colonizados haveriam de aceitar a própria colonização?), teria ajudado a estratégia de Ben-Gurion de fazer com que o comando sionista ao mesmo tempo aceitasse e ignorasse a Resolução 181 das Nações Unidas. Ou seja, o que importava era o reconhecimento da Assembleia Geral da ONU de que os judeus tinham direito a construir um Estado na Palestina. Mas estava claro que Ben-Gurion e seus aliados acreditavam que um Estado viável deveria se estender sobre a maior parte do território e manter apenas uma minoria de palestinos. Assim, o princípio da partilha aprovado pela ONU seria aceito pelos judeus, mas o traçado elaborado pela ONU, não.

Em 7 de outubro de 1947, Ben-Gurion declarou aos seus companheiros que, "à luz da recusa árabe em colaborar com a ONU, não há limites territoriais para o futuro Estado de Israel". Segundo Ilan Pappé, o único aspecto verdadeiramente complexo da história da Nakba seria a estrutura política de tomada de decisões de Ben-Gurion, já solidamente consolidada em meados de 1947. Sabe-se que nesse mesmo ano o líder judeu formou um grupo extraoficial chamado Consultoria, composto por figuras ligadas à segurança e especialistas em "assuntos árabes" que se reuniam regularmente na sua residência ou na chamada Casa Vermelha,[5] em Tel Aviv. A maioria das reuniões da Consultoria não foi transcrita, mas há registros dos encontros nos diários de Ben-Gurion e nos livros de memórias de alguns de seus integrantes. Era diante de altos círculos decisórios como esse que Ben-Gurion costumava expor suas ideias mais clara-

5 Ver "A Casa Vermelha, onde o massacre palestino começou", *Outras Palavras*, 24 abr. 2017. [N.E.]

mente, reservando ao público ou aos fóruns menos relevantes discursos mais formais e condizentes com as diretrizes internacionais. Foi também diante da Consultoria, em 18 de junho de 1947, que Ben-Gurion teria afirmado que os judeus precisavam "defender não apenas os nossos assentamentos, mas o país como um todo e Nosso Futuro Nacional", lançando assim um termo que seria empregado como sinônimo de "balança demográfica do país", repetido em discurso público proferido em 3 de dezembro de 1947. A ideia apresentada por Ben-Gurion perante os antigos membros do Partido dos Trabalhadores da Terra de Israel (Mapai) era de que o novo Estado deveria ter 80% de população judaica. Um mês antes, em 2 de novembro de 1947, ele já havia declarado perante a Agência Judaica, "nos termos mais claros possíveis, que a limpeza étnica constituía a forma alternativa ou complementar para assegurar que o novo Estado seria exclusivamente judeu".

Os ataques a vilarejos e centros urbanos começaram na forma das assim denominadas "operações retaliatórias" lançadas pelas milícias judaicas Haganá, Irgun e Lehi (Gangue Stern) no início de dezembro de 1947, logo após os atos de vandalismo de palestinos contra ônibus e mercados ocorridos durante os protestos contra a partilha do território. Apesar de esporádicos, os ataques paramilitares judeus levaram ao êxodo de quase 75 mil palestinos. Uma das primeiras operações foi lançada pelo Irgun contra o vilarejo de Khisas, ao norte do Lago Hula, em 18 de dezembro de 1947. Os judeus chegaram no meio da noite e começaram a explodir casas aleatoriamente, matando quinze aldeões — incluindo crianças — de um povoado habitado por cem cristãos e algumas centenas de muçulmanos. A população em pânico buscou refúgio na Síria, salvo aqueles que não quiseram sair por acreditarem que as boas relações que mantinham com os assentamentos sionistas ao redor garantiriam sua permanência — o que não aconteceu.

Contudo, o marco inicial da limpeza étnica da Palestina, para Ilan Pappé, foi a ação da Haganá em Wadi Rushmiyya, bairro árabe de Haifa, também em dezembro de 1947. Haifa era uma cidade mista, com 75 mil habitantes árabes e uma longa história de cooperação operária árabe-judaica construída desde o início do século XX. Na manhã seguinte à partilha, a população árabe da cidade foi submetida a uma campanha de terror promovida por Irgun e Haganá. Os ataques empregavam bombas e barris de pólvora para explodir casas de palestinos, fazendo com que não tivessem para onde voltar. O Irgun lançou uma bomba sobre funcionários palestinos aglomerados no portão da refinaria da Companhia Petrolífera do Iraque, esperando para entrar e começar mais um dia de trabalho. Dezenas morreram ou ficaram feridos. A retaliação dos trabalhadores palestinos levou à morte de 39 trabalhadores judeus, selando o fim de uma experiência relativamente bem-sucedida de solidariedade operária entre esses povos. Em janeiro de 1948, duas semanas depois do ataque ao bairro de Wadi Rushmiyya, a Palmach (tropa de choque da Haganá) atacou o bairro pobre e afastado de Hawassa, na região noroeste de Haifa, onde viviam cinco mil palestinos em condições de miserabilidade. Vários episódios como esses levaram a população palestina a abandonar a cidade, até que, em abril de 1948, sobraram apenas quatro mil palestinos em Haifa. A localidade viu também o estabelecimento do primeiro gueto palestino em Israel, mencionado pelo historiador israelense Tom Segev em seu livro *1949, The First Israelis* [1949, os primeiros israelenses].

Ilan Pappé destaca que tanto a versão dos historiadores israelenses tradicionais quanto o revisionismo de Benny Morris estavam muito distantes da verdade, uma vez que retrataram o caso de Haifa como um exemplo da boa vontade sionista para com a população palestina local. Segundo Manna,

> Os ataques sangrentos contra cidadãos árabes desarmados contradizem completamente a imagem que Israel conseguiu vender no início da guerra. As duas operações no vilarejo de Khisas,

> na Galileia Oriental, e no vilarejo de Balad Al-Shaikh [local de enterro do xeque Izz Al-Din Al-Qassam],[6] perto de Haifa, eram parte de um plano para aterrorizar os palestinos nas áreas alocadas para o Estado judeu, para incitá-los a sair. Com efeito, a migração palestina das áreas onde esses ataques ocorreram cresceu rapidamente.

Em 9 de janeiro de 1948, as primeiras forças voluntárias árabes ingressaram na Palestina pela Galileia, ao norte. Na mesma semana, foi registrado o maior número de ataques do Irgun. Na análise de Pappé, em fevereiro já se constatava uma transição das "operações de retaliação" para operações de expulsão coercitiva. Além de vilarejos esvaziados (Pappé faz menção a uma ação nesse momento que esvaziou cinco vilarejos no mesmo dia), bairros inteiros das porções árabes de Jerusalém e Yaffa, além da já mencionada Haifa, foram desocupados nos três primeiros meses de 1948.

A divisão da Nakba em duas fases, proposta por Al-Alami, como demonstramos anteriormente, e utilizada até hoje por Rashid Khalidi e Nur Masalha, entre muitos outros autores, tem a já mencionada vantagem de estabelecer uma diferenciação entre a guerra civil das milícias sionistas contra as forças irregulares árabes e palestinas (de dezembro de 1947 a maio de 1948) e a guerra árabe-israelense propriamente dita, com envolvimento dos países do entorno. Como apontado por Rashid Khalidi, quatrocentos mil palestinos — cerca de metade de todos os palestinos expulsos na Nakba — foram expulsos na primeira fase, de guerra civil. A outra metade seria expulsa durante o período de guerra árabe-israelense, de 15 de maio de 1948 a janeiro de

6 Influente clérigo sunita durante o Mandato Britânico da Palestina, fundador da organização palestina Mão Negra, em 1930, assassinado pelos britânicos em Jenin em 1935. O foguete Qassam e as Brigadas Al-Qassam (braço militar do Hamas) foram nomeados em sua homenagem. [N.E.]

1949 — e, como salientou Manna mais recentemente, de maneira constante e paulatina daí em diante.

As análises voltadas ao planejamento sionista da limpeza étnica, por sua vez, colocaram ênfase no divisor de águas representado pela execução do Plano Dalet, em 10 de março de 1948. Nesse sentido, Ilan Pappé delimita a primeira fase da limpeza étnica entre dezembro de 1947 e o início de março de 1948, período marcado por ataques violentos mas ainda esporádicos das milícias sionistas, e episódios de resistência, emboscadas e contraofensivas palestinas. Essa fase levou à expulsão de 250 mil palestinos. Em março, houve a finalização do referido Plano Dalet, alterando e acirrando as características do conflito. A terceira e última fase da limpeza étnica, segundo Pappé, teve início em 15 de maio, coincidindo com o que seria a segunda fase da Nakba para Al-Alami. Ou seja, Pappé delimita e salienta a existência de um período intermediário (entre os ataques esporádicos da guerra civil e o início da guerra árabe-israelense) de acirramento e sistematização da limpeza étnica, possibilitado pela execução de um planejamento. Tal planejamento, que nas visões anteriores era um plano de guerra, passa a ser apresentado e interpretado como um plano de limpeza étnica.

Pappé demonstra, em *A limpeza étnica da Palestina*, que foi com base no mapeamento secreto da Palestina, empreendido pelo Fundo Nacional Judeu, que o Plano Dalet determinou quais regiões o movimento sionista deveria conquistar para além das fronteiras designadas pela ONU, traçando o destino de cerca de um milhão de palestinos que habitavam esses territórios. O Plano Dalet ajudou também a determinar os métodos a serem empregados: cercar e bombardear vilarejos; atear fogo a casas, propriedades e bens; expulsar moradores; demolir residências; e, finalmente, plantar minas terrestres nos destroços para impedir o retorno dos moradores expulsos. Cada unidade paramilitar recebeu uma lista específica de vilarejos e bairros a serem atacados. O Plano Dalet era a quarta e última versão de planos anteriores que tinham descrito apenas vagamente como a liderança sionista pretendia lidar com a presença de tantos palestinos na terra reivindicada pelo movimento nacional judeu. Nas palavras de Pappé, "o quarto e último traçado dizia clara e inconfundivelmente: os palestinos têm de sair".

Para Walid Khalidi, o objetivo do plano foi tanto quebrar a resistência palestina como criar um fato consumado que nem as Nações Unidas, nem os Estados Unidos, nem os países árabes conseguiriam reverter. Isso explica, segundo Khalidi, a velocidade e a virulência dos ataques judeus aos centros populacionais árabes. Era crucial, para Ben-Gurion, acelerar a operação depois que os Estados Unidos sinalizaram que poderiam retirar seu apoio ao plano de partilha. Em fevereiro de 1948, dada a violência do conflito e a ideia de que os *yishuv* [assentamentos judeus na Palestina] talvez não fossem capazes de instaurar e defender um Estado judeu, o Departamento de Estado estadunidense reconsiderou o seu apoio à partilha e, em 12 de março, apresentou uma nova proposta para a ONU, sugerindo a instauração de uma tutela internacional de cinco anos sobre a Palestina, para que as duas partes chegassem a uma nova fórmula que suplantasse a desastrosa Resolução 181. Os membros das Nações Unidas, reunidos na antiga sede de Flushing Meadows, em Nova York, gostaram da ideia; se ela não avançou foi em boa medida devido ao lobby sionista que pressionava o presidente Harry Truman. Como bem lembra Manna, "nesse momento crítico, a União Soviética optou por declarar seu firme apoio a favor da resolução de partilha e do estabelecimento imediato de um Estado judeu. Além de oferecer apoio político para o lado sionista, garantiu o fornecimento de armas pela Tchecoslováquia".

À medida que o plano militar era executado, dezenas de milhares de palestinos foram forçados a marchar, levando apenas as roupas do corpo, formando rios de refugiados que inundaram os países árabes fronteiriços, na esperança de retornar em breve. Enquanto o Plano Dalet conferia uma organização centralizada ao esforço de guerra israelense, a guerra pelo lado palestino foi travada em três frentes — Galileia, ao norte, a região de Al-Quds (literalmente, "a Santa", nome com o qual os árabes muçulmanos se referem a Jerusalém) e Gaza, ao sul — e carecia de uma liderança nacional capaz de unificá-las. Manna argumenta, aliás, que a população palestina da Galileia tinha uma interpretação diferente da guerra em relação aos palestinos de Al-Quds e de Gaza, pois estavam cientes de sua total incapacidade de se defender das milícias sionistas. E ressalta o termo que se passou a empregar quando um vilarejo era atacado e derrotado: nesses casos, dizia-se que o vilarejo "caiu". Os palestinos da Galileia rejeitavam a ideia de que tivessem lutado uma guerra para a qual sequer estavam preparados; diziam que a aldeia ou o país "caiu" feito fruta madura do pé. O romance de Elias Khoury, *Porta do sol*, se passa na Galileia e, como bem lembra Manna, retrata esse sentimento quando Yunis, de seu leito no hospital, diz: "Filho, não acredite que os judeus venceram a guerra de 1948. Nós não lutamos em 1948, nós não sabíamos. Eles venceram porque nós não lutamos. Eles também não lutaram: simplesmente venceram, foi como um sonho".

A defesa da região norte estava nas mãos do Exército de Libertação Árabe, liderado pelo já mencionado Fawzi Al-Qawuqji, e da população local, que carecia de qualquer treinamento militar. A região de Al-Quds era comandada por uma das principais e mais carismáticas lideranças da resistência palestina, Abd Al-Qadir Al-Husayni, próximo ao *mufti* Hajj Amin Al-Husayni e morto na batalha de Al-Qastal em 9 de abril de 1948. Entre os principais líderes das batalhas de 1948, junto com Abd Al-Qadir Al-Husayni, figurava Hassan Salamah, que conduziu a resistência sagrada do campo (*al-jihad al-muqaddas*) e caiu pouco depois, na batalha de Ras Al-Ain, em 2 de junho de 1948. A derrota palestina foi selada independentemente do posterior ingresso dos exércitos regulares árabes na guerra.

Os países árabes votaram contra a Resolução 181 que determinou a partilha da Palestina. Jamais concordaram com a instauração do Mandato Britânico da Palestina (1917-1948) e, assim como os próprios palestinos, não aceitavam que uma porção dos territórios árabes fosse entregue para o movimento sionista. Quando a fundação do Estado de Israel foi declarada, em 14 de maio de 1948, ingressaram na guerra. O objetivo era, alegadamente, impedir a criação do Estado sionista. Não é tema deste artigo analisar a correlação de forças entre árabes e israelenses no conflito de 1948. Está bastante consolidada a noção da superioridade de armas e meios das forças sionistas, principalmente após o envio de suprimentos bélicos da Tchecoslováquia durante a primeira trégua. As principais críticas feitas aos árabes era que suas forças militares eram mal armadas e não havia um comando centralizado, nem mesmo objetivos compartilhados entre os países árabes na guerra. A exceção era a Jordânia, cuja pretensão era anexar as terras férteis da margem ocidental do Rio Jordão: a monarquia hachemita tinha o maior exército árabe da época e, na opinião de Walid Khalidi, não fosse por ela — e pela participação do Egito, ao sul —, os palestinos teriam perdido todas as suas terras em 1948.

O Estado de Israel foi criado em 78% do território da Palestina histórica, e não nos 52% designados pela ONU. Nessa porção majoritária, permaneceram apenas cerca de 150 mil palestinos. A Faixa de Gaza recebeu 200 mil refugiados, cujos descendentes representam 70% da população atual. Outros 550 mil palestinos fugiram principalmente para Cisjordânia, Jordânia, Síria e Líbano. O importante autor e defensor do direito de retorno, Salman Abu Sitta, foi expulso com sua família de Bir As-Sabi (Bersebá) aos dez anos de idade. Refugiou-se em Gaza e depois foi para Londres, onde se formou engenheiro civil. Abu Sitta mapeou os 530 vilarejos palestinos esvaziados, destruídos e eliminados pelas invasões das milícias sionistas e do exército de Israel, de finais de 1947 até os armistícios de 1949, e demonstrou que é falso o argumento de que não há espaço para o retorno dos refugiados palestinos às suas terras e cidades de origem.

A elaboração do conceito de Nakba contínua

Mais recentemente, os estudos da área passaram a empregar o termo "Nakba contínua" para se referir ao fato de que o processo de expulsão, que teve um auge em 1948, continua até os dias de hoje. A limpeza étnica da região desértica do Naqab (Neguev) foi realizada principalmente de 1948 a 1952. Em 1967, outros 350 mil palestinos foram removidos da Cisjordânia. Fora dos períodos de guerra, o deslocamento forçado ocorre por outros meios, seja através de leis e dispositivos discriminatórios, seja pela invasão e roubo de casas palestinas por colonos — evento recorrente em Jerusalém Oriental.

Enquanto muitos expressaram a ideia de que a expulsão dos palestinos não terminou junto com a guerra, em 1949, mas continua em escala e intensidade menores, Elias Khoury foi provavelmente o primeiro a elaborar o seu caráter contínuo. O romancista libanês, ex-combatente da liberdade (*fida'i*), ferido aos vinte anos de idade, trocou o rifle pela caneta, passando a coletar fragmentos de histórias palestinas e a tecer narrativas que registram o longo e ininterrupto sofrimento e resiliência desse povo. Para Khoury, uma das principais limitações da obra de Constantine Zurayk era ter considerado a Nakba como o fim de um processo, ao invés do seu início. A guerra e a ocupação de 1967 levaram Zurayk a escrever uma nova versão de seu livro, sob o título *Ma'ana al-Nakba Mujadadan* [O sentido da catástrofe mais uma vez], mas, na visão de Khoury, esse segundo livro não atualizava a interpretação da Nakba nem respondia às perguntas deixadas em aberto na primeira obra, de 1948. A questão central, diz Khoury, é que a Nakba seria, essencialmente, um evento contínuo — e os primeiros historiadores falharam ao não perceberem isso. O pensamento nacionalista árabe sob a influência de Zurayk interpretou a Nakba como um evento passado, e foi assim induzido a erros em momentos cruciais da história.

O primeiro desses exemplos seria a estratégia nacionalista árabe do presidente egípcio Gamal Abdel Nasser, que consistiu em aceitar as fronteiras de 1949 como uma realidade estanque que poderia ser futuramente resolvida pela via das armas. Esse dia nunca chegou, e a derrota de 1967, interpretada "com as ferramentas do passado", foi vista como uma espécie de repetição da catástrofe. O segundo exemplo seriam os Acordos de Oslo, de 1993. Nesse caso, "a rendição palestina pressupunha que a Nakba estivesse no passado". Como, na verdade, tratava-se de um processo contínuo, Oslo tornou-se uma rendição e uma armadilha mortal para a liderança palestina.

Mais recentemente, vemos crescer, no campo da direita e da extrema direita sionistas, a tendência a se admitir com impressionante facilidade que a Nakba de 1948 foi intencional, mas lamentavelmente incompleta. Vislumbra-se a possibilidade de que novas levas de palestinos sejam expulsas — da Cisjordânia, de Jerusalém ou de Israel propriamente dito. Ou seja, trata-se de uma elaboração discursiva a favor da continuidade da limpeza étnica da Palestina. Pode-se dizer, reverberando as palavras de Elias Khoury, que esta seria uma "nova história sionista israelense", para a qual "as atrocidades de 1948 são lidas numa chave teológica que justifica a limpeza étnica como uma necessidade para evitar uma nova Shoah [Holocausto]".

No momento em que se publica o livro que você tem em mãos, a Faixa de Gaza está sofrendo o ataque mais violento de toda a sua história. O jornalista palestino Haidar Eid nos enviou, diretamente de Gaza, uma mensagem de voz para ser transmitida à comunidade acadêmica da Universidade de São Paulo, caracterizando a atual ofensiva como um misto de limpeza étnica e genocídio. A escalada israelense, ainda em curso, já expulsou 1,2 milhão de habitantes da metade norte de Gaza. Os bombardeios atingem residências, hospitais e abrigos da ONU, e alvejam também civis palestinos em rota de fuga (seguindo as diretrizes vociferadas pelo ministro da Defesa israelense, Yoav

Gallant, para quem os palestinos são "animais humanos", e pelo presidente israelense, Isaac Herzog, para quem "não há civis inocentes em Gaza", sugerindo que não deve haver qualquer distinção entre civis e combatentes), refletindo claramente a intenção de eliminar um grupo étnico. Com base nas declarações feitas pelas mais altas lideranças sionistas da atualidade e nas próprias características do ataque, Raz Segal, historiador israelense e diretor do programa de pós-graduação em Estudos do Holocausto e Genocídio da Universidade Stockton, já desde os primeiros dias da ofensiva alertava o mundo de que esse era "um caso clássico de genocídio".

Conclusão

Dado que os historiadores palestinos, como Walid Khalidi, foram amplamente ignorados quando argumentaram que os palestinos foram expulsos pelo uso de métodos de terror, e que jamais houve uma ordem dos comandantes árabes para que saíssem, foi necessária a comprovação de um planejamento para a limpeza étnica da Palestina. Essa demonstração foi realizada por meio dos achados de Ilan Pappé nos arquivos dos vilarejos e demais acervos oficiais israelenses, e em memórias e diários dos líderes sionistas, comprovando como definitivamente falsa a tese do "êxodo voluntário" dos palestinos em 1948. Alguns autores, sem contestar a tese do planejamento da limpeza étnica, pensam que o que importa é que os palestinos foram aterrorizados para sair e impedidos de retornar. Mais que isso: a expulsão não começou com o Plano Dalet nem terminou com os armistícios de 1949. Para Ilan Pappé, contudo, tratava-se de substituir o paradigma da guerra pelo paradigma da limpeza étnica:

> Não tenho dúvida de que a ausência, até este momento, do paradigma da limpeza étnica constitui um dos motivos pelos quais

> a negação da catástrofe perdurou por tanto tempo. Não é que o movimento sionista, ao criar seu Estado-nação, travou uma guerra que "trágica mas inevitavelmente" levou à expulsão de "partes da população indígena" [palestina]. Pelo contrário: o objetivo foi a limpeza étnica do país cobiçado pelo movimento para o seu novo Estado, e a guerra foi a consequência, o meio para realizá-lo.

A partir da pesquisa de Ilan Pappé, publicada na virada do século XXI, não seria mais o caso de dizer que a expulsão dos palestinos existiu apenas como consequência da guerra, nem que ela foi um objetivo sistematicamente perseguido durante a guerra, mas sim que a guerra foi iniciada no dia seguinte à aprovação da partilha da Palestina pela ONU com o objetivo de colocar em ação um plano que previa a desocupação do território para a criação de um Estado étnico majoritariamente judeu.

Desnecessário dizer que a tese de Ilan Pappé desagradou profundamente o establishment sionista. O historiador trocou a Universidade de Haifa pela de Exeter, na Inglaterra, mas não deixou de fazer enorme sucesso entre os israelenses que lutam pela conquista dos direitos palestinos e acreditam que devem encontrar formas menos segregacionistas e mais compartilhadas de viverem juntos, do Rio Jordão ao Mar Mediterrâneo. Como dizia o intelectual palestino Edward Said, nenhum povo quer ter que olhar para trás e reconhecer os horrores de sua própria história. Ao mesmo tempo, continuava Said, somente o reconhecimento dos sofrimentos mútuos — dos judeus no Holocausto e dos palestinos na Nakba — poderá promover a reparação e os elos necessários para uma vida em comum. Enquanto a Nakba continua e se agrava, o reconhecimento da catástrofe apenas começa.

Referências

ABU SITTA, Salman. *Mapping My Return: A Palestinian Memoir*. Cairo/Nova York: American University in Cairo Press, 2017.

ALAMI, Musa. "The Lesson of Palestine", *Middle East Journal*, v. 3, n. 4, p. 373-405, out. 1949.

FINKELSTEIN, Norman. *Imagem e realidade do conflito Israel-Palestina*. Trad. Clóvis Marques. Rio de Janeiro: Record, 2005.

FLAPAN, Simha. *The Birth of Israel: Myths and Realities*. Londres: Croom Helm, 1987.

HIJAZI, Ihsan. "Israeli Looted Archives of PLO, Officials Say", *The New York Times*, 1º out. 1982.

KHALIDI, Walid. "Why Did the Palestinians Leave?", *Middle East Forum*, v. 35, n. 7, p. 22-8, dez. 1959.

KHALIDI, Walid. "Revisiting the UNGA Partition Resolution", *Journal of Palestine Studies*, v. 27, n. 1, p. 5-21, outono 1997.

KHALIDI, Walid. "Palestine and Palestine Studies: One Century after World War I and the Balfour Declaration", *Journal of Palestine Studies*, v. 44, n. 1, p. 137-47, outono 2014.

KHOURY, Elias. "Rethinking the Nakba", *Critical Inquiry*, v. 38, n. 2, p. 250-66, 2012.

KHOURY, Elias. *Meu nome é Adam*. Trad. Safa Jubran. Rio de Janeiro: Tabla, 2022.

MANNA, Adel. *Nakba and Survival: The Story of Palestinians who Remained in Haifa and the Galilee, 1948-1956*. Los Angeles: University of California Press, 2022.

MASALHA, Nur. *Expulsão dos palestinos: o conceito de "transferência" no pensamento político sionista, 1882-1948*. São Paulo: Sundermann / MEMO, 2021.

MORRIS, Benny. *The Birth of the Palestinian Refugee Problem, 1947-1949*. Cambridge: Cambridge Unversity Press, 1988.

NASSAR, Issam. "Review: *The Birth of the Palestinian Refugee Problem* Revisited", *Political Science Quarterly*, v. 120, n. 1, 2005, p. 176-7.

PAPPÉ, Ilan. "The 1948 Ethnic Cleansing of Palestine", *Journal of Palestine Studies*, v. 36, n. 1, p. 6-20, 2006.

PAPPÉ, Ilan. *A limpeza étnica na Palestina*. Trad. Luiz Gustavo Soares. São Paulo: Sundermann, 2016.

SEGAL, Raz. "A Textbook Case of Genocide", *Jewish Currents*, 13 out. 2023.

SEGEV, Tom. *1949, the First Israelis*. Nova York: MacMillan, 1986.

SHAVIT, Ari. "Survival of the Fittest. Interview with Benny Morris", *Haaretz*, 8 jan. 2004.

SHLAIM, Avi. *Collusion across the Jordan: King Abdullah, the Zionist Movement and the Partition of Palestine*. Nova York: Columbia University Press, 1988.

SHLAIM, Avi. "The Debate about 1948", *International Journal of Middle East Studies*, v. 27, n. 3, p. 287-304, 1995.

ZURAYK, Constantine. *The Meaning of the Disaster*. Beirute: Khayat's College Book Cooperative, 1956.

ZURAYK, Constantine. *Ma'na al nakba Mujadadan*. Beirute: Dar al-'Ilm lil-Malayyin, 1967.

ZURAYK, Constantine; HANNA, George; ALAMI, Musa; TUQAN, Qadri Hafiz & KHALIDI, Walid. *The Nakba of 1948: Causes and Solutions*. Ramallah: Institute of Palestinian Studies, 2009.

FRANCIROSY CAMPOS BARBOSA é antropóloga, livre-docente e pesquisadora no Departamento de Psicologia da Faculdade de Filosofia, Ciências e Letras de Ribeirão Preto (FFCLRP) da Universidade de São Paulo (USP) e dos programas de pós-graduação em psicologia e antropologia da USP, além de coordenadora do Grupo de Antropologia em Contextos Islâmicos e Árabes (Gracias) e pós-doutora pela Universidade de Oxford.

Por uma pedagogia da Nakba

FRANCIROSY CAMPOS BARBOSA

Como docente da universidade pública e preocupada com o silenciamento da causa palestina no espaço acadêmico dentro e fora do Brasil, perguntei aos meus alunos, no início do ano letivo de 2024, o significado da palavra árabe *nakba* [catástrofe]. Apenas uma aluna soube explicá-lo. Eis um pequeno indicativo do apagamento dos palestinos e da sua história na educação brasileira. A Nakba — ou seja, o violento processo de expulsão e limpeza étnica dos palestinos de suas terras, para a constituição do Estado de Israel, em 1948 — simplesmente não existe na literatura escolar do país.

Todo currículo é político. O que é ensinado em sala de aula é fruto de uma escolha, está implicado naquilo que os responsáveis pela elaboração dos projetos curriculares querem ou não querem que seja ensinado, difundido. Nada é aleatório. A culpa pelo desconhecimento sobre a Nakba, portanto, não é dos alunos — aliás, muitos docentes universitários tampouco ouviram falar do termo. Certamente, porém, a grande maioria de estudantes e professores sabe o que foi o Holocausto: o extermínio de seis milhões de judeus na Europa é bastante conhecido, assim como a Segunda Guerra Mundial, fartamente relatados nos livros de história e em produções cinematográficas. E é bom que seja assim, pois o nazismo e os nazistas devem ser combatidos todos os dias.

Contudo, os eventos que tiveram lugar na Palestina em 1948, e que se estendem até os dias atuais, são continuamente invisibilizados na formação intelectual da nossa sociedade, a despeito de sua importância. O que impede o conhecimento da vida, da história e da visão de mundo de pessoas que vêm sendo sistematicamente expulsas e exterminadas em Gaza, sobretudo, mas também na Cisjordânia? Assistimos não apenas a um genocídio como a um epistemicídio no que se refere à Palestina, e isso está conectado a processos de longa duração. Como resultado, temos o apagamento desse povo, além das tradicionais arabofobia e islamofobia (Barbosa *et al.*, 2022; 2023a), que passaram a atingir árabes e muçulmanos com ainda mais força após os atentados às Torres Gêmeas e ao Pentágono, nos Estados Unidos, em 11 de setembro de 2001.

A arabofobia e a islamofobia são uma barreira para a difusão da história dos povos árabes e do surgimento e expansão do Islã (Barbosa *et al.*, 2023b), fazendo com que os membros desse grupo étnico e os adeptos dessa religião sejam identificados como bárbaros, opressores e violentos. Quando se trata de árabes e muçulmanos, os estereótipos são sempre acionados. Apesar de dizermos e repetirmos que os árabes não são necessariamente muçulmanos e vice-versa, a associação é imediata. Da mesma forma, pouca gente sabe que na Palestina existem muçulmanos e cristãos, do mesmo modo que existem judeus árabes.

No *II Relatório de islamofobia no Brasil — pós 07/10/2023* (Barbosa *et al.*, 2023a), os muçulmanos apontam que são tratados pela imprensa como um bloco homogêneo: palestinos, muçulmanos e árabes se misturam nas narrativas como se fossem sinônimos. É preciso desconstruir a imagem orientalista dos povos árabes que passaram por processos de colonização violenta, como é o caso dos palestinos.

Por isso, proponho um investimento sistemático na pedagogia da Nakba, que significa produzir conteúdo didático-pedagógico sobre a Palestina e os palestinos e difundi-lo de forma massiva, por meio dos currículos escolares, mas não só.

É preciso explicar, entre muitos outros aspectos, que os palestinos foram violentamente expulsos de suas terras em 1948, dando espaço para a formação do Estado de Israel; que os árabes não necessariamente são muçulmanos; que a violência que vemos na Palestina hoje não começou em 7 de outubro de 2023. Além disso, deve haver uma grande e constante circulação de filmes, documentários, livros e artigos sobre o tema, assim como tem ocorrido corretamente com o Holocausto. A Palestina precisa ser conhecida, representada, enunciada em sala de aula e nos espaços públicos, se quisermos realmente que o genocídio cesse, que o epistemicídio deixe de existir por meio de "hierarquias raciais, binárias e essencialistas do fundamentalismo eurocêntrico hegemônico" (Grosfoguel, 2011, p. 346). O apagamento da história de um povo é o primeiro passo do extermínio: se não falam dele, ele deixa de existir.

Acreditar em uma violência supostamente inerente aos palestinos, além de revitalizar estereótipos, é uma total falta de empatia que faz parte do processo de desumanização colonialista, necessário à ocupação e ao apartheid praticado por Israel e sustentado pelas potências ocidentais. É preciso reagir a essa forma de construção do Outro, considerar as suas raízes e a sua diversidade, e pontuar os direitos humanos como canal de acesso à valorização cultural e religiosa dos palestinos. Permitir-lhes que contem a própria história é um primeiro passo nesse sentido. A pedagogia da Nakba precisa, assim, começar explicando o termo e sua origem, e também o seu significado para a população que foi expulsa e padeceu com a catástrofe. O que significa, para os palestinos, ter tido que abandonar lares, aldeias, cidades — os lugares onde estão as suas raízes ancestrais — em razão da violência perpetrada por grupos terroristas?

Entre outubro de 2023 e junho de 2024, mais de 37.124 palestinos — entre eles, mais de 10 mil mulheres e 17 mil crianças — foram assassinados pelas forças israelenses na Faixa de Gaza, e o número de feridos ultrapassa 80 mil. Em nove meses, Israel bombardeou todas as universidades em Gaza, assim como a maioria dos hospitais, escolas, igrejas e mesquitas. Comida e água potável são absurdamente escassas, não há condições mínimas de higiene. As imagens que nos chegam são de extrema dor e desumanização. Recentemente, assistimos a uma das cenas mais horríveis dos últimos meses: a decapitação de uma criança após o bombardeio criminoso de um campo de refugiados em Rafah, ao sul de Gaza.

Por que a dor palestina significa tão pouco para o mundo? Por que mesmo imagens tão abjetas são insuficientes para gerar empatia? Uma das razões certamente é o desconhecimento da maior parte das pessoas sobre a versão palestina da história, seus pontos de vistas sobre o passado e o presente.

Por isso, falar sobre a Palestina e os palestinos em todos os lugares tornou-se imperativo. Não temos que falar por eles, mas deles, e lembrar do dever de cada cidadão neste mundo de se pronunciar contra a incessante violência exercida pelo governo de extrema direita de Benjamin Netanyahu. As universidades têm o dever moral de se manifestar contra o genocídio. Os meios de comunicação hegemônicos precisam abandonar determinados financiadores se não quiserem compactuar com os crimes que estão sendo cometidos em Gaza. Não podemos aceitar que uma pessoa que defenda os palestinos, neste momento, seja considerada "antissemita". Instrumentalizar conceitos a fim de prejudicar quem luta por justiça é mais uma estratégia colonialista.

Hoje, uma das "armas" que temos é a nossa voz, a nossa presença em todos os espaços. Mas, quando pensamos no futuro, precisamos construir uma pedagogia da Nakba, que insira conteúdos importantes nas grades curriculares para demonstrar que a Palestina vive, respira e resiste.

A despeito dos bombardeios e das cidades destroçadas, os palestinos já passaram pelo Ramadã [de 10 de março a 9 de abril de 2024], mês do jejum sagrado dos muçulmanos, no qual realizaram suas devoções. Só é possível explicar essa determinação pela *sumud* — a firmeza ou perseverança constante que o palestino carrega pela fé em Deus. Se eles seguem resistindo apesar de todas as adversidades, nos compete resistir a cada dia, a cada momento, sem temer, sem baixar a guarda nem os punhos, que precisam permanecer erguidos em sinal de liberdade e justiça.

De onde pode partir a inspiração para uma pedagogia da Nakba? Uma resposta está nas reflexões do livro *Sumud em tempos de genocídio* (Tabla, 2024), da psiquiatra e psicoterapeuta palestina Samah Jabr, traduzido pela psicóloga Rima Awada Zahra. Nascida em Jerusalém Oriental, em 1976, Samah é chefe da unidade de Saúde Mental do Ministério da Saúde da Palestina. No livro, ela apresenta ideias fundamentais para compreendermos o passado e o presente dos palestinos, em seis seções: o problema de saúde mental representado pela ocupação; o trauma colonial e intergeracional da Palestina; a psicopatologia desencadeada por prisão e tortura; a resistência e a resiliência; Gaza; e solidariedade. Compreender o que vivenciam os palestinos na atualidade e suas formas de resistência, a partir de suas próprias vozes, é uma das estratégias para iniciar a pedagogia da Nakba.

Não se pode falar apenas daquilo que se perdeu; é fundamental evidenciar aquilo que (re)existe. Por isso, trabalhos como o que vem sendo desenvolvido por Isabella Aquino, no Departamento de Antropologia da Universidade de São Paulo (USP), intitulado *Memórias palestinas: práticas sonoras de um exílio existencial*, traz a beleza dos músicos palestinos e suas histórias. Projetos que recuperem e visibilizem essas experiências precisam ser incentivados pelas instituições de ensino e pesquisa. A pulsão de vida dos palestinos está na sua arte, nas suas criações, desde a culinária à produção de roupa, música e literatura, que ainda são desconhecidas — ou melhor, apagadas.

A representatividade de um povo em instituições de educação e cultura é fundamental para que toda a sociedade possa conhecer e acessar histórias plurais. Por isso, considero importante que a USP, por exemplo, que já abriga um *corner* de Israel, dê espaço para um *corner* da Palestina, a fim de que esta também seja (re) conhecida. Mesmo que no momento não exista mais nenhuma universidade de pé em Gaza, esse seria um modo de recuperar as memórias e/ou reconstruí-las.

Outro ponto importante para a afirmação de uma pedagogia da Nakba é o nosso telejornalismo, que deve ser instruído a produzir conteúdos que não associem os palestinos ao terrorismo e às violências. A sociedade precisa saber, por exemplo, que o Hamas não é considerado um grupo terrorista pela ONU, nem mesmo pelo governo brasileiro. Isso precisa ser explicado à população, apesar dos interesses em jogo, que pautam todas as instâncias informacionais a que nos referimos anteriormente.

A escola e a universidade devem ser espaços de diversidade e, por isso, propulsoras de pensamento crítico, que deve atingir os meios de comunicação e, por consequência, as famílias, a sociedade civil. Ações que impactam a sociedade devem partir de uma pedagogia, de uma forma de construção do outro que valorize a diferença. Não se reconstrói vidas em cima de escombros, mas a partir da produção do conhecimento. Esse é o sentido de uma pedagogia da Nakba.

Referências

BARBOSA, Francirosy C. *et al. I Relatório de islamofobia no Brasil*. São Bernardo do Campo: Ambigrama, 2022.

BARBOSA, Francirosy C. *et al. II Relatório de islamofobia no Brasil — pós 07/10/2023*. Ribeirão Preto: Gracias, 2023a. Disponível em: https://drive.google.com/file/d/1YxUS_ZtBNuWG23Hg9hNmoLacdVnJZUfb/view.

BARBOSA, Francirosy C. *et al. Judaísmo, cristianismo, islam*. Petrópolis: Vozes, 2023b.

GROSFOGUEL, Ramón. "La descolonización del conocimiento: diálogo crítico entre la visión descolonial de Frantz Fanon y la sociología descolonial de Boaventura de Sousa Santos". *In*: VIANELLO, Alvise & MAÑÉ, Bet (org.). *Formas-Otras: Saber, nombrar, narrar, hacer*. Barcelona: Cidob, 2011.

SAMIRA ADEL OSMAN é professora de história da Ásia na Universidade Federal de São Paulo (Unifesp), onde pesquisa questões do mundo árabe e islâmico e suas diásporas no Brasil.

A conquista da Palestina: uma terra, muitos povos

SAMIRA ADEL OSMAN

A disputa pelo território da Palestina é histórica. Povos se sucederam, conquistaram, foram conquistados; desapareceram, permaneceram, se misturaram; partiram, retornaram ou nunca mais puderam fazê-lo. Evidências arqueológicas, relatos históricos e narrativas religiosas ajudaram a construir a disputa pela região estrategicamente localizada entre o Rio Jordão e o Mar Mediterrâneo. Do rio ao mar, o que pode ser afirmado com segurança é que a Palestina nunca foi uma "terra vazia", nem pertenceu exclusivamente a um único povo.

Remontar a história da Palestina é retroceder milênios, como faz o historiador palestino Nur Masalha em sua magistral obra *Palestina: quatro mil anos de história*. Neste breve texto, apontamos a ocupação remota dos cananeus (tribo árabe semítica que migrou da Península Arábica para o que ficou conhecido como Canaã) e dos filisteus (provenientes da Ilha de Creta, que chamaram a nova terra de Filistin ou Palestina). Esses dois povos podem ser considerados os povos originários da região, sobre os quais existem as mais antigas evidências históricas e arqueológicas de ocupação do território que hoje conhecemos como Síria, Líbano, Palestina e Jordânia. Mais tarde, chegaram os nômades hebreus, provenientes do sul da Mesopotâmia, que passaram a disputar o mesmo território e a hegemonia da região com cananeus e filisteus, alternando períodos de controle de poder, lutas, avanços e derrotas, sem que efetivamente nenhum deles tenha garantido o controle total e por longo período do território.

Cananeus e filisteus não criaram um Estado centralizado ou um império nos moldes de seus vizinhos; antes, estabeleceram cidades como Beirute, Sidon (Saida) e Tiro (Sur), no atual Líbano; e Akka (Acre), Gaza, Ariha (Jericó), Nablus e Jebus, na Palestina. Jebus, mais conhecida como Jerusalém, foi fundada originalmente pelos jebusitas, parte do grupo cananeu, e tomada como capital pelos primeiros monarcas hebreus, Davi e Salomão, que fundaram o Reino de Israel e o Primeiro Templo, respectivamente, segundo a tradição bíblica. Quando os hebreus se dividiram em dois reinos — ao norte o Reino de Israel, com a capital em Samaria, e ao sul o Reino da Judeia, com a capital em Jerusalém —, as disputas com cananeus e filisteus se mantiveram por períodos ainda maiores.

Além das lutas internas, a posição geográfica do território deixou a região suscetível a inúmeras invasões, conquistas e dominações — por exemplo, pelos assírios e babilônios da Mesopotâmia, egípcios, persas, romanos e bizantinos —, afetando sobremaneira os reinos hebreus e sua população. Cada um desses invasores continuou se referindo à região como "Palestina", assim como o historiador grego Heródoto, que no século V registrou os topônimos "Egito", "Fenícia" e "Palestina" em sua principal obra, intitulada *História*.

Jerusalém, outrora Jebus, foi sitiada, invadida, cercada, saqueada, destruída e reconstruída inúmeras vezes e em diferentes períodos. Os babilônios, sob Nabucodonosor II, arrasaram a cidade em 587 a.C. e queimaram o Templo de Salomão. O general romano Pompeu, em 63 a.C., interveio na região e deu apoio a Herodes, que governou o Reino da Judeia entre 40 a.C. e o ano 4 da era cristã. Com o imperador Tito, no ano 70, Jerusalém foi tomada e o Segundo Templo incendiado, restando apenas o Muro, enquanto o imperador Helio Adriano expulsou grande parte da população judaica e construiu uma nova cidade sobre os escombros da velha: Helia Capitolina.

A região, ainda conhecida como Judeia, foi renomeada como Síria Palestina e assim registrada nos mapas romanos, que destacavam três locais: Judeia, Samaria e Jerusalém. Com a derrocada e divisão do Império Romano, a região ficou sob o controle oriental, cuja capital era Bizâncio (Constantinopla, atual Istambul). O Império Romano do Oriente sobreviveu à queda de Roma e foi renomeado Império Bizantino. Grego e cristianizado, o novo poder deu à cidade de Jerusalém outra conotação religiosa: o local onde Jesus Cristo viveu, onde participou como judeu da limpeza do Templo, onde ofertou a Última Ceia, onde foi crucificado, enterrado e ressuscitado, e onde foi edificada a Igreja do Santo Sepulcro, de acordo com os Evangelhos.

Uma terceira importância religiosa se juntou a Jerusalém com o advento do islamismo e com a pregação do profeta Maomé na Arábia do século VII. Religião monoteísta, abraâmica, tributária da tradição judaico-cristã, o islamismo, desde os primórdios, estabeleceu a santidade de Jerusalém já em sua denominação árabe: Al-Quds, que significa "a Sagrada", "a Santa". Segundo a tradição islâmica, foi nessa cidade, no ano 610, que Maomé teria realizado a Viagem Noturna na qual, guiado pelo anjo Gabriel e montado no cavalo Buraq, saiu de Meca, chegou a Jerusalém, ascendeu aos céus, conversou com os profetas e chegou à presença divina. Foi nesse evento que Maomé estabeleceu com Deus as cinco orações diárias a serem cumpridas pelos muçulmanos. A partir dessa viagem, Jerusalém passou a ser considerada a terceira cidade mais importante do islamismo, depois de Meca e Medina. Além disso, era em direção a Jerusalém que os fiéis originalmente deveriam se voltar em oração.

Apesar da tradição religiosa islâmica que liga o profeta e os fiéis islâmicos à cidade sagrada de Jerusalém nos primórdios do Islã, o local só foi conquistado pelos muçulmanos após a morte de Maomé e está diretamente relacionado às questões sucessórias, ao estabelecimento do califado como sistema de governo e à expansão que fez da religião unificadora de um povo a força para a consolidação de um poder e o estabelecimento de um império que se estendeu do Oriente ao Ocidente em um curto período de tempo. O legado de Maomé ultrapassou a unificação da Península Arábica, e dois processos se tornaram concomitantes: a manutenção da unidade da região com a supremacia da nova fé, e a conquista de novos territórios.

Enquanto o primeiro califa, Abu Bakr (632-634), teve o desafio de manter a comunidade unida, rompendo os focos de resistência e as apostasias que ocorreram tão logo a morte do profeta foi confirmada, logrando êxito graças a uma ação firme e uma campanha militar eficiente, o segundo califa, Omar Ibn Al-Khattab (634-644), pôde ir além da Península Arábica e concretizar o sucesso de uma expedição militar que visava a conquista de novos territórios. A vizinhança, promissora, estava sob controle de dois grandes impérios que disputavam entre si a supremacia e o poder na região da Ásia Menor e do Oriente Próximo: de um lado, o Império Bizantino, que controlava partes de Itália, Sicília, Norte da África, Egito, Síria, Anatólia e Grécia; de outro, o Império Persa Sassânida, que se estendia sobre Mesopotâmia, Pérsia e Ásia Central. Envolvidos em seus próprios interesses e disputas territoriais, ambos se deram conta tarde demais da nova força política e religiosa que vinha para ficar: os árabes muçulmanos.

A Mesopotâmia foi sendo tomada aos persas a partir do ano de 633; ultrapassado o Rio Eufrates, os árabes dominaram Basra, Kufa, Mossul e Ctesifonte (Madain), avançando pela Pérsia Central. Conquistada, a Pérsia manteve sua identificação, enquanto Iraque passava a ser o nome da terra entre os rios Tigre e Eufrates. Ao mesmo tempo, outra frente de expansão era aberta no lado ocidental. Nele, as tropas árabes confrontavam o poder bizantino nas regiões da Síria e da Palestina, em pequenas batalhas, avanços e recuos, até a efetiva dominação de Damasco, que os árabes nomearam Sham, além de Palmira (Tadmur), Baalbek, Antioquia, Tabariyyah (Tiberíades), Nablus, Tiro, Trípoli, Gaza e Jerusalém, mais tarde alcançando o Egito.

O califa Omar está diretamente ligado à conquista da Palestina e à tomada de Jerusalém. Antes um feroz opositor de Maomé, tendo, inclusive, se envolvido em tramas que pretendiam assassiná-lo, Omar tornou-se um fiel defensor da nova fé, sendo visto como o mais piedoso entre os *sahib* (companheiros) e entre os califas *rachidun* (bem guiados). Militarmente, suas táticas consistiram em lutar em diferentes frentes, eleger destemidos generais para o combate, e religiosamente respeitar os povos do Livro (judeus e cristãos). Fontes diversas, mas sobretudo greco-bizantinas, ou negaram a passividade da conquista árabe sobre a Palestina ou ressaltaram ações de pilhagem dos vilarejos e monastérios. Por outro lado, outras fontes cristãs e as fontes islâmicas, como o historiador árabe Al-Tabari, ressaltaram que não houve uma destruição extensiva, pelos muçulmanos, da Palestina ou de Jerusalém.

Omar dividiu a Palestina em duas regiões administrativas: a Jordânia (Al-Urdun) e a Palestina (Filastin). A primeira incluía Al-Jalil (Galileia) e Akka (Acre), estendendo-se para o deserto. A Palestina era a região ao sul do Planalto de Esdraelon, tendo como primeira capital a cidade de Lida e, depois de 716, Ramallah. Jerusalém, como cidade sagrada desde os primórdios do islamismo, foi poupada da destruição, e a conquista árabe pode ser considerada a mais pacífica que ela e seus habitantes assistiram desde sua criação. Para a rendição total, não houve incêndios, destruição de lugares sagrados ou carnificina. No lugar dessas ações comuns que ainda assolariam a cidade e a Palestina como um todo centenas de anos depois, foi proposto um acordo pelo qual se respeitavam as minorias protegidas, prática corriqueira também dos conquistadores muçulmanos, que incentivavam a tolerância e a convivência, desestimulando a coerção e a opressão que marcaram os domínios anteriores.

A maior marca desse respeito a Jerusalém é o que a tradição religiosa e as crônicas cristãs e árabes chamaram de Pacto de Omar, assinado entre o califa e o patriarca cristão Sofrônio. A atitude do patriarca — opositor do imperador bizantino, e que solicitou a presença do califa para a rendição de Jerusalém — é contada em tons épicos. Omar, que havia participado indiretamente das campanhas na Palestina, havia ordenado o cerco à cidade sagrada e havia se retirado para Medina quando a vitória já estava garantida. Sua ida a Al-Quds para a rendição é carregada de episódios pitorescos, tanto de acordo com fontes islâmicas como cristãs. Vestido de forma simples e acompanhado por poucos homens, Omar demonstrava uma postura distinta da pompa e circunstância que marcou o domínio bizantino, mesmo sobre as populações cristãs. O encontro entre o patriarca e o califa culminou em certo evento — que, se não ocorreu de fato, é ao menos verossímil. Perto do horário designado para a oração, sugeriu-se a Omar que rezasse no átrio da Igreja do Santo Sepulcro, o que ele recusou, tendo escolhido um local afastado para realizar suas orações desacompanhado. A explicação que deu a Sofrônio foi entendida como a prova da convivência e do respeito entre as religiões: Omar evitava que o local onde rezasse fosse convertido em símbolo islâmico com a justificativa de que "o califa aqui rezou".

O significado da cena se atrela à ideia da capitulação de Jerusalém baseada nos princípios de respeito e segurança, do direito inalienável à liberdade religiosa e o reconhecimento da preservação do patrimônio religioso, contrastando sobremaneira com ações anteriores, tornando-se o Pacto de Omar um modelo para as conquistas islâmicas posteriores. O acordo dava o controle da cidade aos muçulmanos, mas concedia direitos aos judeus e às diferentes crenças cristãs. A Igreja do Santo Sepulcro tornara-se inviolável e, para garantir sua integridade e cessar as disputas entre as diferentes comunidades cristãs, Omar confiou as suas chaves a duas famílias árabes muçulmanas. Séculos mais tarde, ela foi repartida administrativamente entre as igrejas católicas (romana, ortodoxa e armênia), e foram legadas pequenas porções aos coptas, aos siríacos e aos etíopes.

Além de igrejas e sinagogas que preponderavam na paisagem da Palestina e de Jerusalém, o domínio islâmico deixou sua contribuição na arquitetura religiosa com a edificação de mesquitas em todo o território. Omar decidiu onde seria construída a primeira mesquita: o rochedo sagrado, onde Abraão quase teria imolado seu filho (Isaac, pela tradição judaica; Ismail, pela islâmica) e de onde Maomé teria ascendido aos céus. Foi no reinado do califa omíada Abd Al-Malik Ibn Marwan, em 691, que se iniciou sua construção e, por muitos séculos, ela foi sendo enriquecida com detalhes internos e externos, como a Cúpula do Rochedo, uma abóboda dourada que é a marca indelével desse patrimônio da humanidade. Na base interna da cúpula, uma faixa em letras douradas transcreve os versículos do Alcorão sobre Jesus, enquanto uma cúpula menor do conjunto arquitetônico é reconhecida como o local do tribunal de Davi. Assim, a Mesquita de Omar sintetiza e une as três fés num só lugar. Já a Basílica da Virgem Maria serviu para ser o local da edificação da Mesquita de Al-Aqsa — a mesquita distante —, onde Maomé teria feito a oração com todos os demais profetas. Depois de um terremoto ocorrido em 785, foi reconstruída e adornada ao longo dos diversos governos islâmicos com características árabes. Assim, a paisagem de Jerusalém e de toda a Palestina ia se tornando cada vez mais multirreligiosa, abarcando as três principais fés monoteístas, e continuou sendo alvo de disputas e conquistas.

O sucesso da conquista islâmica liderada por Omar deve ser considerado a partir da compreensão da vida na região sob domínio bizantino, antes da expansão muçulmana. Apesar de advogar-se como legítimo herdeiro do Império Romano, o Império Bizantino era, de fato, culturalmente mais grego que romano. A língua grega era a língua da administração, mas falava-se armênio, aramaico, siríaco e copta; a cultura grega estava disseminada em grandes centros como Antioquia e Alexandria, que, por outro lado, já haviam absorvido elementos da cultura local; e, sobretudo, o cristianismo estava espalhado entre a maioria da população, embora convivendo com o judaísmo e resquícios de paganismo. A Igreja ortodoxa era a fé oficial do império, compartilhada com melquitas e maronitas, mas tinha que dividir espaço com outras doutrinas e práticas também cristãs, que divergiam em relação à natureza de Cristo: para os ortodoxos, a natureza do Messias era divina e humana, fato confirmado no Concílio de Calcedônia de 451, mas, para boa parte das comunidades cristãs orientais, prevaleceu a doutrina monofisista: segundo seus adeptos — armênios, coptas, siríacos (jacobitas), abissínios e os ainda mais precisos nestorianos (caldeus) —, Cristo tinha uma só natureza, composta de duas. Essas igrejas se espalharam por Síria, Palestina, Egito, Líbano e Iraque, com grande número de adeptos, ao redor de monges, padres e patriarcas, e em oposição à postura do imperador bizantino em impor uma única orientação.

Mais que uma querela, essa questão deve ser compreendida em suas decorrências: a debilitação do Império Bizantino, envolvido em contendas e disputas religiosas; o descontentamento da população perseguida; os impostos abusivos; e a falta de interesse de lutar contra o invasor muçulmano em nome do imperador bizantino. Além disso, havia entre a população local, majoritariamente árabe, habitantes que já mantinham relações comerciais com seus conterrâneos da Península Arábica e do Iêmen, sendo esse mais um elemento facilitador da conquista muçulmana — assim como o apoio dos samaritanos, que viram nos conquistadores árabes um livramento do jugo ortodoxo. Junte-se a isso a própria tática árabe de promover ações prolongadas: conquistar, avançar e retroceder, para então dar o grande impulso. No caso da Síria e da Palestina, as ações de conquista começaram em 633 e se consolidaram em 640, com a tomada definitiva de Damasco,

Homs e Qaisariyyah (Cesareia), e em 638 com a conquista de Jerusalém. Pouco após a morte de Omar, em 645, os árabes muçulmanos cumpriram a primeira fase de sua expansão.

Três pontos dessa fase da conquista devem ser ressaltados, já que permaneceu no senso comum a falsa informação, divulgada pelos judeus e cristãos, de que os conquistadores muçulmanos teriam sido os responsáveis pela destruição do Templo de Salomão e da Biblioteca de Alexandria. Como já exposto, a destruição dos templos antecedeu a conquista árabe e até mesmo o surgimento do islamismo. Já a Biblioteca de Serapeu, parte do legado de Alexandria, havia sido saqueada e incendiada pelos cristãos que a consideravam um templo pagão — no século XIII, difundiu-se pelas comunidades cristãs a informação de que os muçulmanos é que teriam sido os responsáveis por essa destruição, alegando-se que, para os conquistadores, todo e qualquer livro que não fosse o Alcorão era desnecessário. Além disso, desde as primeiras conquistas, o objetivo era a expansão da nação árabe, e não meramente a imposição da nova fé. "Não há compulsão na religião", afirma o versículo da Surata Al-Baqara, assim como o respeito aos "povos do Livro": judeus e cristãos, de fé monoteísta, da qual o islamismo era tributário. Portanto, rompe-se com mais um estereótipo que coloca os muçulmanos como intolerantes e proselitistas, além de bárbaros e cruéis. Por fim, ressalta-se que a Palestina, ao tempo de sua conquista pelos árabes, estava habitada por vários grupos étnicos e religiosos, além de ser disputada por diferentes poderes. Dessa forma, a conquista árabe da Palestina, entre 633 e 640, se estabeleceu como hegemônica por muitos séculos depois. Das falsas informações à construção da memória legitimadora de um grupo, impõem-se verdades que carecem de fundamentos, visando desqualificar o outro grupo.

Consolidada a conquista, portanto, o califa dividiu a Palestina em duas regiões administrativas: à leste do Rio Jordão, Al-Urdun (Jordânia), incluindo Al-Jalil (Galileia) e Akka (Acre); a oeste,

Filastin (Palestina), tendo como capital Ramallah. Nos primeiros anos, os árabes contentaram-se com o benefício material da conquista, estabelecendo-se e aproveitando-se da estrutura administrativa e burocrática dos persas e dos bizantinos. Consolidada essa etapa, porém, o califa Omar, em 640, incentivou o estabelecimento de uma elite árabe que se apropriou das terras dos antigos governantes ou dos opositores do novo poder. Aos que reconheciam os novos senhores, agora sob o estatuto de *dhimmis*, estavam garantidos os direitos de propriedade, a prática da fé religiosa e a manutenção da administração local, mediante o pagamento de impostos. Para os cristãos orientais e para os judeus, o jugo dos novos senhores era preferível, em termos religiosos e materiais, ao domínio bizantino e ortodoxo.

Ainda que não houvesse a intenção explícita de assimilar os povos conquistados e de lhes impor a fé islâmica e a cultura árabe, o que se viu foi a islamização de parte desses povos, agora chamados de *mawali* (convertidos), e a arabização das terras sob domínio muçulmano. O idioma árabe foi sendo difundido e adotado por administradores, elites locais e lideranças religiosas, até chegar à população geral, que fez do árabe sua língua franca. Cunhagem de moedas, construção de edifícios públicos, instalação de mesquitas, a língua e a fé consolidavam o poder árabe-muçulmano, que parecia efêmero, mas perdurou por séculos. Coube também ao califa Omar a consolidação dessa nova força, que seria aproveitada e perpetuada pelos califas das dinastias omíada, fatímida e abássida, e também pelos turcos, que controlaram a Palestina até o início da colonização britânica, nos anos 1920.

Antes de tudo isso, num curto intervalo, a Palestina voltou para o domínio cristão na época das Cruzadas. Em 1096, hordas de soldados, camponeses e peregrinos católicos chegaram a Jerusalém dispostos a libertar a cidade dos infiéis muçulmanos. A vitória efêmera foi suficiente para provocar um cruel banho de sangue, a ocupação de Al-Aqsa como residência oficial dos invasores e a conversão da Cúpula do Rochedo em igreja, além da violação e destruição de outros lugares sagrados. A violência dos cruzados era tal que foram os próprios cronistas cristãos que informaram sobre a carnificina: o amontado de mãos, pés e cabeças que se espalhavam pelas ruas; o assassinato de mulheres, crianças e bebês; a destruição de provisões e o envenenamento da água para matar os remanescentes — velhas táticas constantemente atualizadas e perpetradas contra a população palestina, que hoje, como ontem, vive sob cerco, massacre e destruição. A contraofensiva aos cruzados foi liderada pelo curdo Salah Al-Din, da dinastia aiúbida, governante do Egito e da Síria. Depois de um longo cerco e de uma campanha militar bem planejada, em 1187, Saladino, como Salah Al-Din ficou conhecido, entrou em Jerusalém (que se rendeu pacificamente), retomou os templos islâmicos e dividiu a administração do Santo Sepulcro entre as diferentes comunidades religiosas cristãs, arranjo que permanece até hoje. O legado do Pacto de Omar sobreviveu às hordas bárbaras e, contrariamente ao senso comum, os muçulmanos e os palestinos é que têm dado prova de resiliência, tolerância e convivência nas diferenças, ainda que não tenham sido tratados da mesma forma, como testemunha a trágica história recente.

DEIVISON FAUSTINO (NKOSI) é professor adjunto da Universidade Federal de São Paulo (Unifesp), onde atua como pesquisador do Núcleo de Estudos Reflexos de Palmares (Nerp) e do Núcleo de Estudos Afro-Brasileiros (Neab). É autor de *Frantz Fanon: um revolucionário, particularmente negro* (Ciclo Contínuo, 2018) e *Frantz Fanon e as encruzilhadas: teoria, política e subjetividade* (Ubu, 2022) e co-organizador de *As interfaces do genocídio no Brasil: raça, gênero e classe* (Instituto de Saúde, 2018).

Racismo, colonialismo e genocídio na Palestina ocupada

DEIVISON FAUSTINO

Somos testemunhas de um genocídio, e qualquer análise de conjuntura deve começar por essa constatação. Drones guiados por inteligência artificial calculam, com base em informações coletadas por câmeras de vigilância e nas redes sociais, o local de moradia de pessoas que supostamente têm algum nível de envolvimento com o Hamas para descarregar ali toneladas de explosivos mortais. Se um simpatizante do movimento, mesmo sem envolvimento militar, vive no nono andar de um prédio densamente habitado em Gaza, todo o edifício será bombardeado graças a decisões quase totalmente automatizadas.

De 7 de outubro de 2023 até 2 de abril de 2024, quando escrevo este texto, a soma oficial de pessoas assassinadas em Gaza e na Cisjordânia ocupada passa de 33 mil, além dos mais de 80 mil feridos diretamente, excetuando os desaparecidos sob os escombros e as mortes indiretas causadas pela fome, pela sede e pelo colapso total do sistema de saúde palestino. Em 9 de outubro de 2023, o ministro da Defesa de Israel, Yoav Gallant, em resposta absolutamente desproporcional ao ataque terrorista que ceifou 1,2 mil vidas em Israel, ordenou que se fizesse um cerco total a Gaza — território habitado por cerca de 2,3 milhões de pessoas —, cortando todo o suprimento de água potável, gás, energia elétrica e comida à região. E justificou a decisão com a consciência tranquila: "Estamos lutando contra animais, e estamos agindo de acordo".

Já se viu classificações semelhantes proferidas por membros da Ku Klux Klan, no contexto das leis de Jim Crow que impunham a segregação racial nos estados do Sul dos Estados Unidos, pelos ideólogos do apartheid sul-africano ou mesmo pelas lideranças políticas do nazismo durante a Shoah [Holocausto]. A desumanização racializada do inimigo atua como uma espécie de linha de cor, que distingue hierarquicamente os humanos — iguais em dignidade, liberdade e propriedade — dos demais seres existentes, reduzidos a meros objetos de desejo, controle ou ódio. Instaura-se, assim, um status de "nós contra eles", fundamentado numa visão que monopoliza a condição de humanidade e, sobretudo, de legitimidade do uso da violência, autorizando a aniquilação do outro sempre que ele representar um obstáculo ou uma ameaça.

Eis a função do racismo colonial e da disputa de narrativas na sociedade capitalista, em um fenômeno nomeado pela psicanalista Eliane Costa como "pacto psicopático": já que "eles" não são humanos, como "nós", autorizamo-nos a suspender os limites impostos pela civilização à agressividade, sem que isso desencadeie uma crise ética. Na lógica da direita e do governo israelenses, a resposta militar ao traumático 7 de outubro de 2023 não é um crime imoral contra outros seres humanos, mas uma limpeza santa contra monstros terroristas. Assim, tal como em um filme de Indiana Jones, muitos de nós se identificam com o colonizador e torcem para que ele se livre o mais rápido e sadicamente possível dos selvagens violentos sem rosto nem coração.

Disputas de narrativas importam. Não fosse assim, o Knesset [Parlamento israelense] não teria proibido a veiculação do sinal da rede de notícias Al Jazeera em seu território, e as milícias digitais tampouco teriam empenhado tantos recursos em difundir desinformação sobre a motivação, a natureza e a intensidade da violência vivida no atentado promovido pelo Hamas. Desde outubro, os meios de comunicação hegemônicos que ignoraram sete décadas de ocupação israelense na Palestina falam no direito de resposta e defesa de um "Estado soberano" através de uma guerra contra um "grupo terrorista". O que se vê, na realidade, é um Estado ocupante buscando eliminar qualquer possibilidade de solução que reconheça o direito de existência e autodeterminação do outro lado. Os bombardeios de áreas residenciais, hospitais e campos de refugiados explicitam o desejo de eliminar todo um povo, tomado como inimigo bárbaro.

Desde que o mundo humano é permeado pela luta de classes, toda guerra tem sua própria disputa de narrativas. Mas, nesta, até o emprego das palavras "guerra", "resposta" e "terrorista" implica um determinado posicionamento no jogo necrossemântico de significantes. Cabe classificar o assassinato de mais de trinta mil pessoas (e contando) como "resposta", quando o violento ato terrorista que lhe antecede é, também ele, antecedido por sete décadas de ocupação violenta e violência sistemática? Cabe falar em "guerra", quando o "inimigo" sequer configura um Estado, e sua ação guerrilheira, ainda que violenta e traumática à subjetividade israelense, não dispõe da mais mínima simetria bélica? Obviamente, não. Mas caberia, sim, perguntar: quem é de fato o inimigo que está sendo abatido: o Hamas ou toda a população palestina, em Gaza, na Cisjordânia e até em partes do Líbano?

O emprego da palavra "guerra", neste caso, acaba por falsear os fatos ao sugerir uma simetria entre armas de mão e foguetes rústicos, usados por um povo sem direito à soberania, contra um dos Estados mais bem armados do mundo e parceiro inconteste da maior potência imperialista do planeta. Trata-se de um massacre etnicamente orientado com a finalidade de consolidar uma ocupação territorial. Há outro termo sociológico que não "genocídio colonial" para classificar os fatos?

Não se trata de negligenciar a violência do ato terrorista cometido pelo Hamas em 7 de outubro de 2023, nem de ignorar a conivência dos vizinhos Estados árabes, muito menos de subestimar o tamanho da ferida narcísica produzida na sociedade e na subjetividade israelense após o surpreendente furo do cerco militar pelos combatentes do Hamas. Não se trata, da mesma forma, de ignorar que a "resposta" israelense a esse atentado inaugurou uma nova etapa na relação entre Israel e Palestina, quase inviabilizando uma solução para o conflito.

É importante, porém, atentar ao fato de que o próprio emprego da palavra "resposta" desloca o foco da violência da ordem colonial vigente (que se instituiu com a fundação do Estado de Israel naquele território, em 1948) para a violenta interrupção dessa ordem (mais de sete décadas de ocupação violenta e limpeza étnica em um território de grande interesse ao imperialismo estadunidense): uma manobra narrativa muito comum nas experiências coloniais do passado e do presente.

As disputas narrativas se explicitam no empenho midiático em explorar a desinformação sobre decapitação de bebês israelenses pelo Hamas ou mesmo na tentativa malabarista de acusar de antissemitismo toda crítica ao sionismo e ao Estado de Israel. É óbvio que o povo judeu tem direito à autodeterminação política e à reivindicação de um Estado soberano, por mais que a própria invenção burguesa dos Estados nacionais seja, desde o início, um empreendimento incontornavelmente violento. No entanto, o que caracteriza as noções modernas de soberania é o reconhecimento da liberdade e da igualdade como traço ontológico inalienável do ser humano. A noção sionista de Estado, porém, reconhece apenas o judeu como sujeito de direitos inalienáveis. Mesmo a soberania deve ser pautada por certos limites que vemos aqui serem violados impunemente.

A própria fixação semântica do significante "terrorismo" em um dos lados do conflito — quando o terrorismo foi uma tática historicamente utilizada pelas alas radicais do sionismo, que hoje governam o Estado de Israel — já reflete a preferência por um lado da disputa, assim como a mobilização oportunista da memória da Shoah como álibi moral que isenta um povo historicamente vitimado de qualquer responsabilidade sobre suas decisões no presente. Aliás, fomenta-se, com essa narrativa, um clima de tensão antissemita que confunde intencionalmente sionismo, judeidade e as formas históricas particulares sobre as quais foi estruturado o Estado de Israel. Nesses termos, parece que todo crítico ao Estado de Israel e a sua postura colonial na Palestina é um antissemita. Assim, todos os moradores de Gaza merecem pagar com a vida por terem elegido democraticamente o Hamas para administrar o território a partir de 2006.

Se o povo judeu não deve ser homogeneamente responsabilizado pelas atitudes das lideranças do Estado de Israel, o povo palestino não pode ser homogeneamente condenado pelas escolhas do Hamas, muito menos pelos interesses geopolíticos que desejam eliminar do mapa essa organização política. Mas há também nessa formulação uma nova falsa simetria: a Palestina não era um paraíso como aqueles descritos na "capa da revistinha das Testemunhas de Jeová" antes de 7 de outubro de 2023 — ou antes da criação do Hamas, em 1987.

Quando falamos em processos históricos de construção política e social, precisamos recordar que estamos falando das contradições concernentes à luta de classes, sobretudo no que diz respeito às contradições que se apresentam no decurso da história. Lançar mão disso é tentar observar a política a partir de uma pretensa régua moral, que se sustenta numa divisão cartesiana de "bem" contra o "mal", esvaziando a complexidade do processo e relegando a crítica a um propagandismo que, na maioria das vezes, busca colocar o empreendimento colonial como necessário à manutenção da ordem e do bem-estar. A noção de "resposta" deve ter em conta não apenas a frustração intencional dos Acordos de Oslo de 1993 por parte das elites israelenses, mas, sobretudo, a forma desigual pela qual se deu a fundação do Estado de Israel em 1948 e, posteriormente, a sua consolidação como democracia racialmente segregada.

A violência na região não se iniciou em outubro de 2023. Mas é verdade que, a partir dessa data, a ocupação colonial de terras, a vigilância sistemática e o apartheid abriram as portas para um novo nível de ataques, limpeza étnica e extermínio populacional intencional, mediados por drones mortais dotados de sistemas de inteligência artificial para calcular quais hospitais, edifícios ou seres humanos serão eliminados do mapa.

Recentemente, em um congresso de psiquiatria, citei o trabalho da psiquiatra fanoniana Samah Jabr e seus estudos sobre a influência subjetiva da ocupação colonial na Palestina. Frantz Fanon já dizia que a guerra é uma grande produtora de transtornos mentais. Jabr alerta que, em contextos de violência total e morte sistemática, a dimensão social chega a se sobrepor à individual no fomento de problemas psíquicos. A experiência da violência política, das prisões arbitrárias, das mortes sistemáticas e da desumanização racializada também pode levar um sujeito a perder-se de si. Ao terminar a palestra, um casal que estava na plateia se dirigiu a mim, aparentemente indignado, e questionou por que eu falava o tempo todo da Palestina. Após alguns segundos de silêncio, só consegui responder: "Como não falar?".

Uma busca rápida e honesta pela internet é o suficiente para furar a bolha midiática em seu conveniente pacto de silêncio sobre a desproporcional violência em curso na Faixa de Gaza. Imagens de corpos de crianças mutiladas sob o cobertor de concreto retorcido por bombas dividem espaço na tela com celebrações de membros das milícias paramilitares — compostas por colonos fortemente armados pelo próprio Estado de Israel — a cada "terrorista" abatido. A declaração de Yoav Gallant classificando os palestinos como "animais humanos" encontra eco em toda uma sociedade que é levada a acreditar que o palestino — seja ele criança, mulher, homem ou idoso — é um terrorista assassino de israelenses nato, mesmo que os fatos provem o contrário. Esse racialismo colonial alimenta a consciência tranquila de que o genocídio em curso é apenas o direito justo e legítimo de resposta de uma nação soberana que foi covardemente atacada.

Muitos já se perguntaram o que teriam feito se tivessem vivido na época da escravidão negra, do Holocausto ou do apartheid. Moralmente, somos levados a nos perguntar, indignados, como foi possível que tamanha violência fosse cometida, sistematicamente e por tanto tempo, sem que toda a sociabilidade colapsasse em uma crise ética. Pois bem, chegou a nossa vez de responder a essa pergunta. As futuras gerações julgarão nossas ações, ou a falta delas, enquanto bombas de tecnologia avançada lançadas por caças e drones dilaceram corpos de crianças famélicas e sem esperança.

Capitalismo, colonialismo e racismo: uma história do passado?

Muito já foi dito sobre enquadrar o Estado de Israel como parte de uma experiência colonial. Os argumentos contrários a tal definição giram em torno da mobilização de dados históricos ou mitológicos sobre a presença judaica no território em um período que remonta à Mesopotâmia, dois mil anos antes da era cristã, e do direito identitário de autodeterminação diante de perseguições históricas sofridas desde o Império Romano. Raciocínio semelhante foi empregado pelos colonos bôeres no contexto de disputa por terras contra os povos Bantu e Bosquímano na África do Sul. Os bôeres, que migraram para aquelas paragens quando da descoberta europeia do Cabo das Tormentas, alegavam ter tanto ou mais direito às terras sul-africanas que os Bantu e os Bosquímano, por estarem ali desde a época das grandes navegações. Além disso, como recorda o filósofo Vladimir Safatle em uma postagem recente na internet, na ocasião da guerra anglo-bôer, os bôeres forjaram uma identidade étnica coesa frente ao imperialismo britânico. Futuramente, o seu senso racializado de comunidade foi o cimento ideológico chauvinista que fomentou e sustentou a criação do apartheid.

A presença histórica em um território — ainda que a maioria demográfica, política e cultural dos cidadãos israelenses seja composta por judeus emigrados de outras partes do mundo — não autoriza a desapropriação e a ocupação das terras dos povos que lá sempre estiveram. Do mesmo modo, a experiência de opressão não isenta uma pessoa ou um grupo populacional de cometer ou apoiar opressões e violência contra outros grupos que não se enquadrem em seus critérios de identidade. Eis uma indigesta verdade que será preciso encarar. Assim, a onipresença da Shoah no debate precisaria ser colocada em seu devido lugar. Outro argumento frequentemente mobilizado é que a origem do conflito radica na recusa dos palestinos em aceitar a existência do Estado de Israel e até mesmo a solução de dois Estados propostas pela ONU, em 1947, sob a presidência do brasileiro Oswaldo Aranha. Esse argumento seletivo ignora, convenientemente, a desigualdade implícita a um acordo que destinava 53% do território palestino ao Estado de Israel (sendo que, no início do século XX, havia cerca de 10% de judeus palestinos vivendo na região, já integrados à cultura árabe, população que aumentou gradativamente com a chegada de levas constantes de imigrantes judeus, principalmente da Europa), enquanto reservava 47% aos árabes, em áreas menos valorizadas e, ainda assim, controladas por um mandato britânico.

Logo após a fundação do Estado de Israel, em 1948, e a consecutiva vitória israelense na guerra contra Síria, Egito, Transjordânia, Líbano e Iraque, Israel ampliou seu controle para 78% do território. Além de outras guerras iniciadas por ambos os lados, destaca-se a frustração palestina com os já tendenciosos e desidratados Acordos de Oslo, negociados em 1993 pelo governo israelense do trabalhista Yitzhak Rabin e o presidente da Organização para a Libertação da Palestina (OLP) Yasser Arafat. O acordo, mediado pelo presidente dos Estados Unidos, Bill

Clinton, previa a criação de dois Estados, mas mantinha a água, a eletricidade, os impostos e o comércio sob domínio israelense. Além disso, a Autoridade Palestina não poderia ter um exército. Ainda assim, Yitzhak Rabin foi assassinado por um terrorista sionista de extrema direita descontente com o trato, e o vácuo político que levou ao fim das negociações resultou na eleição de Benjamin Netanyahu, atual primeiro-ministro. O enfraquecimento intencional dos Acordos de Oslo por parte de Israel conduziu ao enfraquecimento político da Autoridade Palestina e favoreceu o Hamas, criado em 1987 em franca contestação aos esforços negociadores da OLP. Ainda que ignoremos os rumores levantados pelo alto funcionário da inteligência israelense Udi Levy, de que Netanyahu optou por não cortar os recursos financeiros do Hamas, é consenso que o esforço deliberado da extrema direita israelense para debilitar a OLP e o partido Fatah favoreceram o enraizamento popular do Hamas como uma das frentes armadas da resistência palestina.

Há ainda a questão infame dos assentamentos judaicos na Cisjordânia. Embora sejam considerados ilegais pelas Nações Unidas, sua existência é parte complementar da expansão ilegal das fronteiras de Israel sobre o território palestino. Os primeiros sionistas — em um estranho desvio na ideia de "uma terra sem povo para um povo sem terra" — tinham como política a compra de áreas já habitadas para o estabelecimento do seu território. Essa postura se alterou substancialmente a partir da década de 1970, com os assentamentos que acabam cumprindo na Palestina a função que os bandeirantes paulistas tiveram na colônia portuguesa do Brasil: ampliar o território. O que impressiona é a cumplicidade assumida entre o Estado de Israel e os assentamentos, que seguem militarmente protegidos, seja pelo exército, seja pelo fornecimento de armas às milícias sionistas que os protegem. Lamentavelmente, o número de assentamentos judaicos em território palestino dobrou nos últimos vinte anos. Hoje há mais de setecentos mil colonos. Esse número atesta, na prática, não apenas a expansão ilegal das fronteiras israelenses mas, sobretudo, a inviabilidade prática da solução de dois Estados, como prometido nos Acordos de Oslo. Parafraseando Karl Marx, quando diz, em *O capital*, que o sistema colonial é o segredo que viabiliza o trabalho abstrato e a democracia na Europa, os assentamentos judaicos são o segredo da ampliação da violência colonial israelense sobre os territórios palestinos.

De acordo com um relatório do Conselho de Direitos Humanos da ONU elaborado por Michael Lynk e Balakrishnan Rajagopal, a presença dos colonos israelenses nos territórios palestinos representa sérias violações aos direitos humanos e configura crime de guerra ao empreender o confisco de terras, a restrição da liberdade e a discriminação racial. Mesmo no interior do Estado de Israel, nomeado frequentemente como "a única democracia do Oriente Médio", o racismo se institucionaliza na própria definição do país como "Estado judeu". Pela lei, estabelecida em 2018, apenas os judeus têm direito à autodeterminação em Israel, o que constitui uma espécie de Estado racial moderno, que institui uma diferenciação entre os seres humanos que podem usufruir das benesses do Estado e aqueles que, por sua suposta condição de sub-humanidade, seriam passíveis de violência sistemática e diferenciação completa.

Essa tecnologia social, que foi abertamente utilizada durante a vigência das leis de Jim Crow nos Estados Unidos e do apartheid na África do Sul, permite que qualquer judeu da diáspora que nunca tenha colocado os pés em Israel seja reconhecido imediatamente como cidadão pleno, enquanto um refugiado palestino é, na melhor das hipóteses, um cidadão de segunda classe. A lei de cidadania e entrada em Israel, de 2003, a lei do retorno, de 1950, a lei de terras, de 1960, a lei da Nakba, de 2011, e as leis de emergência não apenas viabilizam o impedimento à circulação dos palestinos como consolidam uma democracia racial moldada pelo racismo institucional em territórios que, a rigor, foram ocupados ou radicalmente alterados após a fundação do Estado de Israel.

Mas não é só isso que permite falar em colonialismo contemporâneo. O colonialismo não é um tema do passado, e sua análise é essencial para entendermos os conflitos atuais e as dinâmicas sociais, políticas e econômicas em curso. Em primeiro lugar, é importante lembrar que qualquer fenômeno social pode manifestar características mais gerais — que permitem compará-los com outros casos — sem que se perca de vista suas particularidades históricas e geográficas. Assim, é perfeitamente razoável pensar Israel como um caso particular de colonialismo contemporâneo. Karl Marx, especialmente no capítulo 24 de *O capital*, aborda o sistema colonial como parte da acumulação primitiva, discutindo a expropriação como uma das formas de desapropriação. Esse sistema colonial foi crucial para a expansão do capital e a universalização das relações capitalistas, além de ter sido uma mediação necessária para a Revolução Industrial do século XVIII. Se Marx estiver correto, sem o sistema colonial não teríamos o desenvolvimento da manufatura que levou à industrialização e, por consequência, ao desenvolvimento da sociabilidade moderno-burguesa.

Segundo Frantz Fanon, o sistema colonial desempenhou um papel fundamental na construção da democracia moderna. Para ele, não há oposição entre democracia e escravidão, mas uma convivência articulada, que permitiu a acumulação de capital na Europa. É por meio dessa articulação dialética que se pode entender o papel do racismo como ideologia desumanizadora. O negro, nesse contexto, não representa apenas uma diferença possível no interior do gênero humano, mas sim a expropriação e a negação da própria humanidade. Nesse sentido, compreendendo que raça não é um elemento biológico, o estatuto racial funciona ancorado no estabelecimento de supostas diferenças ontológicas. Assim, sustenta-se que aqueles que correspondem ao imaginário imposto pelo empreendimento colonial podem gozar da humanidade plena, enquanto os renegados à outridade racial são, antes de tudo, não humanos e, portanto, subalternos e inferiores em todos os aspectos.

No colonialismo português em Pindorama, por exemplo, havia distinções entre o "negro da terra" (indígena) e o "negro da Guiné" (africano). A emergência da categoria "negro" na sociedade capitalista é um paradoxo que reflete a igualdade perante a lei, mas também a alienação da liberdade. Essa questão é complexa, e simplesmente mudar os termos não resolverá o problema. Além disso, é importante destacar que figuras como John Locke, que defendiam a igualdade perante a lei, também estavam envolvidas no comércio de negros escravizados, como acionistas da Royal African Company, uma empresa de tráfico negreiro. A situação de Locke não deve ser vista apenas como representação de interesses de classe, mas como expressão dos interesses da burguesia emergente, que lutava pela democracia e por uma nova ordem social e política. No entanto, essa burguesia só pôde avançar até certo ponto graças à colonização. A colonização, por sua vez, só foi viável dentro do contexto de instituição de um sujeito moderno e de uma ideia universal de igualdade perante a lei. O racismo desempenhou um papel fundamental na colonização, pois sem ele a própria colonização não teria sido viável como empreendimento econômico. A ideia de superioridade racial justificava a exploração e a expropriação dos povos colonizados. A raça se tornou uma categoria central para resolver o paradoxo entre a igualdade perante a lei e a exploração colonial.

Entretanto, casos como a fundação do Estado de Israel mostram que a colonização não é um fenômeno do passado, pois a reprodução do capitalismo continua dependendo da expropriação e da ocupação de territórios. Mesmo após o ciclo de consolidação do capitalismo, a colonização persiste, agora em novas formas e em novos territórios. No século XX, com o neocolonialismo, o capital se reorganiza e utiliza novas formas de colonização, muitas vezes culturais e financeiras, para manter o controle sobre territórios e recursos. Assim, a colonização continua sendo uma dimensão presente em diferentes estágios do desenvolvimento do capitalismo, exigindo formas de resistência e luta por parte dos povos colonizados. Os estágios posteriores de acumulação capitalista não podem simplesmente descartar o problema colonial; ao contrário, eles o reestruturam sob diferentes termos. Esse ponto é destacado por um renomado estudioso de Lenin, o ganense Kwame Nkrumah, que ressalta a transição para o neocolonialismo no século XX: o capital se reorganiza, permitindo ocupações que não exigem mais a presença direta de soldados para controlar territórios, uma vez que a exploração se dá através de empresas. E esse novo formato de colonização assume aspectos culturais, desafiando lideranças nacionalistas que buscam reter o excedente econômico em seus próprios países.

Autores marxistas como Paris Yeros e Praveen Jha contribuem para a compreensão dessa dinâmica. Yeros e Jha argumentam que o capitalismo depende do colonialismo — e que, com o tempo, o espaço para a expansão se esgota, levando a uma crise estrutural. Nesse ponto, o colonialismo se transforma em neocolonialismo tardio, marcado por novas formas de violência, como evidenciado na Palestina. Os últimos setenta anos vividos na região destacam a relação entre o imperialismo britânico e o estabelecimento do Estado de Israel no contexto do desmantelamento do Império Otomano e da própria instituição da ONU, mostrando uma mudança nas formas de violência, mas não seu desaparecimento. A ocupação territorial, a militarização e a discriminação racial persistem, ilustrando a continuidade das estruturas coloniais. Além disso, a instituição de Estados baseados em raça, exemplificada pelos Estados Unidos, revela como a democracia pode ser construída sobre um contrato racial, marginalizando certos grupos da plena cidadania, sobretudo quando se dispõe a um modelo político que visa à manutenção dos privilégios burgueses através da utilização sistemática da violência. Essa dinâmica é evidente na experiência afro-estadunidense, cuja cidadania é condicional, dependendo da conveniência do sistema. Assim, tanto em Israel quanto nos

Estados Unidos, a construção de Estados racializados perpetua a marginalização e a injustiça, desafiando a noção de democracia plena e igualdade cidadã.

Certamente, ao longo desse processo, é importante notar o papel dos financiadores e o envolvimento dos governos na denúncia da violência em curso, como no caso da África do Sul. Isso não é surpreendente, considerando a solidariedade histórica entre o povo palestino e as lutas contra o apartheid — bem como, por outro lado, a aliança do Estado de Israel com o regime branco que impunha o apartheid. Além disso, podemos mencionar brevemente a maneira pela qual a questão árabe se entrelaça ao contexto africano. O pensador egípcio Samir Amin ressalta um elemento fundamental do capitalismo: seu universalismo diferencialista. Esse universalismo, necessário para viabilizar o trabalho abstrato, é moldado pela experiência colonial e pelo racismo. Por um lado, desmantela outras relações para impor as relações capitalistas como únicas; por outro, cria barreiras que restringem o acesso a essa promessa de cidadania, especialmente para os povos dependentes dos interesses coloniais.

Isso nos leva a uma reflexão acerca do papel central do racismo no debate sobre a organização do capitalismo, tanto no passado quanto no presente. As várias formas de exclusão originadas na experiência colonial continuam a se manifestar, hoje, em leis antimigratórias na Europa e em restrições à cidadania ou outras formas de marginalização, como é evidente no Brasil. Assim, o racismo permanece um aspecto crucial e em constante evolução num momento em que o capitalismo necessita expandir constantemente as zonas de morte onde a vida nua não pode compor a *bios* política. Desumanizar para exterminar é uma estratégia já conhecida dos povos negros, indígenas, tasmânios, indianos, entre outros, que se inserem tardiamente nas relações capitalistas de produção. A guerra é extremamente rentável ao capital e, em tempos de crise, um elemento que contribui para reequilibrar a economia. Mas, no atual estágio de acumulação capitalista, com a derrocada dos Estados Unidos como grande potência econômica e a ascensão geopolítica chinesa, a guerra passou a ser ainda mais vital. Sua destrutibilidade não se realiza sem o fomento constante de conflitos espalhados pelo mundo. Não é que a guerra exista, atualmente, para defender determinados territórios ou causas; a manutenção da estabilidade econômica de determinados territórios depende do fomento constante de guerras contra quem quer que seja.

Os Estados Unidos, por exemplo, resolveram temporariamente sua crise econômica com a guerra na Ucrânia e o genocídio na Palestina. Biden, antes de se tornar presidente — e também depois de assumir a Casa Branca —, declarou que, se Israel não existisse, seria necessário inventá-lo, pois é fundamental para os interesses geopolíticos estadunidenses. Esse cenário revela como as guerras são também negócios lucrativos, sobretudo para uma economia que depende do conflito contínuo para fomentar sua indústria bélica de alta tecnologia. É uma realidade que vai além do aspecto econômico, envolvendo questões de poder e hegemonia. Nesse cenário, o racismo é fundamental. Se a raça foi um elemento historicamente central para a viabilidade do sistema colonial moderno, no atual estágio de acumulação capitalista ela não se dissolve com o desenvolvimento da democracia — muito menos com a universalização do trabalho abstrato pela imposição do valor como finalidade última e única de toda humanidade. A fala de Yoav Gallant sobre "animais humanos" indica que a raça é, talvez, ainda mais importante hoje do que em qualquer momento que ela tenha atuado como ideologia entranhada do capital, seja na definição de uma democracia racial identitária que privilegia um estrangeiro em detrimento de um autóctone, seja na possibilidade de desumanização absoluta do outro, a ponto de um genocídio ser levado a cabo à luz do dia sem que isso acarrete uma crise ética.

Quem foi vítima também pode ser algoz?

Essa pergunta é perigosa e beira o mais raso simplismo sociológico, mas, como tem sido frequentemente mobilizada, merece ser enfrentada com cuidado. As posições críticas ao genocídio perpetrado pelo Estado de Israel têm sido, não raro, permeadas por certo antissemitismo dissimulado, que aparece ora na mobilização genérica de um "judeu" homogêneo que hoje oprime mesmo já tendo sido oprimido, ora na retomada do velho e ainda presente mito da conspiração judaica. Uma crítica radical e comprometida com a emancipação humana deve ser melhor que essas caricaturas antissemitas, mas deve, também, discutir de maneira isenta em que medida o sionismo tem se configurado como um tipo identitarista daquilo que Frantz Fanon nomeava como "duplo narcisimo".

Em primeiro lugar, não é o povo judeu, homogeneamente, que está praticando o genocídio na Palestina, e sim o Estado de Israel, com seu poderoso exército e, sobretudo, com apoio irrestrito dos Estados Unidos, ainda que supostamente o esteja fazendo em nome de todos os judeus. É preciso reconhecer que as feridas subjetivas provocadas pelo ataque do Hamas provocaram muita dor nas pessoas que se identificam como judias. Por um lado, a identificação direta com as 1,2 mil vítimas do atentado de 7 de outubro de 2023 é inevitável. Muitos dos judeus da diáspora têm algum amigo ou conhecido que foi morto, violentado ou sequestrado, ou que de alguma forma esteve próximo de sê-lo, e isso é vivido com tamanho sofrimento que não pode ser ignorado. Por outro lado, há entre os judeus, como em qualquer grupo humano, uma diversidade de opiniões tanto sobre o atual governo de Israel quanto sobre o sionismo.

Muitos têm se levantado dentro e fora de Israel para dizer "Não em nosso nome!", mesmo sofrendo censuras e represálias da comunidade de que fazem parte. Isso precisa ser dito e enfatizado para não se reproduzir aquilo que se busca combater. Nem toda pessoa que se identifica como judia apoia o projeto sionista ora representado pelo governo de Benjamin Netanyahu, assim como há propostas de judeidade e autodeterminação judaica que se distinguem do (ou até mesmo se opõem ao) sionismo. O que não parece óbvio, no campo progressista, é que a não observância dessas diferenças pode, sim, recair em certo antissemitismo que revive a figura caricata do judeu homogêneo. Esse ponto não pode ser ignorado.

A distinção desses elementos é fundamental para estabelecer a relação crítica entre a ideologia sionista — de direita ou de esquerda — e o projeto colonial-genocida levado a cabo por Israel na Palestina a partir de 1948. Cito a direita e a esquerda sionistas porque esta foi tão conivente quanto aquela com a ocupação ilegal dos territórios e com a instituição de um Estado onde os não judeus são cidadãos de segunda classe, sob o pretexto de uma autodeterminação. Postura muito distinta, embora sem grande peso político e não isenta de contradições, foi a assumida pela esquerda comunista não sionista de Israel. O sionismo moderno, idealizado por Theodor Herzl, surge no século XIX como uma forma de luta e busca por autodeterminação contra o antissemitismo europeu. No entanto, da perspectiva palestina, ainda que com todas as suas notáveis diferenças, o sionismo de esquerda de Ben-Gurion não foi diferente do de direita, representado por Netanyahu, entre tantos outros.

Mas há algo aqui a que precisamos nos atentar. Um dos traços do antissemitismo, como dissemos, é a homogeneização do judeu. O indivíduo, com sua complexidade, trajetória e posição política, passa assim a ser resumido a uma caricatura racializada que lhe é atribuída de fora. A raça, como sabemos, não é um elemento ontológico, mas um construto histórico operacionalizado para a diferenciação. Tomemos como exemplo os termos "negro" ou "judeu". Quem define esses conceitos? Jean-Paul Sartre dizia que é o antissemita que cria o judeu, assim como para Clóvis Moura é o racista que define quem é negro. Num olhar mais apressado, podemos dizer que a posição desses dois autores atribui poderes de definição da identidade do outro ao racista, retirando do discriminado a possibilidade de autonomeação. Mas o ponto é outro.

O que está em jogo, aqui, é o caráter relacional da identidade. Como sugere Fanon, não há eu sem o outro e, por consequência, não há outro sem o eu. Assim, para esses três autores, a raça é menos um atributo objetivo e mais um signo produzido em determinados contextos de diferenciação social. Para Fanon, não existia um negro — e tampouco um branco — antes de o segundo criar o primeiro com a finalidade de negar-lhe a humanidade, homogeneizando-o. A desconsideração desse aspecto pode incorrer em critérios biológicos ou a-históricos dessas identidades, reproduzindo a racialização até nos momentos em que se procura refutá-la — o que seria, sob qualquer pretexto, uma tragédia. Raça é uma construção social, não um marcador biológico. A própria definição de "povos" tem sentido apenas do ponto de vista histórico-cultural e, como lembra o cientista social israelense Shlomo Sand, as identidades são constantemente inventadas para fundamentar uma narrativa mitológica que, em última instância, é uma construção social moderna. Ao mesmo tempo, a raça é uma construção ideológica que molda as relações de poder e legitima processos de marginalização e violência. A definição de quem é considerado "negro", por exemplo, não é fixa e pode variar de acordo com o contexto histórico e social. O conceito de "negro" e "branco" pode implicar não apenas uma questão de cor da pele, mas também um status social, político e ético que determina quem tem acesso a direitos e quem é excluído desses direitos. Se quiséssemos abusar das metáforas, poderíamos dizer que na Índia contemporânea, por exemplo, os hindus podem ser considerados "brancos" dentro do contexto social e político, enquanto os muçulmanos são marginalizados e privados de direitos básicos de cidadania devido a uma legislação que favorece certas identidades religiosas.

Não é meu objetivo retomar o debate entre Carlos Moore e Andreas Hofbauer sobre o status racial ou não dos dalits indianos. O que interessa é figurar como as noções de raça e identidade são fluidas e historicamente contingentes, refletindo as relações de poder e exclusão no tempo e no espaço de determinada sociedade. O caso do genocídio em Ruanda é lamentavelmente didático, pois o mesmo povo, depois de diferenciado pelo colonialismo europeu, criou marcadores étnicos distintos como "tutsi" e "hutu" e, sob determinadas condições históricas e ideológicas chauvinistas e essencialistas, foram capazes de praticar um genofratricídio.

Então, qual é o ponto? Ao mobilizar a memória da Shoah como licença moral para matar — ou, principalmente, quando o atentado terrorista do Hamas contra civis israelenses é interpretado como um ataque contra todo o povo judeu —, é o Estado de Israel que reivindica uma ontologia essencialista e racializada como símbolo de identidade nacional. Em consequência, revive-se o judeu homogêneo do antissemitismo. Mais do que isso, opõe-se discursivamente a crítica à violência de Estado a todos os judeus, de tal forma que nos vemos tendo que escolher entre apoiar ou criticar os judeus ou os palestinos. A recusa às formas históricas pelas quais esse Estado se estruturou aparece como ódio a um povo e ao seu direito de autodeterminação. Nada mais falso, apesar de frequentemente difundido.

Assim, me parece urgente a discussão sobre o caráter identitário do sionismo. Douglas Barros, em um artigo seminal, avisou-nos de que, neste momento de ressentimento generalizado com uma mudança nos jogos de significação política, com a emergência de novos e novíssimos atores, "identitário é sempre o outro". Para Frantz Fanon, que não recusava a possibilidade de certa agência da identidade, é necessário reconhecer quando a identidade que nos fortalece se converte em uma armadura que nos captura, que ele chamava, como já sinalizei, de duplo narcisismo. Ele se referia aos riscos do movimento de negritude apenas inverterem os polos éticos, políticos e estéticos do racismo — no qual o negro é visto como mal absoluto — em um duplo narcisismo em que o negro passe a figurar como o bem absoluto, à custa da identificação e da possibilidade de superação das próprias contradições. Fanon, que não refuta a possibilidade da afirmação identitária contra uma violência sistêmica, mobiliza vários exemplos para mostrar o quanto essa postura, ainda que forjada na luta contra o racismo, pode vir a ser reacionária. Inverter o lugar de Outro não resolve a contradição histórica da construção do conceito de raça.

Não foi por serem judias que 1,2 mil vidas foram ceifadas pelo ataque do Hamas em Israel, mas por representarem, *in loco*, a parte beneficiada de um empreendimento colonial que se queria abalar com um atentado terrorista. Não faz sentido, aqui, discutir a legitimidade nem da atitude do Hamas nem dos atos terroristas praticados pelos grupos extremistas judeus Haganá, Irgun e Lehi (Gangue Stern) na primeira metade do século XX para viabilizar seus objetivos políticos. Minha intenção é apenas ressaltar as dimensões sociológicas de suas motivações e implicações políticas. Se não limparmos esse terreno, não haverá debate ou reação coletiva possível, enquanto bombas continuam decepando a cabeça de crianças palestinas em acampamentos para refugiados.

A identidade é uma ficção moderna — uma ficção tão bem contada que não podemos abrir mão dela. Aliás, em nome dela, vivemos, morremos ou matamos. Então, ela tem que ser levada a sério como um elemento humano incontornável às dinâmicas modernas. Mas, como todo elemento humano, não está isenta das contradições sociais que a engendram. A análise sociológica do sionismo não pode tomar a identidade *per se*; precisa considerar um contexto social mais amplo, de forma a situá-la econômica e geopoliticamente, ainda que de forma não economicista. Netanyahu — que não pode ser reduzido a interesses econômicos — não é apenas um louco chauvinista e racista; é o atual representante de uma das nações mais bem armadas do mundo, aliada direta da maior potência imperialista do planeta.

A geopolítica estadunidense não explica todo o conflito Israel-Palestina, mas é parte fundamental da análise, especialmente quando essa potência vê sua hegemonia enfraquecida e ameaçada por outros atores internacionais, como China, Rússia e Irã. Ao mesmo tempo, a lucratividade da indústria tecnológica armamentista ocidental consolida a simbiose perfeita entre capitalismo, colonialismo, racismo e armas sofisticadas de vigilância, controle social e destruição em massa — elementos que não se resumem à dimensão ideológica, embora dela não se separem. Por isso, a crítica radical à forma incontornavelmente colonial por meio da qual o Estado de Israel foi estruturado não pode ser confundida com antissemitismo ou com uma oposição à autodeterminação judaica. O que estamos vendo, porém, é uma reivindicação de autodeterminação ser mobilizada como justificativa para perpetrar violência massiva contra outro povo.

Por fim, é fundamental nos posicionarmos diante das injustiças, mesmo que não estejamos diretamente envolvidos. A solidariedade é fundamental, pois as lutas contra o racismo, a opressão e a violência estão interligadas em todo o mundo. Mesmo que as armas sejam diferentes (muitas vezes, são as mesmas), as técnicas de vigilância sejam distintas (idem), a essência da opressão é igual: desumanização completa como fundamento da ação política, social e militar. Portanto, é nosso dever nos solidarizar com aqueles que enfrentam a injustiça em qualquer lugar e buscar formas de agir, pressionar, refletir e mobilizar. Não se trata de ignorar o genocídio indígena e o genocídio negro no Brasil, no Iêmen, no Haiti ou na República Democrática do Congo, mas de denunciar que a Palestina hoje é um laboratório de mortes cujas experiências bem-sucedidas são exportadas e reproduzidas no mundo inteiro. O uso de drones para reconhecimento facial, técnicas de raspagem e cruzamento de dados de redes sociais e geolocalização para estabelecer possíveis alvos e, por fim, a automatização cada vez maior da decisão sobre lançar ou não lançar mísseis aponta para um "novo normal" que vem sendo testado *in loco* na Palestina, para, então, ser revendido a governos autoritários e empresas de segurança em todo o planeta. Aliás, boa parte das armas e da violência estatal que vitimam negros e pobres nas favelas brasileiras advêm das tecnologias de morte testadas por Israel em Gaza.

A Questão Palestina, sob todos os pontos de vista, não é apenas palestina, mas de todos os povos oprimidos e explorados do mundo, em um momento em que a generalização da guerra se apresenta como possibilidade de gerenciamento da crise estrutural do capital. Se estamos vivendo um momento do capitalismo em que as formas de exploração, dominação e opressão estão se sofisticando cada vez mais, precisamos, do outro lado, reinventar nossas noções de solidariedade e luta. A Questão Palestina é de todos aqueles que buscamos um mundo mais justo e igualitário. Neste momento de impotência diante de tamanha destruição e desumanização total do outro, resta tomar partido e se somar à pressão internacional que diz em alto e bom som: "Não em nosso nome!".

JONES MANOEL é professor de história, comunicador, escritor e militante comunista, conhecido por sua atuação política nas redes sociais. É organizador dos livros *Colonialismo e luta anticolonial: desafios da revolução no século XXI* (Boitempo, 2020) e co-organizador de *Revolução Africana: uma antologia do pensamento marxista* (Autonomia Literária, 2019), entre outros.

O sionismo e a luta anticolonial do povo palestino

JONES MANOEL

Nos últimos anos, o governo de Benjamin Netanyahu levou a cabo uma agressiva política de expansão dos assentamentos colonialistas israelenses na Cisjordânia. Todas as formas de violência contra os palestinos — prisões ilegais, agressões, estupros e mortes — cresciam em escala bestial sem nenhuma repercussão global. Para piorar o cenário, Israel buscava normalizar as relações com países muçulmanos como a Arábia Saudita, e a clássica oposição (nos últimos anos, mais retórica que efetiva) entre Israel e os demais países da região estava sendo superada no trato com algumas nações do entorno.

Tudo mudou depois do dia 7 de outubro de 2023. Israel, com a arrogância clássica do colonizador, resolveu usar a ação militar do Movimento de Resistência Islâmica (Hamas) para justificar a sua "solução final": acabar com a simulação de que uma Autoridade Palestina governa a Cisjordânia, intensificar massacres, prisões, assassinatos e bombardeios, e realizar em Gaza uma das maiores limpezas étnicas da história, matando o máximo possível de palestinos e destruindo absolutamente toda infraestrutura civil do território para expulsar mais de um milhão deles em direção ao Egito.

Não faltam requintes de barbárie no plano colonial e genocida de Israel. Quase cem jornalistas, mais de cem funcionários da ONU e milhares de mulheres e crianças foram assassinados pelo exército israelense. O grau de violência provocou atos de solidariedade ao povo palestino no mundo inteiro. Em todos os continentes, vimos ações que reuniram milhares — às vezes milhões — de pessoas, atos genuínos e sinceros de apoio, revolta, dor e incredulidade frente à barbaridade genocida.

Enquanto escrevo estas linhas, a matança continua. O regime sionista, tal qual qualquer outro projeto colonialista — como o nazifascismo —, não vai descansar até matar a história, a cultura, a alma e a vontade de viver de cada um dos palestinos. O morticínio em curso obriga a várias reflexões urgentes. Uma delas, sobre a covardia generalizada dos intelectuais do Brasil e do mundo. Outra, a respeito da incapacidade política dos debates atuais sobre "teoria decolonial" e "eurocentrismo" de responder aos dramas dos povos explorados e oprimidos do nosso tempo.

Afinal, seja na universidade, em ambientes políticos e de militância ou na indústria cultural, é comum que se debata teoria decolonial, recusa do eurocentrismo, epistemologias do Sul e abordagens correlatas. Todo esse sucesso e glamour deveriam se converter em um amplo movimento cultural e político de solidariedade ao povo palestino e condenação da barbárie sionista totalmente respaldada pelo imperialismo estadunidense e pela União Europeia. Mas não é isso que estamos vendo. O silêncio, a omissão, as declarações protocolares, as falsas equivalências (entre o Hamas e o governo Netanyahu) e a recusa de enfrentar a questão central — colonialismo, genocídio, apartheid — são o que caracteriza os campos acadêmicos e intelectuais no Brasil e no mundo. Com desgosto, devo afirmar que não estou surpreso. A razão da ausência de espanto para essa covardia generalizada está na própria condicionante teórica desses debates acadêmicos e políticos sobre decolonialidade.

Salvo nobres e valiosas exceções, como a obra de Aníbal Quijano, a produção teórica decolonial caminhou numa estrada tranquila e sem sangue, em que o debate sobre eurocentrismo e colonialidade não tocou no diferencial de poder militar, econômico, tecnológico e destrutivo entre as nações. Saíram de cena assuntos como a Organização do Tratado do Atlântico Norte (Otan), a CIA, o complexo industrial-militar dos Estados Unidos e sua Agência de Segurança Nacional (NSA), bloqueios e sanções econômicas, monopolização da produção científica, tecnológica e de inovação ou o papel das empresas transnacionais. Em um mundo fantástico, o colonialismo cultural e o eurocentrismo têm sua existência e fundamento apenas no aparato categorial e de linguagem usado pelo pesquisador ou pesquisadora, bastando então "descolonizar" o pensamento, o imaginário e a linguagem.

Nessa gramática teórica, basta fazer a busca por outras epistemologias ou algum saber ancestral, recusando formal e retoricamente a modernidade burguesa em bloco, dado seu caráter colonial e eurocêntrico — uma vez que tais abordagens não têm consequência prática nas relações de produção e estruturas de poder dos países dependentes e periféricos. Nesse fantástico paraíso, a destruição do Afeganistão, do Iraque, da Síria e da Líbia no século XXI não perturbou ou condicionou a rever as modas acadêmicas do momento. O aprofundamento acelerado da dependência e do subdesenvolvimento no Brasil, com soja por cima de tudo e boi por cima de todos, também não. A expansão da Otan no Leste Europeu, o cerco militar contra a China e o acirramento da disputa entre Estados Unidos e China pelo papel de vanguarda no desenvolvimento de novas tecnologias que vão estruturar a próxima "revolução industrial" (5G, Big Data, inteligência artificial, semicondutores, novos materiais, internet das coisas etc.) não perturbam os salões acadêmicos de Paris, Londres, Nova York, São Paulo e afins.

Não é de surpreender que transformações aceleradas e dramáticas possam ser lidas — a depender do ambiente institucional, cultural e político dos acadêmicos — como ternas e doces mudanças. Tudo pode ser tranquilo para quem tem boas condições materiais, segurança, plenos direitos civis e liberdades, além da certeza (consciente ou não) de que sua condição de classe média não está ameaçada pelo risco da proletarização. Mas, quando falamos da Questão Palestina, falamos de um acontecimento de dramaticidade inocultável. É um genocídio, tal qual aqueles que estudamos nos livros e vemos nos documentários. É um apartheid da mesma família do sul-africano, que mobilizou tanta luta e solidariedade no século XX. É colonialismo, dominação político-militar, expropriação de terras e riquezas, desumanização total do colonizado. Frantz Fanon, tão recuperado e tão celebrado na atualidade, usou muita tinta para falar do colonialismo e da luta dos condenados da terra: tudo que Fanon escreveu, teorizou e condenou podemos observar hoje, no dia a dia do povo palestino.

Como é possível tamanho silêncio, tamanho cálculo mesquinho de interesse pessoal e tamanha incapacidade de compreender a dimensão econômica, militar, geopolítica e imperialista do sionismo no Oriente Médio? Como é possível tanto desarme crítico, tanta covardia? Como é possível esse espetáculo de meias-palavras perante um genocídio?

Alguns podem falar da força do sionismo e do seu poder econômico e institucional, além da pressão que exerce sobre o ambiente cultural-acadêmico brasileiro e internacional. A força do sionismo é inegável. Mas, olhando em perspectiva histórica, parece ridícula a autocensura por medo de perder financiamentos, favores e espaços na mídia burguesa, sobretudo em comparação aos homens e às mulheres que pegaram em armas na Argélia, no Vietnã, no Congo, em Angola, em Moçambique, na África do Sul, na Coreia, em Cuba, no Quênia e em tantos lugares do mundo, dedicados a derrotar de fato o colonialismo e o neocolonialismo.

O povo palestino precisa de muita solidariedade. Precisamos condenar e lutar contra o sionismo em todas as frentes. Boicotar, denunciar e enfrentar todo tipo de intercâmbio com Israel — comercial, militar, acadêmico, turístico, artístico. E, nessa luta, é indispensável repensar os paradigmas teóricos, culturais e políticos que animam o debate acadêmico e a prática política nos últimos anos. O mundo capitalista continua sendo determinado por uma dinâmica colonial, com povos desumanizados, inferiorizados e considerados matáveis em nome de algum valor (democracia, direitos humanos, liberdade, contraterrorismo) produzido e difundido pelos centros hegemônicos globais, os polos de comando da cadeia imperialista.

E o imperialismo, com sua necessária dinâmica colonial, expressa, sim, complexos culturais, teóricos e acadêmicos fundamentados no eurocentrismo, no falso universalismo e na destruição de saberes, culturas e experiências milenares de povos não hegemônicos. Contudo, tais complexos culturais e ideológicos da reprodução imperialista não têm fundamentos em si mesmos, e sim — repito — na desigualdade econômica, militar, cultural e tecnológica inscrita na divisão internacional do trabalho. Uns têm bases militares no mundo inteiro, têm filmes circulando em todos os continentes para justificar a existência e a presença de tal aparato militar. Outros produzem e vivem de banana, soja, cacau, café, minério de ferro e petróleo cru, e estão à mercê das tendências do mercado mundial e dos poderes hegemônicos do imperialismo.

Voltemos, pois, à obra de Vladimir Lênin para retomar o fio da história. O fio da história que vai da teoria do imperialismo à teoria marxista da dependência, ao pensamento terceiro mundista, ao marxismo negro e periférico, ao nacionalismo revolucionário, e que encontra uma síntese perfeita e bem-acabada na obra de Frantz Fanon — um revolucionário anticolonial, e não um pensador acadêmico decolonial.

Também na teoria há luta de classes. E, na solidariedade e no apoio ao povo palestino, precisamos recuperar e erigir um escopo teórico que seja realmente ameaçador ao imperialismo e à dinâmica colonial do mundo, uma construção teórica que seja ameaçadora para os salões da burguesia, da grande mídia e do conservadorismo reinante nos meios acadêmicos. Desse modo, poderemos formar pessoas que não tenham medo de gritar em alto e bom som: Viva o povo palestino! Morte ao projeto racista, colonial e genocida do sionismo!

VLADIMIR SAFATLE é professor titular de filosofia da Universidade de São Paulo (USP), além de professor convidado e pesquisador em outras universidades e instituições europeias, africanas e estadunidenses. É autor de, entre outros, *Alfabeto das colisões* (Ubu, 2024), *O circuito dos afetos* (Autêntica, 2016) e *A esquerda que não teme dizer seu nome* (Três Estrelas, 2012).

Pensar após Gaza: desumanização, trauma e a filosofia como freio de emergência[1]

VLADIMIR SAFATLE

Michel Foucault um dia alertou contra aqueles que compreendiam a filosofia como uma "perpétua reduplicação de si mesma, um comentário infinito de seus próprios textos e sem relação a exterioridade alguma". Como se fosse possível descrever o sistema de motivações de um texto filosófico simplesmente a partir das negociações com problemas herdados de outros textos filosóficos, em uma espécie de cadeia fechada de textualidades que atravessam o tempo como um bloco intocável. Como se fosse desejável ler textos filosóficos como quem procura explicitar suas ordens internas de razões, sem levar em conta sua responsividade a contextos sócio-históricos e acontecimentos.

Gostaria de sugerir outra compreensão da atividade filosófica, que aprendi de Alain Badiou. Essa compreensão vê na filosofia certo tipo de escuta de acontecimentos capazes de produzir o desabamento do tempo presente. Essa formulação insiste, inicialmente, que a filosofia seria uma escuta voltada a seus exterio-

1 Este texto é uma versão da aula magna proferida pelo autor no Departamento de Filosofia da Universidade de São Paulo em 3 de abril de 2024.

res, como se fosse o caso de afirmar, como Georges Canguilhem, que ela seria "uma reflexão para a qual qualquer matéria estranha serve, ou diríamos mesmo para a qual só serve a matéria que lhe for estranha". Eis uma boa resposta ao problema do objeto próprio à filosofia. Haveria um conjunto de objetos que poderíamos chamar de "objetos filosóficos", assim como falamos que existem objetos e fenômenos próprios à economia, à teoria literária e à sociologia? Caso exista tal conjunto de objetos, poderia um filósofo falar de um texto literário, fazer considerações sobre um problema econômico ou discorrer, por exemplo, sobre a natureza dos papéis sociais? Ao fazê-lo, deixaria ele de ser filósofo?

Quando Canguilhem afirma que só serve à filosofia a matéria que lhe for estranha, é para lembrar que há uma especificidade do discurso filosófico: ele não tem objetos que lhe sejam próprios. De certa forma, a filosofia é um discurso vazio, pois não há objetos propriamente filosóficos, o que talvez nos explique por que não pode haver, por exemplo, teoria do conhecimento sem reflexões aprofundadas sobre o funcionamento de, ao menos, uma ciência empírica; por que não há estética sem crítica de arte; por que não há filosofia política sem a escuta de fatos políticos, nem ontologia sem lógica. Em todos esses casos, a filosofia toma de empréstimo objetos que lhe vêm do exterior, absorve saberes cujo desenvolvimento não lhe compete diretamente.

Mas não haver objetos propriamente filosóficos não significa afirmar que inexistem questões propriamente filosóficas. Que a filosofia seja um discurso vazio não significa que ela é irrelevante. Pelo contrário, essa é sua força real. Há um modo de construir questões que é próprio da filosofia, e esse modo admite praticamente todo e qualquer objeto. A característica maior de uma questão filosófica é sua forma de se perguntar sobre como um fenômeno ou um objeto se torna um acontecimento. Ou seja, não se trata simplesmente de descrever funcionalmente objetos, nem de justificar suas existências, dar aos objetos razões de existência a partir de uma reflexão sobre o dever-ser. Na verdade, a filosofia tenta compreender como o aparecimento de certos objetos e fenômenos produz modificações em nossa maneira de pensar, no sentido mais amplo possível. Um acontecimento não é apenas uma mera ocorrência; é o que problematiza a continuidade do tempo, exigindo o aparecimento de outra forma de agir, de desejar e de julgar; é sempre uma ruptura que reconfigura o campo dos possíveis, levando-nos, mesmo que usemos as mesmas palavras de sempre, a habitar um mundo totalmente diferente. No fundo, é desses acontecimentos, e apenas deles, que a filosofia trata. Por isso, não seria incorreto dizer que toda experiência filosófica é necessariamente vinculada a um acontecimento histórico, é a ressonância filosófica de um acontecimento.

Assim, a filosofia cartesiana é solidária do impacto filosófico da física moderna; é a elaboração, até as últimas consequências, da dissolução do mundo fechado pré-Galileu e do advento de um universo infinito de espaço homogêneo e a-qualitativo. A filosofia hegeliana, por sua vez, pode ser vista como fruto das aspirações emancipadoras da Revolução Francesa, suas tensões e desafios. Ou seja, cada experiência filosófica original nasce da elaboração das crises do tempo, seja essa crise trazida por acontecimentos políticos, por abalos em nosso paradigma científico, por experiências estéticas portadoras de força de ruptura da linguagem ou por novas ordens dos desejos. O ponto central aqui é: tais crises são produzidas por acontecimentos portadores da força de instaurar o que até então havia sido subtraído à representação. E essa instauração é impulsionada pelo que é capaz de colocar em questão nossa forma de organizar os nomes e os pertencimentos.

No entanto, eu gostaria aqui de falar da fidelidade a outra forma de acontecimento. E aqui eu sigo um caminho que não é de Badiou. Pois é possível que uma época seja marcada por acontecimentos que não são portadores potenciais de novas formas de relação, mas que são a expressão da dimensão do intolerável. A esses acontecimentos normalmente damos o nome de "catástrofe". E quem gostaria de pensar a partir de acontecimentos deve ser capaz também de fazer o pensamento parar diante de catástrofes. Parar não como quem se coloca diante do cultivo do incomunicável e da paralisia, mas como quem entende que se trata de enunciar o signo final de uma época que não pode mais, de forma alguma, permanecer. O termo — *kata* ("para baixo") *strophein* ("virar") —, oriundo do grego, não deixa de ter uma etimologia significativa, inicialmente usado na tragédia para indicar o momento em que os acontecimentos se voltam contra o personagem principal. Ou seja, o momento em que a história se vê obrigada a mudar brutalmente de direção.

Onde fica Gaza?

Nosso presente se vê diante de uma catástrofe dessa natureza e, a meu ver, seria obsceno falar de outra coisa ao falar de filosofia, como se essa catástrofe não estivesse entre nós, a corroer nossos dias, a gritar diante de nosso sono dogmático. Se eu falasse de outra coisa, eu estaria dizendo que a filosofia pode ignorar a dor, pode ser indiferente ao despedaçamento dos corpos e ao genocídio de populações. Eu estaria demonstrando a indiferença e dando a impressão de podermos continuar a fazer nosso trabalho como se nada estivesse acontecendo. Decididamente, não é silenciando a dor que se começa a pensar filosoficamente, mas sim a escutando, fazendo o pensamento passar através dela.

A catástrofe da qual estou falando está associada a um lugar chamado Gaza. Há vários sentidos do sintagma "todo pensamento é pensamento a partir de um lugar", hoje tão em voga. Afinal, devemos necessariamente particularizar lugares, ou devemos mostrar como certos lugares específicos nos permitem apreender a totalidade funcional do sistema social do qual fazemos parte? Um pensamento a partir de lugares tem sua força normativa restrita ao lugar de onde emerge?

Alguns acreditam que devemos assumir uma limitação do pensamento à condição de ponto de vista. Como se eu estivesse necessariamente vinculado ao lugar que ocupo e que definiria meu ponto de vista, um lugar que outro não poderia ocupar, ou um lugar que limita minhas pretensões de falar para todos e quem quer que seja. A isso, alguns chamam de "pensamento situado". Mas eu entenderia de outra forma a ideia de que "todo pensamento é pensamento a partir de um lugar". Pois cabe a todo pensamento pensar a partir da capacidade de se deixar afetar por certos lugares que funcionam como sintomas da totalidade social. Há lugares que são como sintomas, lugares onde uma contradição global se explicita, uma verdade expulsa retorna, fazendo o corpo inteiro claudicar. Um sintoma é o que nos faz não conseguir mais desviar, pois faz emergir algo que só poderá ser ignorado à condição de criar um dispositivo de "não querer saber", um sistema de silenciamento e apagamento que sempre fracassa — e, quanto mais fracassa, mais violento se torna.

Se assim for, "todo pensamento é pensamento a partir de um lugar" não é necessariamente uma proposição que determina que só quem está em certo lugar (geográfico, social) pode pensar certas situações. Antes, ele nos lembra de que há lugares que todo e qualquer pensamento que aspire a um conteúdo de verdade não pode ignorar, não pode desviar. Há aquilo que poderíamos chamar de uma "universalidade de combate" e que consiste em se associar a um lugar do qual não viemos, habitado por pessoas que não compartilham nossas identidades sociais nem necessariamente nossas formas de vida. No entanto, sabemos que a possibilidade de uma humanidade por vir (e creio que essa ideia faça cada vez mais sentido) depende de nos associarmos a essas pessoas e pensarmos a partir de seus lugares. Para a nossa época, esse lugar é Gaza.

Alguém poderia começar questionando o significado da excepcionalidade conferida a Gaza, mesmo que estejamos diante do maior massacre de civis ocorrido no século XXI: 32.700 pessoas até agora. Enquanto todas as guerras combinadas entre 2019 e 2022 mataram 12.193 crianças em todo o mundo, 12.300 crianças foram mortas apenas nos quatro primeiros meses da ofensiva israelense sobre Gaza. Neste exato momento, 50% da população de Gaza, ou seja, 1,1 milhão de pessoas, está em condição de "fome catastrófica", o mais elevado grau de fome segundo o Sistema de Segurança Alimentar Integrado (IPC) das Nações Unidas. "Este é o maior número já registrado de vítimas de fome catastrófica em qualquer lugar, em qualquer tempo", de acordo com António Guterres, secretário-geral da ONU.

Mas não é essa magnitude que faz de Gaza o ponto de partida de todo pensamento que queira refletir sobre a catástrofe que marca nosso tempo. Afinal, poderíamos entrar naquele exercício macabro e desprovido de sentido de comparar extermínios e genocídios. A esse respeito, eu só poderia aqui fazer minhas as palavras do antropólogo Luiz Eduardo Soares, que, diante da contraposição entre genocídios que pretende apenas limitar nossa capacidade de sentir o intolerável quando ele está diante de nossos olhos, afirmou em um texto memorável: "As dores não são comparáveis, elas são a mesma".[2] Sim, é verdade. Não há por que comparar a dor, pois não há balanças de intensidades de dor, medidores de gritos, termostatos de explosões de edifícios. Não se compara o que é o mesmo.

Na verdade, o que faz de Gaza esse ponto de partida do pensamento de nossa época é a conjunção entre quatro processos: repetição, dessensibilização, des-historização e vazio legal. Eu queria, então, falar de cada um deles, por entender que eles não são apenas reações ao que vem de Gaza, mas dispositivos globais de governo a serem aplicados, em escala indefinida, contra populações colocadas em extrema vulnerabilidade. Ou seja, Gaza diz respeito a todos nós, porque estamos diante de uma espécie

2 "As palavras apodrecem", *A Terra É Redonda*, 21 fev. 2024.

de laboratório global para novas formas de governo. Como já vimos em outros momentos da história, práticas e dispositivos de violência estatal e sujeição desenvolvidas em locais específicos são paulatinamente generalizados em situações de crise. Quando pensadoras como Berenice Bento afirmam existir uma "palestinização do mundo",[3] há de se tomar essas palavras a sério.

Permitam-me sugerir uma rápida análise macro-histórica para contextualizar o que tenho em mente. Estamos diante de uma conjunção inédita de crises geradas pelo sistema capitalista: crise ecológica, demográfica, social, econômica, política, psíquica e epistêmica. Crises que tendem, em larga medida, a se estabilizar, tornando-se o regime normal de governo, como a longa crise política das instituições da democracia liberal nos últimos vinte anos, ou a longa crise econômica presente no horizonte de justificação das políticas econômicas de nossos países e instituições desde 2008. Essas crises não impediram a preservação dos fundamentos da gestão econômica neoliberal, nem o aprofundamento de sua lógica de concentração e de silenciamento de lutas sociais. Antes, podemos mesmo dizer que elas forneceram o solo ideal para a realização de tais processos. Essa dinâmica de normalização das crises aponta para uma mutação das nossas formas de governabilidade, pois estas podem cada vez mais normalizar o uso de medidas excepcionais, violentas e autoritárias no interior de processos de gestão social, já que estamos em situação de medo contínuo.

Diante de uma situação dessa natureza, algumas possibilidades se colocam diante de nós. Uma delas é a transformação estrutural das condições que geraram tal sistema de crises conexas. Outra é a generalização do paradigma da guerra como forma de estabilização da crise. Esta segunda opção, que nos parece atualmente a mais natural, exige a generalização da

3 "Defensores de Israel usam antissemitismo como instrumento de chantagem", *Folha de S. Paulo*, 18 jan. 2024.

lógica da guerra infinita como paradigma de governo. A guerra infinita permite uma espécie de corrida para a frente que nunca termina, na qual a desordem contínua é a única condição para a preservação de uma ordem que não tem mais como garantir horizontes normativos estáveis. Diante da decomposição social, a guerra permite alguma forma de coesão, enquanto naturaliza, repete e generaliza níveis de violência e indiferença inaceitáveis em outra situação. Isso ajuda a entender por que, neste momento histórico, não há mais efetividade em órgãos de mediação multilateral, como a ONU. Gaza marcou o fim de fato das Nações Unidas como instância vinculante, já que mesmo uma exigência de cessar-fogo de seu Conselho de Segurança ou da Corte Internacional de Justiça é recebida pelo Estado de Israel com uma indiferença soberana.

Mas, além da generalização da possibilidade de guerras de conquista entre Estados, com seus redesenhos cartográficos, o fato fundamental do paradigma da guerra infinita é a reorganização da sociedade civil de acordo com a lógica da guerra. Isso significa uma forma de gestão social baseada na militarização das subjetividades, que passarão a naturalizar a execução e o extermínio, que se organizarão como milícias, que se identificarão com a virilidade vazia dos fracos armados, que transformarão a indiferença e o medo em afetos sociais centrais. Isso exige também a construção de inimigos que não podem nem devem ser vencidos, inimigos eternos que devem periodicamente nos lembrar de sua existência através de um ataque terrorista, de uma explosão espetacular ou de um problema policial elevado à condição de risco de Estado. Por fim, militarizar as subjetividades significa também implodir todos os vínculos possíveis de solidariedade em nome da defesa de "minha" comunidade ameaçada, de "minha" identidade colocada em risco, que, por estar em risco, pode produzir as piores violências, como se "minha identidade" tivesse um direito soberano sobre a vida e a morte de um inimigo que se confunde com o Outro.

Esse processo tem como ponto de inflexão essa operação macabra a que assistimos agora todos os dias e que consiste em fazer as pessoas não sentirem Gaza. Esse é o verdadeiro experimento social: dessensibilizar os sujeitos perante as catástrofes, levar pessoas a não mais se indignarem nem agirem para impedi-la. Se isso for possível, então Gaza será apenas o primeiro capítulo de uma implosão social generalizada.

Dessensibilização

Um episódio dessa guerra foi especialmente marcante: a cena do massacre da Rua Al-Rachid, no qual mais de cem palestinos foram mortos pelo exército israelense enquanto procuravam por comida. Ao se pronunciar a respeito, o primeiro-ministro israelense, Benjamin Netanyahu, disse: "Acontece". Ou seja, é algo que deve ser visto como um fato qualquer, que não merece muita atenção. No entanto, esse massacre ocorreu duas vezes. A primeira, através da eliminação física de uma população reduzida à condição de massa faminta, lutando pela sobrevivência. A segunda, através dessas imagens. O documento visual que atravessou o mundo foi a redução dessa população a pontos em movimento, marcados como se marca um alvo em um jogo de videogame. A perspectiva não é a perspectiva humana dos corpos que caem; é a perspectiva fria do drone que faz dos corpos entidades indiscerníveis, pontos em movimento, manchas em uma tela. O que valeu como documento era uma imagem cirúrgica, dessensibilizada, da perspectiva do drone — embora, da perspectiva do drone, essas pessoas já estivessem mortas: eram pontos e nada mais. Esse foi o segundo massacre, o massacre simbólico, talvez ainda mais intolerável que o primeiro, pois é a expressão da redução do humano a um limiar entre o nada e o alguma coisa, sua redução a um ponto.

Essa imagem monstruosa, no entanto, mostrou a verdade de um processo de dessensibilização que é uma dimensão insuperável — o ponto cego constitutivo — de nossos discursos sobre justiça. Nossos princípios normativos de justiça e reparação comportam necessariamente pontos cegos, espaços de dessensibilização e desumanização. Nesses lugares, nada se vê; existe uma exigência fundamental de impedir o trabalho de dolo coletivo, de luto público, de indignação. Por isso, lugares como Gaza são constituintes de nossa ordem política: eles sempre existiram e, em intensidade diferente, continuam a existir. O que Gaza faz é, de certa forma, ampliar essa lógica, expô-la de forma crua em toda sua brutalidade. Até hoje, não houve ideal de justiça sem cegueira; não houve defesa da integridade física de alguns sujeitos sem o direito ao apagamento de outros. Isso não poderia ser diferente em um mundo submetido à extensão ilimitada de um sistema de produção no qual a possibilidade de igualdade radical é estruturalmente negada.

Essa dessensibilização pode ser percebida não apenas nos discursos políticos globais, mas em filósofos aparentemente comprometidos com os mais altos desígnios emancipatórios do pensamento crítico. No dia 13 de novembro de 2023, nomes fundamentais da teoria crítica contemporânea, como Jürgen Habermas, Rainer Forst, Nicole Deitelhoff e Klaus Günther, entenderam por bem publicar um texto a respeito do conflito palestino e suas consequências intitulado "Princípios de solidariedade". Começando por atribuir toda a responsabilidade dessa situação aos ataques do Hamas, como se tudo tivesse começado em 7 de outubro de 2023, defendendo o "direito de retaliação" do governo israelense e fazendo considerações protocolares sobre o pretenso caráter controverso da dita "proporcionalidade" de sua ação militar, o texto termina por afirmar que seria absurdo pressupor "intenções genocidas" ao governo de extrema direita de Israel, conclamando todos ao mais profundo cuidado contra "sentimentos e convicções antissemitas por trás de toda forma de pretextos". Até 3 de abril de 2024, quando escrevo este texto, ninguém pediu desculpas por esse artigo macabro.

O que me interessa aqui é como tal linha de pensamento demonstra que princípios universalistas de justiça podem muito bem ser usados estrategicamente para expiar fantasmas locais de qualquer responsabilidade perante catástrofes passadas, criando uma bizarra dessensibilização com argumentos morais. O texto de Habermas, Forst, Deitelhoff e Günther mostra como a fidelidade a um trauma histórico, o sentimento de responsabilidade diante do passado (o Holocausto nazista), pode nos levar a uma profunda dessensibilização do presente. Principalmente, mostra como a exigência de memória pela qual passou o povo alemão não foi um trabalho de elaboração e reflexão — na verdade, foi uma operação de adestramento. Pois reflexão ocorre quando entendemos, por exemplo, que "a cólera é descarregada sobre os desamparados que chamam a atenção. E como as vítimas são intercambiáveis segundo a conjuntura: vagabundos, judeus, protestantes, católicos, cada uma delas pode tomar o lugar do assassino, na mesma volúpia cega do homicídio, tão logo se converta na norma e se sinta poderosa enquanto tal".

Essa é uma passagem de *Dialética do esclarecimento*, de Theodor Adorno e Max Horkheimer, que nos lembra de que não devemos olhar para os atores das opressões sociais, pois eles podem mudar de lugar. A experiência de opressão não basta para a produção de práticas de emancipação e justiça. Antes, ela muitas vezes pode levar apenas à justificação de práticas de autopreservação comunitária diante da lembrança, constantemente reiterada, de uma violência sofrida anteriormente: fomos violentados e temos o direito a fazer tudo o que estiver a nosso alcance para que nem mesmo a sombra dessa violência paire sobre nós novamente. E poderíamos recordar vários momentos nos quais a opressão anterior acabou por justificar práticas de imunização. Ela irá, então, mobilizar todos os recursos e forças para imunizar grupos, reforçar a segurança, constituir fronteiras. Não por acaso, o apartheid foi criado por um povo — os africâneres — que havia sido anteriormente vítima do primeiro uso sistemático de campos de concentração com práticas de extermínio. Quando não conseguimos refletir sobre processos, nos adestramos a um imaginário estanque. Ao invés de compreender estruturalmente as dinâmicas da violência e do extermínio com sua mobilidade possível de ocupantes, nos aferramos a imagens e representações fixas, mesmo que antigos oprimidos estejam a massacrar novos oprimidos.

Contra isso, devemos lembrar que "genocídio" ocorre todas as vezes que o vínculo orgânico de populações ao *genos* — ou seja, ao que nos é comum — é negado. Quando o ministro da Defesa israelense diz que do outro lado há "animais humanos", ele expressa, de forma pedagógica, intenções genocidas. Quando o presidente de Israel diz não haver diferença entre civis e combatentes e depois submete toda a população palestina a punições coletivas; quando ministros do governo de Israel afirmam ser plausível o uso de bombas nucleares contra Gaza e não sofrem qualquer punição além do simples afastamento de reuniões ministeriais futuras; quando descobrimos planos de deslocamento em massa dos palestinos para o Egito; quando a ministra israelense da Igualdade Social e Empoderamento Feminino afirma ter "orgulho das ruínas de Gaza" e do fato de que, daqui a oitenta anos, os bebês de Israel poderão contar a seus netos sobre o que os judeus fizeram lá — quando coisas desse tipo são ditas sem maiores consequências, estamos não apenas diante de intenções genocidas, mas das declarações mais sórdidas e intoleráveis de culto à violência que se possa imaginar. Isso é, sim, uma expressão clara e imperdoável de prática genocida. Nada disso provocou sequer uma pressão para remover esses indivíduos do governo israelense.

Genocídio não é algo ligado a um número absoluto de mortes. Não há um número que começa a valer por genocídio. Genocídio diz respeito a uma forma específica de ação no apagamento dos corpos, na desumanização da dor de populações, na profanação de sua memória, no silenciamento do luto público que retira tais populações de seu pertencimento ao *genos*. E de nada adianta usar a teoria espúria do "escudo humano" nesse contexto — um clássico do colonialismo contra a violência dos colonizados. Mesmo aceitando, para efeitos de argumentação, que um grupo de luta armada tomasse uma população como refém e a usasse como escudo, isso não dá a ninguém o direito de ignorar essa mesma população e tratá-la objetivamente como cúmplice ou como alguém cuja morte é um mero efeito colateral. Ainda não inventaram o direito ao massacre.

O que a história de Israel nos mostra é que um Estado-nação não pode ser construído como o guardião da memória de um trauma coletivo sem posteriormente se degradar. Sabemos como todo o processo de criação de Israel — um processo único e singular — foi feito a partir da lembrança do trauma da catástrofe do Holocausto e da consciência global de que nada semelhante deveria se repetir. Sabemos também como traumas podem construir vínculos sociais. A partilha da violência a que se foi submetido, a lembrança do dolo e da perda são elementos fortes na criação de laços de toda sorte. A identificação com o trauma coletivo consolida identidades e retira sujeitos da vulnerabilidade, pois a comunidade que se cria pelo compartilhamento do trauma tem a força de produzir memórias coletivas comuns e fornecer a base para lutas. Mas há dois momentos do vínculo social ao trauma coletivo, e esse é apenas o primeiro. Quanto ao segundo, é preciso saber evitá-lo, pois, quando gerido pelo Estado-nação, o dever de memória do trauma acaba necessariamente por abrir espaço a uma autorização de violência contra tudo o que se associar ao trauma, dentro e fora da nação. Não é o Estado que deve ser guardião do trauma social, mas a comunidade. Cabe à comunidade, na verdade, impedir o Estado de se apossar do trauma a fim de evitar que a experiência do trauma perca sua força social de criação de vínculos ainda inexistentes, de comunidades sem limites e sem fronteiras — força vinda da certeza de que nunca mais o trauma deve se repetir, em nenhum lugar, muito menos em territórios que ocupei ilegalmente.

Des-historicização e vazio legal

Mas há ainda algo mais que impressiona no texto assinado por Habermas, Forst, Deitelhoff e Günther: sua des-historicização e sua indiferença ao vazio legal a que os palestinos estão submetidos. Alguns gostariam de começar toda essa discussão a partir dos terríveis ataques de 7 de outubro de 2023 feitos pelo Hamas. Minhas críticas ao Hamas foram repetidas várias vezes nos últimos anos e minha recusa absoluta a ações indiscriminadas visando civis é incondicional.[4] Mas faz parte das práticas de dessensibilização privar populações da história de suas lutas. Os palestinos lutam há mais de sete décadas contra massacres periódicos e indiscriminados, contra uma situação social de povo apátrida, sem Estado nem território, constantemente submetido a uma vida precária, a uma morte sem dolo. A característica fundamental da vida em Gaza é a repetição brutal do massacre. Operação Chuvas de Verão, seguida de operação Nuvens de Outono, em 2006; operação Chumbo Fundido, em 2009; operação Coluna de Nuvem, em 2012; operação Margem Protetora, em 2014; operação Guardião das Muralhas, em 2021. Esses são apenas os últimos atos de violência contra palestinos em Gaza, repetidos de maneira constante, sendo objeto da mesma indiferença mundial.

Pode-se falar que todas essas operações foram exercício do direito de defesa do Estado de Israel contra um grupo que quer eliminá-lo. No entanto, essa forma de se defender não é defesa

4 "O suicídio de uma nação e o extermínio de um povo", *Cult*, out. 2023.

alguma. Façamos um exercício elementar de projeção. O que acontecerá depois das ditas "ações militares" israelenses em Gaza? O Hamas será destruído? Mas o que significa precisamente "destruição" aqui? Ao contrário, não foi exatamente assim que o Hamas cresceu, a saber, depois das ações inaceitáveis de punição coletiva e de indiferença internacional? E, mesmo se os líderes do Hamas forem mortos, não aparecerão outros grupos alimentados pela espiral cada vez mais brutal de violência? Seria importante partir do dado histórico de que todas as tentativas de aniquilar militarmente o Hamas só aumentaram sua força, pois tais ações militares criaram o quadro narrativo ideal para que ele aparecesse, aos olhos de grande parte dos palestinos, como representante legítimo da resistência à ocupação.

Como se não bastasse, não posso alegar direito de defesa quando lido com reações vindas de um território que ocupei ilegalmente. Contrariamente ao que acreditam alguns, há lei internacional e ela diz claramente o que deve ser feito. O direito internacional reconhece à Palestina o estatuto jurídico de "território ocupado", ocupação considerada ilegal pelas resoluções 242 e 338 da ONU há mais de cinquenta anos. Ou seja, a melhor defesa é respeitar a lei internacional e devolver os territórios ocupados. No entanto, na Palestina, a lei deixa de ter força de lei. Na verdade, relegar um povo à ausência de lei, de Estado e de cidadania é uma prática de construção de vazios jurídicos que nos remete ao núcleo de colonialismo insuperável de nossas sociedades modernas. Nossas sociedades continuam coloniais. A questão central é: "contra quem?". Pode-se falar da permanência do colonialismo porque estamos diante de um poder soberano que decide quando a lei vige e quando a lei é suspensa, em que território ela se aplica e em que território ela é impotente. A isso, alguns chamam de "democracia". No entanto, é apenas a partilha de uma geografia da lei típica das relações coloniais.

Portanto, eu terminaria deplorando, com todo o vigor, os intelectuais que se dizem guardiões do pensamento pós-colonial e que se calaram vergonhosamente diante de uma típica catástrofe colonial, que fizeram declarações protocolares, que parecem mais indignados diante de problemas pronominais do que diante de corpos enterrados sob escombros resultantes de bombardeios contínuos. Quem quiser pensar criticamente deve estar disposto a não colocar seus interesses pessoais diante dos engajamentos necessários. Eu realmente desconfio que o pós-colonialismo de alguns termina nos limites do comitê de diversidade do Magazine Luiza. E queria aqui aproveitar e reconhecer a coerência profunda e a honestidade intelectual de pensadores que sofreram as piores retaliações e estigmatizações por demonstrarem solidariedade ao drama palestino em um momento no qual a solidariedade se tornou uma das armas mais raras.

Algumas dessas pessoas entenderam que nessas horas a filosofia deve funcionar como um freio de emergência. Há um fragmento muito conhecido de Walter Benjamin: "Marx diz que as revoluções são a locomotiva da história universal. Mas talvez as coisas se passem de maneira diferente. Talvez as revoluções sejam o gesto de acionar o freio de emergência por parte do gênero humano que viaja nesse vagão". Em um momento no qual ficam cada vez mais claras as relações orgânicas entre os últimos anteparos da civilização ocidental e o extermínio, os últimos anteparos da democracia e a catástrofe, vale a pena lembrar de como os verdadeiros gestos revolucionários são esses que decidem puxar o freio de emergência.

Por isso, eu gostaria de terminar apelando a essa língua falada pelos habitantes de Gaza. A língua que foi a língua de meus antepassados, mas que nunca foi falada em nossas casas. A língua que nunca ouvi porque seu silêncio representava a crença de que haveria uma integração perfeita ao Ocidente. Em um momento de desintegração, eu queria então terminar com essa língua silenciada pela crença em uma integração que nunca ocorreu da forma como foi prometida, como se fosse o caso de resgatar das ruínas aquilo que foi excluído de nossa voz para que essa língua silenciada possa trazer a dor das promessas não realizadas e da continuidade das lutas. Com a língua dos habitantes de Gaza eu gostaria de lembrar que não há liberdade sem terra e que não há vida possível sem liberdade: لا حرية دون وطن، و لا حياة دون حرية

BERENICE BENTO é professora de sociologia na Universidade de Brasília (UnB). Em 2011, recebeu o Prêmio Direitos Humanos na categoria Igualdade de Gênero, conferido pelo governo federal. É autora de *Sexualidades, gêneros e violência: estudos sociológicos* (EdUFRN, 2019) e *Transviad@s: gênero, sexualidade e direitos humanos* (Edufba, 2017), entre outros livros.

Genocidade: microfísica da morte continuada

BERENICE BENTO

Com vasta documentação, Nur Masalha (2021) demonstra que a expulsão do povo palestino de suas terras e casas nos séculos XIX e XX foi meticulosamente planejada pelos sionistas. A suposta "transferência" do povo palestino para outras regiões refere-se, de fato, a processos de limpeza étnica. Cobrindo outro período histórico, as pesquisas de Ilan Pappé (2016) contribuem para desfazer a narrativa oficial do Estado de Israel. É como se as pesquisas dos dois autores estivessem em linha de continuidade temporal. Enquanto a análise de Masalha abrange o período de 1882 a 1948, Pappé se concentrará nos meses que antecedem a fundação do chamado Estado de Israel, em 1948.

A política de expulsão do povo palestino não foi interrompida em nenhum momento por nenhum governo na história de Israel. Talvez o que não tenha acontecido exatamente como os sionistas planejaram foi a dimensão temporal. A remoção total dos palestinos só não se efetivou devido à resistência continuada desse povo, por um lado, e à pressão de internacionalistas espalhados em todas as partes do mundo, por outro. Edward Said (2012) chamou o conjunto das políticas de controle e de despossessão contínuas do povo palestino de "colonialismo do detalhe", uma vez que as políticas coloniais têm como característica invadir todos os poros da vida do povo colonizado, atuando de forma capilar e microfísica.

Pappé (2022, p. 208), por sua vez, depois do início da operação Chumbo Fundido, em 2009, na qual Israel efetuou intensos ataques contra Gaza, optou por classificar a política israelense como "genocídio gradual". Com Said, temos a dimensão do cotidiano. Com Pappé, a temporalidade alargada do extermínio do povo palestino. Chamarei essa forma de produção da morte implementada pelo colonialismo sionista de "políticas de genocidade".

Há dois tipos de técnicas de matar e fazer morrer implementadas pelo Estado de Israel a partir de 1948 — e que vêm se sofisticando com todos os dispositivos high-tech disponíveis. Primeiro, não se trata de um genocídio do tipo clássico. As definições de genocídio que fundamentam as convenções para a prevenção e a repressão desse crime e o Estatuto de Roma do Tribunal Penal Internacional definem que o objetivo das ações genocidas não é exclusivamente o assassinato de uma ou várias pessoas, mas o extermínio de todos os indivíduos integrantes de um mesmo grupo humano específico. É possível identificar largamente essa definição operando nas políticas de morte de Israel. No entanto, há outras técnicas de fazer morrer que estão distribuídas em todo o tecido social da vida palestina. Aqui, não nos movemos apenas no âmbito dos massacres, dos corpos amontoados e enterrados em valas comuns, a exemplo das dezenas de matanças já cometidas por Israel contra o povo palestino. Estamos nos referindo ao detalhe, aos gestos burocratas do Estado israelense que nega permissões de mobilidade aos palestinos: aos postos de controle militar (checkpoints) israelenses; às mulheres palestinas em trabalho de parto que são proibidas de atravessar o controle militar israelense para ir ao hospital, obrigadas a dar à luz em condições desumanas; à fragmentação de famílias palestinas; à burocracia para conseguir qualquer tipo de autorização (construção/reforma de casas, saída do país, direito de ir a um hospital); à presença ostensiva dos colonos israelenses (sujeitos que atualizam, na contemporaneidade, as práticas do grupo terrorista judeu Irgun e que são incentivados pelo Estado) que roubam terras, humilham e agridem palestinos. É desse modo que aqueles que se dizem donos da "terra prometida" transformam o dia a dia dos verdadeiros donos da terra em um verdadeiro inferno.

Essa microfísica da produção continuada da morte é o que chamo de "genocidade", um dos eixos estruturantes do colonialismo sionista. Ao acrescentar o sufixo "-dade", definidor do atributo do ser, reforço o caráter definidor e contínuo do Estado de Israel. A genocidade não se diferencia de atos genocidas no seu fundamento (isto é, no desejo de eliminação de uma população), mas em suas técnicas. São três suas principais características: (i) atua em uma temporalidade alargada; (ii) volta-se sobretudo para a esfera das microrrelações; e (iii) combina múltiplas técnicas de produção continuada de sofrimento físico e psíquico. O ponto de unidade entre essas três características é a humilhação sistemática como arma de destruição psíquica do outro e de produção de subjetividades aterrorizadas. Os atos de humilhação são gestos de poder que têm como função lembrar ao sujeito humilhado que ele se encontra completamente despossuído de vontade. O objetivo da genocidade, concretizada nos atos continuados de humilhação, é a "mortificação do eu", com profundos efeitos de adoecimento psíquico. Goffman (2017) pensou o conceito de "mortificação do eu" para interpretar o que acontece nas instituições totais (hospitais, hospícios, prisões). Assim como nessas instituições, impõem-se aos sujeitos palestinos sob ocupação israelense barreiras que os impedem de se movimentar livremente, castigos individuais e coletivos, torturas, despossessão continuada de bens familiares e pessoais, o apagamento das individualidades e a emergência de uma imensa massa de "terroristas". Nos dias em que estive na Palestina (em agosto de 2015 e em dezembro-janeiro de 2017), tomei contato direto com a genocidade do Estado de Israel: vi um povo sendo exterminado mediante a operacionalização de técnicas constitutivas do colonialismo sionista de maneira rizomática.

Um dos efeitos políticos dessa forma de produção da morte é a fragmentação da resistência. Se é verdade que onde há poder há resistência, para recuperar Michel Foucault (2000), não é possível separar onde começa a vida e termina a resistência no contexto palestino. Há momentos nos quais se observa a exposição pública singular da recusa à genocidade. Quando uma pessoa palestina se dirige a um soldado com uma faca, ferindo-o ou matando-o; quando arremessa um carro sobre soldados no checkpoint; quando recorre à greve de fome e a outros atos de resistência individual, estamos diante de ações fragmentadas que devem ser interpretadas como a afirmação da agência e a recusa à mortificação, em que o corpo é inteiramente dedicado à resistência. Ainda que haja plena consciência de que não se sairá vivo de um ato de resistência individual, a opção é pela agência, pela recusa à submissão. E ali onde se pensa que seria o êxito da política da genocidade, porque, finalmente, a mortificação ultrapassa a esfera psíquica e avança para a física, para a pessoa palestina engajada nesses atos é a vitória, na medida em que ela se afirmou como dona de si.

Os atos genocidas (bombardeios, massacres) diferenciam-se da genocidade porque esta se expressa nos encontros nos checkpoints, nos tapas na cara, na imposição de baixar a cabeça diante um soldado, nos encontros com os burocratas que negam autorização para qualquer tipo de construção ou melhoria nas habitações, nas prisões arbitrárias, nas torturas, na ausência de processos e acusações formais. Quando o Estado de Israel bombardeia e destrói centenas de casas em Gaza e mata civis em massa, esses crimes diferenciam-se das demolições que acontecem diariamente em Jerusalém Oriental, uma vez que, nestas, os encontros face a face impõem outros rituais de produção da morte e outras formas de resistência. Quando uma casa é destruída, há uma memória consolidada de humilhações face a face. Ao usar o termo "diferencia-se", não estou propondo uma hierarquia entre as técnicas de produção da morte; trata-se de uma tentativa de esquadrinhar como o nível macro se articula com as políticas do cotidiano voltadas para a produção da morte. Como dissemos, entre as políticas de genocidade destacam-se: (i) provocações e violências dos colonos; (ii) demolições e deslocamentos; (iii) controle de movimentos (checkpoints); (iv) agressões físicas e prisões; (v) detenções; (vi) estrangulamento da economia; (vii) muro do apartheid.

Ao contrário das políticas que promovem uma morte lenta por meio de humilhações cotidianas, os assassinatos e os massacres (como estamos testemunhando desde outubro de 2023) nos confrontam com outro tipo de gestão da morte, em que a violência letal praticada pelo Estado (estou considerando os colonos como braços armados do Estado de Israel) representa uma vitória na guerra demográfica contra o povo palestino. Uma cena cotidiana da genocidade:

> Mahmud Salhiyeh: Às duas da manhã, meu filho me acordou e disse que o exército estava entrando em casa. Eu não podia sair da sala. Entraram e me prenderam. Eles pisaram nas minhas costas e o policial disse: "Eu disse a você que vou expulsá-lo de sua casa e você vai sair como um cachorro, descalço". Ele pisou nas minhas costas e me disse: "Abaixe a cabeça". Eu disse a ele: "Eu nunca abaixei minha cabeça".
> Yasmin Salhiyeh: Minha casa foi demolida. Meu coração está partido. Eu não sei como me expressar. A casa onde fui criada agora está destruída. Tudo na casa se foi. É muito difícil ver que o trabalho árduo do meu pai por 25 anos foi demolido. Nossas memórias, a herança de meu pai nesta terra, tudo se foi. Até os gatos e animais criados na terra se foram.[1]

Para concluir, outro relato da microfísica da genocidade operado pelo colonialismo sionista:

1 "Home Demolition in Sheikh Jarrah Seen as Part of Broader Israeli Effort to Dispossess Palestinians", *Democracy Now*, 28 jan. 2022.

Muna El-Kurd [moradora palestina]: Jacó, você sabe que esta não é sua casa.
Jacó Fauci [colono sionista]: É fácil gritar comigo, mas eu não fiz isso.
Muna El-Kurd: Você está roubando minha casa.
Jacó Fauci: Se eu não roubar, alguém vai roubar.
Muna El-Kurd: Não, ninguém tem permissão para roubá-la.[2]

Muna El-Kurd é uma palestina de Shaikh Jarrah, bairro de Jerusalém Oriental. Parte de sua casa foi roubada por um colono judeu, uma situação que já perdura doze anos. Um dia, em 2009, ao voltar da escola, o bairro estava todo sitiado por colonos e soldados israelenses. Quando a família El-Kurd conseguiu entrar em casa, depois de uma brutal repressão, porque o plano era impedir que entrassem, "esses colonos, esses ladrões, ocupavam nossa casa. E obviamente você não pode resistir a isso, ou será baleado e morto", diz Mohammed El-Kurd, irmão de Muna El-Kurd.[3] Alguém poderia imaginar melhor cena-síntese para o colonialismo sionista?

2 "Muna and Mohammed El-Kurd: 100 Most Influential People of 2021", *Roya News*, 15 set. 2021.
3 "Poet Mohammed El-Kurd Detained in Sheikh Jarrah after Condemning Israeli Apartheid on U.S. TV", *Democracy Now*, 13 maio 2021.

Referências

GOFFMAN, Erving. *Manicômios, prisões e conventos*. Trad. Dante Moreira Leite. São Paulo: Perspectiva, 2017.

FOUCAULT, Michel. *Microfísica do poder*. Trad. Roberto Machado. Rio de Janeiro: Graal, 2000.

KHALIDI, Rashid. *Palestina, uma biografia: cem anos de guerra e resistência*. Porto: Ideias de Ler, 2022.

PAPPÉ, Ilan. *A limpeza étnica na Palestina*. Trad. Luiz Gustavo Soares. São Paulo: Sundermann, 2016.

PAPPÉ, Ilan. *Dez mitos sobre Israel*. Trad. Miguel Mata. Lisboa: Edições 70, 2022.

MASALHA, Nur. *Expulsão dos palestinos: o conceito de "transferência" no pensamento político sionista, 1882-1948*. Trad. Teresa Bosco Ferreira e Leo Misleh. São Paulo: Sundermann / MEMO, 2021.

SAID, Edward. *A questão da Palestina*. Trad. Sonia Midori. São Paulo: Editora Unesp, 2012.

RIMA AWADA ZAHRA é psicóloga, professora da Pontifícia Universidade Católica de Minas Gerais (PUC-MG) e consultora em educação e saúde mental. É autora e coautora de obras que reúnem experiências nas áreas da migração, educação e saúde mental com população em situação de vulnerabilidade social.

Sumud

RIMA AWADA ZAHRA

Sempre que o assunto Palestina surgia em casa ou em alguma conversa, meu arquivo mental se abria no episódio do assassinato do menino Muhammad Al-Durrah. Em 30 de setembro de 2000, no início da Segunda Intifada, também conhecida como "Intifada de Al-Aqsa", Muhammad, de doze anos, estava a caminho de casa com o pai, na Cidade de Gaza, quando desceram do táxi e foram surpreendidos por tiros disparados de um posto militar israelense em direção a manifestantes palestinos. A balaceira se estendeu por mais de 45 minutos. Enquanto Jamal Al-Durrah, pai de Muhammad, tentava protegê-lo atrás de um barril, o cinegrafista palestino Talal Abu Rahma filmava tudo a poucos metros de distância. Após várias tentativas, finalmente os soldados israelenses acertaram Muhammad. O menino levou cinco tiros — um deles no abdômen, que foi fatal. Jamal foi gravemente ferido com nove tiros, mas conseguiu sobreviver. Depois de ter o filho covardemente assassinado, Jamal continuou participando das manifestações.

A imagem de Muhammad se escondendo atrás do pai foi transmitida ao mundo por um canal francês. No vídeo, o menino estava assustado e o pai fazia gestos desesperados para que os soldados parassem de atirar, mas todo o esforço foi em vão. Talal nada pôde fazer a não ser registrar o trágico momento. O cilindro de concreto protegendo pai e filho dos tiros que não cessavam marcou o mundo. O fato incendiou a Segunda Intifada, que terminou em 2005 com três mil palestinos mortos. O local do tiroteio, a junção de Metzarim, hoje é conhecido como a junção de Al-Shohada [dos mártires]. Os assassinos de Muhammad caminham livres pela vida.

Com o passar do tempo, novas imagens da Palestina foram adentrando meu arquivo mental. Depois de Muhammad Al-Durrah, Fadi Abu Saleh instalou-se em minha memória para nunca mais sair. Casado e pai de cinco filhos, Fadi perdeu as duas pernas em um bombardeio de drones durante a invasão de Israel em Gaza em 2008. Mesmo depois de ter quase morrido, continuou participando das manifestações. Sua esposa, Amina, relatou que, apesar de se locomover em cadeira de rodas, os soldados israelenses o atacaram inúmeras vezes com bombas de gás lacrimogênio, principalmente quando suas imagens girando uma funda começaram a circular pela internet. A fotografia de Fadi biamputado, na cadeira de rodas, pronto para arremessar pedras contra um exército fortemente armado, capaz de atirar sem hesitar, é uma imagem que nunca mais me abandonou. Fadi foi alvejado no peito em 14 de maio de 2018, durante um protesto, e morreu no local.

Crianças e adolescentes palestinos também são parte do levante, e firmam seu lugar no mundo com muita intensidade. Essas crianças dificilmente conseguem acesso a família e advogados, somente quando o caso tem grande repercussão — como o da adolescente Ahed Tamimi, de 16 anos, que por diversas vezes, desde os 12, aparece em vídeos enfrentando soldados israelenses após a morte de um primo. Sua mãe, seu pai e seu irmão já foram presos inúmeras vezes por participar de manifestações e não obedecer a ordem dos soldados de recuar. No último episódio, que culminou em sua prisão, Ahed bate no rosto de um soldado que estava novamente invadindo sua casa. Enquanto Ahed estiver viva, continuará desafiando o exército mais imoral da história.

São 76 anos de resistência, e um arquivo de imagens acessível ao mundo todo. Por que essas pessoas se levantam sabendo que podem morrer facilmente? Por que resistem? Como conseguem enfrentar tanques de guerra israelenses com paus e pedras? Que força é essa que os empurra à revolta sem fim? Buscando respostas, passei a ler artigos de palestinos e palestinas, estudiosos da saúde mental, quando conheci Samah Jabr, psiquiatra e psicoterapeuta que testemunha, analisa e transmite vividamente uma Palestina que não desiste de se considerar independente e livre. Com Samah Jabr, Muhammad Al-Durrah, Fadi Abu Saleh, Ahed Tamimi e todos os palestinos e palestinas, entendi o conceito de *sumud*.

Sumud não significa apenas ser capaz de sobreviver ou ser capaz de recuperar forças para se adaptar ao estresse e às adversidades; implica também manter uma atitude resoluta de desafio contra a opressão e a ocupação. *Sumud* constitui a base de uma vida de resistência, ancorada na terra como uma oliveira com raízes profundas, que preserva a identidade, procura a autonomia e a capacidade de agir, salvaguardando a história dos palestinos e de toda a sua cultura. *Sumud* é quando a ocupação arranca as nossas oliveiras, e plantamos outras. Quando demolem as nossas casas, e construímos novas. Quando nossas escolas fecham, e improvisamos outras. Quando obscurecem e pervertem a nossa história, e oferecemos os nossos testemunhos, as nossas memórias e as nossas evidências. Trata-se de estabelecer laços de solidariedade através de ações coletivas.

Escolher a *sumud* não é fácil nem indolor, e não significa de forma alguma ausência de emoções negativas diante da perda. Pelo contrário, a *sumud* nos permite manter o otimismo, a solidariedade moral e social, ao mesmo tempo que continuamos a enfrentar a realidade sinistra das estruturas opressivas. *Sumud* é perseverar e amar, apesar de todas as adversidades. Hoje, junto às imagens que coleciono da Palestina, tenho a *sumud* como um manto cobrindo cada expressão de resistência, desfazendo um tanto a angústia e mostrando que a humanidade não é uma essência dada e recebida, mas sim uma construção política diária.

TADEU BREDA é jornalista e editor, autor de *O Equador é verde: Rafael Correa e os paradigmas do desenvolvimento* (2019), coautor de *Memória ocular: cenas de um Estado que cega* (2018) e organizador de *Bolsonaro genocida* (2021), todos pela Elefante.

Gaza e os filhos de Eichmann

TADEU BREDA

Algumas madrugadas atrás despertei às 3h40, inundado por pensamentos sobre o massacre israelense em Gaza. Insone, angustiado, escrevi estes pobres, pobres versos: "debaixo dos escombros/ há pessoas mortas/ debaixo dos escombros/ crianças/ mortas/ há/ debaixo dos escombros/ corpos/ pessoas/ havia". No dia anterior, eu tinha finalmente decidido ver as imagens que o fotógrafo Motaz Azaiza, de Gaza, publica em seu perfil do Instagram. Numa delas, pequenos pontos luminosos surgem bem alto no céu escuro da noite. Assim que desaparecem, uma enorme explosão acontece a menos de cinquenta metros, destruindo um edifício. Os pontos luminosos eram mísseis — ou caças ou drones. Azaiza está na porta de um hospital. Após o estrondo, corre para dentro, desesperado. No dia seguinte, quando amanhece, ele aparece em meio aos destroços, junto aos sobreviventes que retiram cadáveres endurecidos e empoeirados e partes de corpos humanos chamuscados de uma montanha retorcida ferro e concreto. Imediatamente, desativo a tela do celular. Para mim, é impossível sustentar o olhar nessas imagens. A vontade de vomitar é imediata. A raiva, incontrolável.

Desde o começo da ofensiva israelense, em 8 de outubro de 2023, acompanhar as notícias (estou lendo assiduamente *Haaretz*, *Guardian*, *Folha*, *Middle East Eye*, *Al Jazeera*) me dá a nítida sensação de que viver e morrer em Gaza durante os bombardeios é uma loteria. Essa sensação se confirmou após mísseis disparados por Israel atingirem o Hospital Batista Al-Ahli, uma escola da Agência das Nações Unidas de Assistência e Obras para Refugiados Palestinos no Oriente Próximo e uma igreja católica ortodoxa grega, em um intervalo de dois dias, com centenas de mortos e feridos. As Forças de Defesa de Israel admitem ter lançado mais de seis mil bombas sobre Gaza apenas na primeira semana da ofensiva.[1] Não encontrei informações sobre quantas mais foram disparadas nos dias subsequentes — já faz mais de quinze dias que mísseis são lançados ininterruptamente sobre essa faixa de 365 quilômetros quadrados (equivalente a um quarto da cidade de São Paulo) onde vivem 2,5 milhões de pessoas, metade crianças. Os bombardeios — que não cessam e, pelo contrário, serão intensificados[2] — já mataram mais de cinco mil palestinos, dos quais mais de mil são mulheres e mais de dois mil, crianças. Feminicídios e infanticídios brutais.

O exército israelense publica orgulhosamente nas redes sociais imagens aéreas dos seus modernos mísseis reduzindo edifícios a pó. Na noite de 19 para 20 de outubro, as Forças de Defesa de Israel gabaram-se de ter feito centenas de bombardeios em Gaza, destruindo vizinhanças inteiras. As fotos aéreas dos drones israelenses revelam quarteirões transformados em escombros. É uma perspectiva diametralmente oposta à de Motaz Azaiza. Os vídeos de Israel focalizam prédios, depois um clarão toma conta da tela, e então aparecem nuvens de fumaça e entulho. As fotos *in loco* de Azaiza mostram o céu enrubescido e, em seguida, o resultado: corpos destroçados, sacos brancos

1 "Israel Says 6,000 Bombs Dropped on Gaza as War with Hamas Nears a Week", *Al Jazeera*, 12 out. 2023.

2 "Israel to 'Increase the Attacks from Today', says Israeli Military Spokesperson", *The Guardian*, 21 out. 2023.

recheados de cadáveres (muito deles, pequenininhos), gente chorando, se desesperando, buscando algum alento no celular, estendendo as mãos para o céu e gritando para um deus silencioso.

Enquanto não suporto encarar as postagens do fotógrafo palestino, consigo olhar sem maiores problemas para as tomadas distantes e distorcidas das câmeras noturnas que registram, lá do alto, os bombardeiros israelenses. Azaiza mostra a morte. Israel mostra a destruição. Azaiza retrata o drama e o sofrimento dos palestinos — vivos e mortos. Israel enfoca sua própria e gigantesca capacidade bélica. As imagens de Azaiza são de carne e osso. As israelenses, maquinais.

Para além de repisar a constatação de que vidas palestinas não importam (uma obviedade a essa altura da história e do recente conflito, bem como da reação internacional ao bombardeio sobre Gaza), assim como, no passado, vidas judaicas tampouco importaram para a mesma comunidade internacional que hoje se solidariza acriticamente com os israelenses, gostaria de chamar o pensador judeu Günther Anders para a conversa e tecer alguns comentários sobre o mais novo episódio da Questão Palestina à luz de *Nós, filhos de Eichmann*, carta aberta que o filósofo escreve a Klaus Eichmann após seu pai (Adolf Eichmann, oficial alemão responsável pela logística dos campos de extermínio nazistas) ter sido sequestrado, julgado e executado pelo então nascente Estado de Israel.

No livro, Anders se dedica a responder à seguinte pergunta: "O que tornou o monstruoso possível?". É claro que sua referência imediata é o Holocausto liderado por Hitler durante a Segunda Guerra Mundial. O extermínio de seis milhões de judeus é uma das expressões do monstruoso — talvez a maior e mais horrenda, mas certamente não a única. "A primeira resposta a essa pergunta soa banal. Pois ela é: não importa em qual nação industrializada vivamos, e não importa o nome político que ela tenha, nós nos tornamos criaturas de um mundo técnico", escreve o filósofo, argumentando que "aquilo que nós agora conseguimos fazer (e por isso realmente fazemos) é maior que aquilo do qual conseguimos fazer uma imagem".

Para Anders, "os objetos que estamos acostumados a produzir com o auxílio de nossa técnica, impossível de ser contida, e os efeitos que somos capazes de desencadear são tão grandes e tão explosivos que nós não mais conseguimos compreendê-los, que dirá então identificá-los como nossos". O Holocausto só alcançou tamanha capacidade de extermínio porque recorreu ao desenvolvimento técnico — e comunicacional e administrativo — disponível na época, industrializando a matança. Após uma intensa campanha de desumanização do Outro, os judeus (e ciganos e homossexuais e comunistas) deveriam ser reunidos em trens, levados a campos de concentração, colocados em câmaras de gás e incinerados, antes que outras locomotivas chegassem puxando vagões com mais seres humanos indesejáveis pelo Terceiro Reich, destinados ao mesmo fim. Propaganda. Gerenciamento. Obediência. Eficiência.

A máquina de morte nazista girava longe dos olhos da população. Apenas uma parte da soldadesca fazia o serviço sujo. Oficiais, como Eichmann, assinavam, carimbavam, ordenavam. Como não tinham o horror cotidianamente diante dos olhos, podiam até mesmo, como lembra Anders, sentir o estômago revirar ao ver o sangue da massa de mortos jorrar do chão. O filósofo, então, emula um dos raciocínios que possibilitam a monstruosidade: "Eu não vejo diante de mim os milhões de pessoas que mandei serem assassinadas por gás. Eu não consigo vê-las diante de mim. Logo, posso tranquilamente mandar que as matem com gás".

A tecnificação do massacre empreendido por Israel em Gaza funciona de modo semelhante. Poderiam os israelenses — e seus apoiadores espalhados pelo mundo — sustentar a recente ofensiva se vissem e sentissem diariamente o cheiro do sangue da massa de mortos, que jorra pelo chão, como o veem e o sentem permanentemente as equipes médicas dos hospitais de Gaza, repletos de feridos e cadáveres, e sem equipamentos e insumos suficientes, que não chegam devido ao bloqueio israelense? Se, todos os dias, como Motaz Azaiza e tantos palestinos, fossem cavoucar com as mãos residências reduzidas a escombros atrás de cadáveres empoeirados e sobreviventes que gritam sabendo que não serão resgatados e que muito provavelmente morrerão ali embaixo, embalados pelo som de mais bombas? Se tocassem corpos de crianças desfiguradas em vez de apenas olhar para sacos brancos recheados com sabe-se lá o quê?

Eu gostaria de acreditar que, confrontando-se com as imagens da monstruosidade que os militares israelenses estão produzindo em Gaza, o povo de Israel e seus apoiadores pudessem entender que uma atrocidade não justifica outra, que ao longo dos anos o exército israelense já cometeu atrocidades demais. Mas não acredito nisso, assim como não acredito que o povo alemão agiria para interromper o Holocausto se recebesse imagens dos guetos e dos campos de concentração em tempo real. Isso, porém, é mera especulação.

O fato é que, hoje, a informação está disponível em profusão. A internet e a energia elétrica estão cortadas em Gaza, não em Israel — nem na Europa nem nos Estados Unidos. Qualquer um se sensibilizaria, se pudesse. Porém, como escreve Anders,

> quando aquilo a que nós deveríamos realmente reagir se torna desmesurado, falha também nosso sentir. Não importa se esse "desmesurado" se refere a planos, desempenhos de produção ou ações já realizadas, o "grande demais" nos torna frios, ou melhor (pois também a frieza seria ainda uma espécie de sentimento), nem mesmo frios, mas completamente indiferentes: tornamo-nos "analfabetos emocionais", que, confrontados com "textos grandes demais", simplesmente não reconhecem mais estarem diante de textos. Seis milhões [ou cinco mil palestinos agora, e contando] permanece, para nós, um número, enquanto a notícia de dez assassinados talvez ainda possa ressoar em nós, e o assassinato de uma única pessoa nos enche de horror.

Aqui, além da tecnificação da morte, a desumanização desempenha papel fundamental. E têm sido intensas as manifestações de desumanização dos palestinos emanadas de altas autoridades do governo e do exército israelenses nos últimos dias. O termo "animais humanos", pronunciado pelo ministro da Defesa, Yoav Gallant, é apenas o mais explícito deles. A vontade de varrer os palestinos do mapa ficou cristalina durante o discurso do premiê Benjamin Netanyahu na Assembleia Geral das Nações Unidas, em 22 de setembro de 2023, quando mostrou ao mundo um mapa intitulado "Novo Oriente Médio" no qual não havia Gaza ou Cisjordânia. Esse projeto de expulsão, expressado de forma ainda mais transparente pelas mensagens de Israel para que os palestinos que não quiserem morrer saiam de Gaza o quanto antes — não se sabe por onde nem para onde, mas se sabe que, caso consigam cruzar a fronteira, jamais serão autorizados a regressar —, é um projeto de apagamento, de limpeza étnica, de extermínio. Um genocídio, com todas as letras.

Em certo sentido, e com números (números, novamente números) menores, Gaza, hoje, tornou-se uma mistura de Auschwitz e Hiroshima: uma prisão a céu aberto, um gueto, um campo de concentração de onde só é permitido para alguns palestinos saírem para trabalhar como mão de obra barata em Israel ("*Arbeit macht frei*"), não sem antes se submeterem a revistas e controles humilhantes, e que, em dez dias, recebeu carga explosiva semelhante a 25% de uma bomba atômica.[3] As duas maiores monstruosidades do século XX, o Holocausto e a bomba, exaustivamente debatidas (embora não suficientemente condenadas) pela história e pela indústria cultural, não impediram que novas monstruosidades ocorressem no próprio século XX, nem mesmo no século XXI, com

3 "Israel Kills 14 Palestinians Every Hour in Its Brutal Attack on Gaza — Israel Dropped Equivalent to a Quarter of a Nuclear Bomb", Euro-Med Human Rights Monitor, 14 out. 2023.

o auxílio das tecnologias mais avançadas de cada época — que hoje podem ser representadas por drones assassinos e mísseis de extrema precisão, além das redes sociais e da inteligência artificial.

"É incontestável que a maquinização do mundo, e com ela a nossa comaquinização, desde ontem avançou da forma mais terrível", continua Anders, para quem "o soberbo silêncio e a soberba alegria da cultura" que dominaram o pós-guerra no Ocidente, com a fundação da ONU, a Declaração Universal dos Direitos Humanos, as Convenções de Genebra, a expansão do Estado de bem-estar social (e a criação do Estado de Israel) eram apenas "uma calmaria entre duas tempestades, um sono a que o mundo monstruoso se permite entre as monstruosidades de ontem e de amanhã". De acordo com o filósofo, "amanhã a tempestade já poderá irromper novamente. E depois de amanhã poderá outra vez ocorrer que nós, caso pareça oportuno à máquina, sejamos novamente empregados como suas equipes de serviço ou como vítimas de seus objetivos de extermínio. Em todos os casos, é claro, como vítimas".

Hoje, Estados Unidos e Europa — o Ocidente, a autoproclamada civilização — se colocam, de maneira inédita na contemporaneidade, como fiadores de um genocídio, de um feminicídio e de um infanticídio massivos. Apressaram-se para prestar solidariedade a Israel nas primeiras horas após o ataque pedestre do Hamas. Enquanto a União Europeia anunciava o congelamento das migalhas que destina ao "desenvolvimento" da Palestina, enquanto a Feira do Livro de Frankfurt desistia de homenagear a escritora palestina Adania Shibli, enquanto vários países europeus proibiam manifestações em solidariedade aos palestinos, Washington não titubeou em mandar mais dinheiro, mais armas e duas frotas navais lideradas por porta-aviões para garantir que Israel massacrasse Gaza sem ser aborrecido por nenhum vizinho. Joe Biden desembarcou em Tel Aviv para uma reunião com Netanyahu, Gallant e outros membros do gabinete genocida israelense mesmo depois do bombardeio do Hospital Batista Al-Ahli (que só pode ter sido cometido pelos seus nobres aliados, uma vez que nenhum grupo palestino possui armas capazes de provocar quinhentas mortes em uma única explosão — caso contrário, elas já teriam sido empregadas do lado de lá do cerco). O premiê britânico, Rishi Sunak, fez visita semelhante no dia seguinte. Antes, o chanceler alemão, Olaf Scholz, confraternizara com Netanyahu em Israel.

Claro que Estados Unidos, Grã-Bretanha, Alemanha, França e outras potências europeias foram forjadas em genocídios de povos indígenas, africanos e asiáticos — os quais, apesar dos números (números, números) escandalosos, jamais receberam a devida condenação pública, muito menos a devida reparação histórica. Claro que compartilham com Israel uma vocação colonizadora, um "destino manifesto", uma aura de superioridade perante o selvagem — cada um tem o seu. Claro que o Ocidente cometeu as maiores atrocidades em nome dos mais nobres valores. Contudo, desde o fim da Guerra Fria, as intervenções internacionais ao menos tinham um verniz "civilizatório" (obviamente com muitas aspas): derrubar ditaduras e restabelecer a democracia (Iraque, Afeganistão) e a paz (Somália, Haiti), interromper genocídios (Bálcãs, Ruanda). Havia uma mínima preocupação em criar narrativas hipócritas que se enquadrassem nas ideias de direitos humanos, democracia, liberdade. Agora, o Ocidente age deliberadamente para sustentar um regime colonial, opressor e genocida, que pratica um indisfarçável apartheid étnico e religioso, uma teocracia que, por ser uma teocracia judaica — e não islâmica —, as democracias ocidentais consideram uma democracia.

(Pode-se dizer e certamente se dirá: "Nada disso, o Ocidente está apoiando Israel no combate ao terrorismo do Hamas". É o que diz a propaganda das Forças de Defesa de Israel: "Ou você está com Israel, ou você está com o terrorismo". Podemos abreviar muito esse debate recorrendo aos acontecimentos dos últimos dias. Quem é mais destrutivo? Quem mata mais mulheres e crianças? Quem mais realiza ataques sem chances de defesa? O que é terrorismo? Quem é terrorista? O rótulo de "terrorista" mais ajuda ou mais atrapalha a análise? Os israelenses repetem *ad nauseam* que os combatentes palestinos se escondem atrás de crianças, em mais um discurso de desumanização — afinal, "seres humanos de verdade" jamais fariam coisa parecida —, mas não falam que Israel se esconde atrás de dinheiro, armas e tecnologia militar avançada do Ocidente. Além disso, quantas vezes já se ouviu falar nos grupos terroristas judaicos, como Irgun, Lehi, Haganá, Lehava, Kach e Kahane Chai, do qual o ministro da Segurança Nacional israelense, Itamar Ben-Gvir, foi membro durante a juventude?)

Por outro lado, as nações consideradas o avesso da democracia e dos direitos humanos, como Turquia, Irã, Catar e Rússia, vêm exigindo insistentemente um cessar-fogo. Interesses escusos, todos têm. Mas, se o traço de humanidade, aqui, está em interromper o massacre em Gaza (porque, sim, vidas palestinas importam) e buscar uma solução política para o impasse envolvendo crianças, idosos, mulheres, civis capturados como reféns pelo Hamas em Israel sem que o exército israelense tenha agido com a rapidez com que sempre agiu contra qualquer agressão dos vizinhos, é legítimo dizer que, hoje, o Irã está trabalhando pela vida (dos palestinos e dos reféns mantidos pelo Hamas, também sujeitos aos incessantes bombardeios) muito mais do que os Estados Unidos e a Europa — e certamente muito mais que Israel. Lidemos com isso.

Lidemos também com o fato de que a explosão de violência do Hamas — que tristemente massacrou 1,2 mil pessoas em Israel, sendo catorze crianças, e sequestrou outras duzentas — não é um raio em céu azul. Não é possível debater a Questão Palestina sem recorrer à história. Há quem queira voltar aos tempos bíblicos para discutir a quem pertence a "terra prometida". É um debate legítimo, mas, caso ele seja travado pelos judeus contra os palestinos (ou vice-versa), também deve ser travado pelos indígenas contra os brancos nas Américas e por tantos outros povos colonizados ao redor do mundo. Na inviabilidade de reverter os fluxos migratórios espontâneos, coloniais ou forçados ocorridos nos últimos cinco mil anos, o marco de 1947 é essencial. Ele mostra como as Nações Unidas dividiram injustamente o território entre palestinos e judeus e como os acordos jamais foram respeitados, porque a Grã-Bretanha, que colonizava a região, se retirou e abriu espaço para a eclosão de uma guerra civil vencida pelos judeus, com apoio do Ocidente.

Foi assim que a Europa se livrou de dois problemas: expiou sua culpa pelo Holocausto (ápice do antissemitismo, uma invenção e uma tradição europeia por excelência) e mandou os judeus para fora de seu território, onde desde a Idade Média enfrentaram sucessivas perseguições, para criar um Estado ali onde determina seu mito de origem. Diante de solução tão "perfeita", apoiar o massacre de palestinos (muçulmanos e cristãos) não significou um empecilho. Veio a Nakba. Territórios foram tomados. Os vizinhos árabes reagiram. Israel — outra vez com apoio do Ocidente — venceu militarmente todos eles e tomou-lhes mais terra. Os palestinos foram confinados em Gaza e na Cisjordânia e começaram um longo processo de resistência, respondida com uma crescente violência. E aqui estamos.

Não se pode esperar que a relação entre colonizador e colonizado seja tranquila. Não se pode esperar que um povo oprimido aceite pacificamente a opressão. Não se pode esperar que um colonizador não viva com medo. Isso nunca aconteceu na história, nem nunca acontecerá. Como ocupação se faz com presença física, com corpos, uma criança que nasce hoje em Israel é, para todos os efeitos, uma ocupante, uma colonizadora, uma opressora. E uma criança que nasce hoje na Palestina é uma ocupada, uma colonizada, uma oprimida. Obviamente, ninguém é responsável por nascer onde nasceu — é o que Günther Anders diz expressamente a Klaus Eichmann, que não tem culpa nenhuma por ser filho do "arquiteto do Holocausto". Todas as crianças são inocentes. Contudo, quando adultos, nossa responsabilidade está nas decisões que tomamos a partir da herança que recebemos. Desde 7 de outubro de 2023, no Oriente Médio, mais de duas mil pequenas pessoas nem mesmo tiveram essa chance, pois foram compulsoriamente arrancadas da vida durante a infância.

Muito se questionou por que os judeus da Europa não se levantaram massivamente contra o nazismo, os campos de concentração, as câmaras de gás, evitando assim o Holocausto. Anders repreende tal questionamento argumentando que o ser humano é incapaz de reagir adequadamente quando confrontado com uma monstruosidade inimaginável:

> É impossível. E quem exige isso das vítimas deveria também exigir do peixe lançado na praia que ele imediatamente criasse pernas para assim caminhar de volta a seu meio úmido. A reação errada era inevitável, pois a desmedida do que se exigia simplesmente ultrapassava a medida daquilo que seres humanos em geral podem imaginar, sentir ou compreender.

Mas houve judeus que, sim, se ergueram contra os nazistas. E o episódio mais conhecido dessa heroica resistência é o Levante do Gueto de Varsóvia, na Polônia, em 1943. Depois de trezentos mil judeus confinados ali terem sido levados à morte nos campos de concentração, alguns entre os poucos milhares que sobraram resolveram resistir com o que tinham à mão. Mataram todos os alemães que puderam, depois se entrincheiraram em suas casas, em túneis, nas tubulações de esgoto. Em resposta, os nazistas, com incomparável superioridade militar, arrasaram o gueto, que ficou reduzido a escombros, e mataram quase toda a resistência judaica. Eis o que dizem alguns sobreviventes: "A maioria foi a favor da rebelião. As pessoas achavam melhor morrer com uma arma na mão do que sem ela. Pode-se chamar este tipo de resistência de rebelião? Era uma luta para não sermos transportados para o matadouro, uma luta contra a morte"; "Eles lutavam, não tanto pela própria vida, mas mais pela dignidade de todos nós. Os alemães queriam privar a nós, judeus, da condição de humanos. Esse levante mostrou que eles não conseguiram"; "Esse era o momento que esperávamos para enfrentar esse alemão todo-poderoso"; "Matávamos o maior número possível, [mas] sabíamos que nosso destino estava completamente claro".

Oitenta anos depois, frases semelhantes poderiam perfeitamente sair da boca de qualquer palestino — inclusive de membros do Hamas. Os principais grupos que conduziram o Levante do Gueto de Varsóvia se autodenominavam Organização da Luta Judaica e União Militar Judaica. O Hamas é um acrônimo de Movimento de Resistência Islâmica. Seus membros também se escondem em túneis e prédios, que também estão sendo reduzidos a escombros por uma força militar infinitamente superior, que controla a entrada e a saída do território que habitam. Olhando para trás, tenho certeza de que todos nós concordaríamos que os judeus cercados pelos alemães tinham pleno direito de tomar qualquer atitude que julgassem necessária para se libertar do regime de morte dos guetos e dos campos de concentração — qualquer atitude. Hoje, porém, não aceitamos que os palestinos façam o mesmo contra o regime de morte que vivem em Gaza e na Cisjordânia, imposto pelo Estado de Israel. E exigimos, de maneira pedante e arrogante, além de a-histórica, que sejam pacíficos e mostrem o rosto.

Antes da incursão do Hamas em 7 de outubro de 2023, o pensador italiano Franco Bifo Berardi vinha compilando ataques recentes conduzidos por colonos israelenses contra palestinos.[4] Como a vida palestina não importa, os casos não ganharam a devida repercussão internacional. Mas tiveram consequências, assim como a ascensão da extrema direita israelense e seu projeto de redesenhar o Oriente Médio estabelecendo acordos com

4 "Ojo por ojo y el mundo está ciego", *Lobo Suelto*, 13 out. 2023.

países árabes do entorno, sobretudo com a Arábia Saudita, isolando os palestinos com vistas à sua desaparição. A menos que os israelenses consigam eliminar todos os seres humanos inconvenientes que reivindicam o mesmo território onde recentemente constituíram um país, não haverá solução para o conflito sem desocupação, sem descolonização e sem o fim do apartheid promovido por Israel — enfim, sem justiça —, seja com um ou dois Estados. Como os israelenses não desejam devolver pacificamente os territórios que ocuparam à força, resta a opção do extermínio — que agora está sendo levada a cabo, sem data para terminar, com promessas de incursão territorial em Gaza e redução da já minúscula faixa destinada aos palestinos na costa mediterrânea, com apoio do Ocidente.[5] Fala-se em segunda Nakba. É lícito perguntar: podemos esperar um Holocausto palestino?

No final da carta a Klaus Eichmann, Günther Anders retoma e complementa o apelo que fez ao interlocutor no início do texto, quando pede ao filho que renegue a memória do pai. "Ao menos uma vez, imagine o que significaria se você se vinculasse a esse movimento contra o extermínio da humanidade." A essa altura, Anders já externara a Klaus que, depois do Holocausto, considerava todas as pessoas como "filhas de Eichmann", ou seja, filhas de uma época em que o ser humano, ao desenvolver uma capacidade de destruição além de sua imaginação, pariu uma monstruosidade inapreensível. De acordo com o filósofo, essa monstruosidade sobreviveu ao nazismo. E precisa ser interrompida.

> Imagine se você, Klaus, que experimentou no próprio corpo o que é ser um filho de Eichmann, se dirigisse aos outros filhos de Eichmann como alguém que dá um alerta. Em um primeiro momento você afastará essa ideia. "Um Eichmann pela paz?",

5 "Israel admite tomar territórios palestinos: 'perder terras é o preço que os árabes entendem'", *Opera Mundi*, 17 out. 2023.

talvez pense você, "para me expor ao riso?" Quem riria, Klaus Eichmann? Quem, senão os piores?

Me parece válido devolver a pergunta aos israelenses e a todos os judeus que, ontem e hoje, com todos os matizes, apoiam o sionismo — que talvez um dia tenha sido uma ideia legítima, mas que se expressou como uma prática colonial, opressora e genocida. Quem riria de vocês, ou criticaria, ou renegaria, se, diante de um ataque hediondo, fruto de muitos ataques anteriores tão ou mais hediondos, vocês se vinculassem ao movimento contra o extermínio dos palestinos? Se vocês reconhecessem, de uma vez por todas, com tudo o que isso implica, a humanidade dos palestinos? Quem, senão os piores?

Anders continua:

> Já ocorreu de antigos "filhos de Eichmann", homens que participaram das monstruosidades de ontem, que compreenderam que aquilo que ocorreu uma vez não pode, sob nenhuma circunstância, ocorrer novamente, virem para o nosso movimento. Por que lhe faltaria a coragem que tiveram esses homens, a coragem para dar esse passo? Imagine o que seria essa chance, e não apenas para você, mas também para nós — e isso significa: para todos —, se você tomasse essa decisão.

Sim, somos todos filhos de Eichmann, mas, neste momento, mais que quaisquer outros, o são os israelenses que comandam esse massacre — e também todas aquelas pessoas, ao redor do mundo, judias e não judias, que o apoiam (ou o relativizam). Por isso a extrema relevância de ecoar o apelo de Günther Anders. Se as vidas palestinas não importam; se as vozes palestinas — e as vozes de quem se solidariza com a Palestina — não são ouvidas; se a morte de mais de mil mulheres e de mais de duas mil crianças em Gaza, sob bombas e drones de última geração, não sensibilizam absolutamente; se as imagens de Motaz Azaiza e de outros comunicadores palestinos não convencem diante da máquina de guerra de Israel e sua eficiente fábrica de narrativas, então quem, senão os próprios judeus, dos quais uma parte significativa infelizmente ocupa hoje a posição de algoz, pode romper o ciclo da monstruosidade?

> Perto de nós, que somos filhos de Eichmann exclusivamente em sentido figurado, você, Klaus, ocupa uma posição especial; você é um momento do horror; o mundo, caso o alarme sobre o mundo de Eichmann viesse de sua boca, da boca de um verdadeiro filho de Eichmann, escutaria prendendo a respiração e daria mais crédito àquilo que você dissesse do que ao que saísse de nossa boca. A maldição sob a qual você viveu até hoje poderia então converter-se em bênção.

DAFNE MELO é psicanalista e tradutora, formada em jornalismo pela Pontifícia Universidade Católica de São Paulo (PUC-SP) e em história pela Universidade de São Paulo (USP), com pós-graduação em psicanálise pelo Instituto Sedes Sapientiae. É integrante do coletivo Desorientalismos.

Quanto mais outrificado, mais o palestino se assemelha ao judeu de outrora

DAFNE MELO

Talvez um dos textos de Walter Benjamin mais citados e conhecidos atualmente seja a Tese IX de *Sobre o conceito da história*. Nele, o filósofo traz uma leitura sobre o quadro *Angelus Novus*, de Paul Klee, que retrata um anjo não muito angelical. Seu corpo é desproporcional, um tanto disforme; suas cores marrons, amarelas e alaranjadas nos remetem mais ao fogo e ao inferno que ao paraíso. Benjamin enxergava nessa figura ambivalente o "anjo da história":

> Há um quadro de Klee que se chama *Angelus Novus*. Representa um anjo que parece querer afastar-se de algo que ele encara fixamente. Seus olhos estão escancarados, sua boca dilatada, suas asas abertas. O anjo da história deve ter esse aspecto. Seu rosto está dirigido para o passado. Onde nós vemos uma cadeia de acontecimentos, ele vê uma catástrofe única, que acumula incansavelmente ruína sobre ruína e as dispersa a nossos pés. Ele gostaria de deter-se para acordar os mortos e juntar os fragmentos. Mas uma tempestade sopra do paraíso e prende-se em suas asas com tanta força que ele não pode mais fechá-las. Essa tempestade o

> impele irresistivelmente para o futuro, ao qual ele vira as costas, enquanto o amontoado de ruínas cresce até o céu. Essa tempestade é o que chamamos progresso.

Hoje, o anjo de Paul Klee, ironicamente adquirido pelo Museu de Israel, localizado em Jerusalém, assiste de um lugar privilegiado a mais nova catástrofe: o genocídio contra a população palestina em Gaza. Mas ali onde o anjo da história vê uma catástrofe única, (alguns de) nós vemos a continuidade daquilo que os palestinos chamam de "Nakba permanente". Assistimos, há meses, a um novo capítulo da limpeza étnica e do genocídio gestado e executado pelo sionismo — aliado ao imperialismo europeu e estadunidense — há mais de sete décadas.

Muitos leem a Tese IX de *Sobre o conceito da história* como parte das críticas de Benjamin a certo fazer historiográfico que busca contar os acontecimentos na perspectiva dos vencedores, dos defensores do "progresso" e da "civilização", na qual os fatos são — e precisam ser — vistos de forma isolada. O anjo da história até deseja parar o tempo, despertar os mortos e reconstruir o que agora está em ruínas; quer *narrar* a história pelo ponto de vista dos vencidos, mas o "progresso" o empurra para um futuro que se aliena do passado, condenando o anjo a ininterrupta e eternamente ver acumular diante de si a destruição da catástrofe-progresso-civilização, e a perpetuação dos traumas sociais.

Benjamin escreveu suas teses em 1940, pouco antes de perecer na fronteira franco-espanhola enquanto fugia dos nazistas, o que confere à Tese IX certo ar de premonição. O anjo da história estava por testemunhar mais uma enorme catástrofe, que tinha entre os vencidos os judeus da Europa, vítimas de um plano sistemático de extermínio étnico levado a cabo pelo Estado nazista — vencidos que, cerca de uma década mais tarde, em um novo território, tornaram-se vencedores. Diante do horror em Gaza, muitos se perguntam: como pode o Estado que se diz representante do povo que foi o principal alvo de uma das políticas racistas de extermínio mais atrozes do século XX ter, poucos anos depois, iniciado o projeto de extermínio de um outro povo? Aí reside umas das singularidades da Questão Palestina: os palestinos foram e são oprimidos e colonizados pelos vencidos de outrora, que, entretanto, hoje, buscam reescrever parte de sua história sob a perspectiva dos "vencedores". Esta é uma das especificidades da opressão vivida pelo povo palestino: são "vítimas das vítimas", como assinalou Edward Said.

Como chegamos a isso? Como foi possível que, mais uma vez, o anjo da história tenha se alienado daquela catástrofe, permitindo o retorno do horror e do genocídio?

Em seu mais recente livro, *Doppelgänger: uma viagem através do mundo-espelho* (2023), a jornalista, escritora e ativista canadense Naomi Klein recorre a uma figura cara à psicanálise — o "duplo" — para buscar resposta a essa pergunta. Sigmund Freud, em seu famoso texto de 1919, *Das Unheimliche*, traduzido como "O infamiliar" (e também como "O inquietante", "O estranho" ou "O incômodo"), aponta que a figura do *doppelgänger*, do sósia, está entre as que mais produzem o efeito do infamiliar, uma palavra-conceito usada para descrever algo que provoca uma sensação de desconforto, estranheza ou angústia, muitas vezes em relação a algo familiar que adquire um aspecto ameaçador ou desconhecido. "O infamiliar é uma espécie do que é aterrorizante, que remete ao velho conhecido, há muito íntimo. Como é possível, sob quais condições, o que é íntimo se tornar infamiliar, aterrorizante, é algo a ser demonstrado na sequência", escreve Freud, que, nesse momento, desenvolvia suas ideias acerca da existência de instâncias psíquicas responsáveis pela censura e autocrítica no interior do eu — o que, em um nível consciente, identificamos como "consciência moral". A figura do duplo, portanto, seria um depositário fácil daquilo que é nosso, mas que nossa consciência moral condena, e vemos com repulsa e estranhamento, ainda que nosso.

Naomi Klein aponta que o Estado de Israel coloca em prática uma "política do duplo" que se dá em dois níveis: primeiro, reproduz na Palestina histórica o nacionalismo colonial europeu, o mesmo que por séculos promoveu a expulsão e perseguição dos judeus e culminou na Shoah [Holocausto] do século XX. O colonialismo sionista, logo após a Segunda Guerra Mundial, porém, diferencia-se de seu duplo europeu em alguns pontos: se, para os poderes coloniais do velho mundo, bastava a crença de uma posição de superioridade dada por Deus em relação a outros povos, os sionistas, além de reivindicar um direito divino sobre aquele território, apontavam também para o lugar de vítima e vulnerabilidade dos judeus para justificar por que, em um contexto mundial de descolonização, lhes deveria ser concedido o direito de colonizar. "Era como se a busca pela igualdade estivesse sendo reformulada não como o direito de estar livre de discriminação, mas como o *direito de discriminar*. Colonialismo como reparação pelo genocídio [sofrido]."

O segundo nível de sua "política do duplo", inerente à empresa colonial, é a outrificação do colonizado, do palestino, com base no racismo — algo incomodamente familiar para um povo que foi outrificado e racializado por séculos. Nesse sentido, é curiosamente triste como diversas afirmações antissemitas foram reeditadas ao longo das décadas em relação aos palestinos, tal como a negação dos judeus como um povo, que encontra eco na famosa frase de Golda Meir, primeira-ministra israelense entre 1969 e 1974: "Os palestinos não existem". A afirmação é repetida hoje por políticos e colonos israelenses que anseiam enviar a população de Gaza, boa parte refugiada dos territórios ocupados em 1948 e 1967, para outros países árabes. Impossível também não pensar na notícia falsa de que o Hamas teria decapitado "quarenta bebês" nos ataques de 7 de outubro de 2023, como o duplo de uma das maiores lendas antissemitas, o libelo de sangue, na qual os judeus são acusados de assassinar crianças cristãs para usar seu sangue em sacrifícios religiosos.

Os exemplos nesse sentido são inúmeros. Em todos, os palestinos não são reconhecidos como sujeitos, e não lhes é reconhecido o direito de lutar por autodeterminação e resistir legitimamente ao roubo de suas terras, às demolições de suas casas, às prisões ilegais, ao ataque de colonos armados, aos assassinatos, aos bombardeios — enfim, ao mais absoluto horror a que há meses assistimos. Em *Doppelgänger*, Naomi Klein escreve:

> Muitos líderes sionistas influentes retrataram toda a causa palestina como nada mais que ódio dos mais irracionais aos judeus, uma continuação ininterrupta do mesmo antissemitismo que resultou no Holocausto e que, portanto, precisava ser esmagado com o tipo de força militarizada que os judeus não puderam mobilizar na Europa controlada pelos nazistas. Dentro desse imaginário, o palestino, como o novo inimigo eterno dos judeus, foi tratado como tão ilegítimo, tão irracional, tão outro, que os israelenses acreditavam ter a justificativa para reconstituir muitas das formas de violência, de propaganda desumanizadora e de deslocamento forçado utilizadas para perseguir e desenraizar o povo judeu em toda a Europa durante séculos.

O palestino, quanto mais outrificado pelo sionismo, mais se assemelha ao judeu de outrora. Não à toa, as comparações nesse sentido, cada vez mais frequentes, tal como a do presidente Luiz Inácio Lula da Silva, geram tanto incômodo e rechaço naqueles que, assim, são obrigados, nesse jogo de espelhos, a ver-se como os duplos de seus algozes do passado, e a ver suas vítimas como duplos dos judeus desse mesmo passado.

Nossos duplos, porém, somos nós. A armadilha é acreditar que podemos eliminá-lo. Matar o duplo é matar a si mesmo, ideia que a ficção tão bem explora. O projeto sionista de extermínio do povo palestino é também uma política suicidária para Israel como projeto de nação. E é por isso ainda que, como aponta o judaísmo antissionista, a luta pela libertação dos palestinos é a luta pela libertação dos judeus.

BENJAMIN MOSER é escritor, tradutor e historiador estadunidense, autor dos livros *Sontag: vida e obra* (Companhia das Letras, 2019), pelo qual venceu o Prêmio Pulitzer, *Clarice: uma biografia* (Companhia das Letras, 2017) e *Autoimperialismo: três ensaios sobre o Brasil* (Crítica, 2016), entre outros.

Israel, sionismo, apartheid: o que você esperava?

BENJAMIN MOSER
Tradução Natalia Engler

> Escritores devem estar na vanguarda da minoria dissidente, daqueles que têm medo, daqueles que têm vergonha, daqueles que dizem "Não", daqueles que dizem "Estamos sangrando", daqueles que gritam "Pare".
> — SUSAN SONTAG

Hoje acordei mais uma vez com imagens da campanha de terror de Israel. Assisti a um vídeo de um menino de três anos tremendo incontrolavelmente. Não consegui suportar mais do que alguns segundos. Sei que milhares de crianças como ele estão mortas — uma criança é morta em Gaza a cada dez minutos — e que mais morrerão nas próximas horas e dias, e que mesmo aquelas que "sobreviverem" terão sido destruídas para toda a vida, e sinto uma raiva que acho difícil de expressar.

Eu não escrevo por raiva.
Mas às vezes você tem que gritar.
"Porque há o direito ao grito. Então eu grito". (Lispector, 1977)

O número de mortos está sujeito a algumas disputas tacanhas, principalmente porque Israel quase não permite a entrada de organizações humanitárias em Gaza. Mas já ultrapassou dez mil, onze mil, doze mil. Não precisamos ser matemáticos da morte para apontar que é mais do que Srebrenica, o pior massacre da Europa pós-Segunda Guerra.[1] De acordo com alguns relatos, são mais civis do que os mortos na invasão russa da Ucrânia.

O que escritores podem fazer diante de uma calamidade dessas? Podemos falar sobre aquilo que sabemos. Podemos falar sobre linguagem, sobre palavras.

Pode parecer muito pouco, mas, se as palavras não fossem importantes, Israel e seus capangas não disputariam cada vírgula em cada jornal. Isso obtém o efeito desejado. Pergunte a qualquer jornalista, a qualquer político, como é estar do lado oposto a essas pessoas.

E de qual palavra eles menos gostam?

> [O escritório do presidente sul-africano Cyril] Ramaphosa também disse que considera o tratamento de Israel aos palestinos uma forma de apartheid. [...] Israel tem rejeitado com vigor comparações com a África do Sul do apartheid, mas elas se tornaram mais comuns nos últimos anos, e a acusação de apartheid foi endossada por organizações internacionais de direitos humanos, incluindo a Anistia Internacional e a Human Rights Watch, bem como os grupos de direitos israelenses B'Tselem e Yesh Din.[2]

1 Durante a Guerra da Bósnia, mais de oito mil bósnios muçulmanos foram assassinados pelo Exército Bósnio da Sérvia em Srebrenica, no leste da Bósnia e Herzegovina, entre 11 e 25 de julho de 1995. [N.T.]

2 "South Africa Recalls Diplomats from Israel in Latest Strain over the War in Gaza", *The New York Times*, 7 nov. 2023.

Dá para entender por que eles não gostam dessa palavra, que simboliza o ponto mais baixo de nossa suposta civilização ocidental. No entanto, quando aplicada a Israel, a palavra "apartheid" é, quando muito, generosa.

Já escrevi[3] que o sistema de Israel é pior do que o apartheid. Especialmente se você, como eu, cresceu em um lar judeu e sionista, é inacreditável — no sentido de que realmente não dá para acreditar.

Qualquer descrição sempre será insuficiente.

É difícil acreditar se você não viu com os próprios olhos.

Ainda assim, você tem que se esforçar muito para não ver o que está acontecendo agora.

A Comissão de Verdade e Reconciliação [da África do Sul] constatou que houve sete mil mortes entre 1948 e 1989.

Em quatro semanas, Israel matou milhares de pessoas a mais do que o regime sul-africano nos 41 anos de apartheid — um regime que todos concordam que era racista e perverso.

É difícil enxergar na história sul-africana algo que possa se comparar a confinar 2,5 milhões de pessoas em uma prisão a céu aberto e bombardeá-las indiscriminadamente, matando uma criança a cada dez minutos.

E Israel é ainda mais deprimente, ainda mais sem esperança, por conta de outra grande diferença em relação à África do Sul. O apartheid sul-africano não tinha o apoio dos governos mais ricos e poderosos do mundo. Não tinha colunistas suplicando para que entendamos as "complexidades da região" ou explicando que o país se encontra em uma "região violenta".

Esse apoio é frágil. Mesmo depois dos horrores grotescos e filmados que o Hamas cometeu em 7 de outubro de 2023, Israel está conseguindo perder apoio. E Israel e seus "apoiadores" — será que eles realmente "apoiam" o que está acontecendo agora? Será? — estão ficando mais estridentes.

3 "A Trip to Hebron: The Worst Place in the World", *Urubuquauá*, 1º jun. 2021.

O clima de censura é sufocante. Muitos daqueles que passaram anos gritando sobre "cultura do cancelamento" estão demitindo professores, proibindo livros, aplaudindo a prisão de manifestantes pacíficos. As pessoas estão perdendo seus empregos. Escritores e artistas estão sendo excluídos de plataformas. Até organizações *judaicas* em favor da paz estão sendo banidas.

Funcionou por um tempo. Mas as pessoas conseguem ver um hospital bombardeado. Elas conseguem ver uma criança tremendo.

> O percentual exato de judeus na Palestina antes do surgimento do sionismo é desconhecido. No entanto, provavelmente variava de 2% a 5%. De acordo com registros otomanos, uma população total de 462.465 residia em 1878 no que hoje é Israel/Palestina. Desse número, 403.795 (87%) eram muçulmanos, 43.659 (10%) eram cristãos e 15.011 (3%) eram judeus. (Dowty, 2008, p. 13)

Você pode discutir, se quiser, o uso da palavra "apartheid". Mas quando colocada ao lado de outra palavra, "sionismo", ela parece inevitável.

Dá para entender por que tantas pessoas acreditaram que o sionismo era uma boa ideia. Nós conhecemos os seis milhões de motivos pelos quais os judeus sentiram que não podiam confiar no mundo exterior. Mas, em termos práticos, o sionismo significava importar uma grande população estrangeira para tomar posse de uma terra completamente habitada. A população local reagiu mais ou menos como se poderia esperar.

As pessoas sempre perguntam, e apenas no contexto de Israel, se achamos que o país tem o "direito de existir".

Por que só Israel?

Muitos Estados têm um histórico de despossessão, guerra e conquista — é difícil pensar em qualquer um que não tenha. Muitos Estados cometem crimes horríveis — é difícil pensar em qualquer um que não cometa.

Mas a insistência nessa frase revela uma insegurança. Será que uma população que, há pouco mais de um século, representava não mais do que 5% de um país tem o direito não apenas de viver como cidadãos desse país mas de impor uma hierarquia racial segundo a qual os habitantes originais estão no patamar mais baixo?

Claro que sim, se você acreditar no direito de conquista — considerado um direito legítimo na maior parte da história humana. A questão é: a maioria das pessoas nos dias de hoje não acredita mais no direito de conquista, assim como não acredita no direito divino dos reis. É um "direito" que entra em conflito com a autorrepresentação preferida de Israel, a de ser uma democracia. Que tipo de democracia mantém metade de sua população nas condições em que vivem os palestinos? Apesar dos massacres, das expulsões, da discriminação, os palestinos ainda são metade da população de Israel/Palestina. Os palestinos não têm direitos civis — ou uma pequena minoria tem direitos limitados como cidadãos de segunda classe de Israel.

Israel é uma democracia no sentido de que há eleições regulares. Isso também era verdade na África do Sul — e, por falar nisso, nos Estados Confederados da América.[4] Ainda assim, por algum motivo, quando pensamos em democracias, nenhum deles vem à mente.

"Não é minha função te educar" — frase irritante, mas precisa.

Da mesma forma que pessoas negras cansam de se explicar para os brancos ou os gays cansam de se explicar para os heterossexuais, os palestinos e seus aliados estão cansados de falar com pessoas que não se dedicaram a se educar. É exaustivo ter que desviar de todos os obstáculos retóricos. Falo por muita gente quando digo que estou cansado de perguntas condescendentes.

4 Os Estados Confederados da América, também conhecidos apenas como Confederação, foram uma união política de estados escravistas do Sul dos Estados Unidos, que se opôs ao Norte abolicionista na Guerra da Secessão (1861-1865). [N.T.]

"Vocês denunciam o Hamas?" — o que na verdade quer dizer: vocês apoiam a decapitação de senhoras idosas, o assassinato de adolescentes em um festival de música e o sequestro e tortura de crianças? "O que vocês pensam sobre o antissemitismo?" — quer dizer, o ódio ao povo judeu que levou às câmaras de gás? "Vocês se lembram do Holocausto?" — quer dizer, no meu caso e de muitos outros, o que aconteceu com nossas próprias famílias?

Essas perguntas fazem parte da névoa retórica. Se você é pró-palestinos — e mesmo se você é um dos milhões de judeus e israelenses pró-palestinos —, você gasta muito tempo tranquilizando as pessoas de que não é ignorante, nem racista, nem psicótico.

"todas as mulheres. em mim. estão cansadas" (Waheed, 2014).

Aqueles que não veem o que está acontecendo em Israel podem eles mesmos tentar responder a algumas perguntas. Se você acha que Israel não é uma tirania racial, pergunte-se: tenho realmente prestado atenção? Realmente busquei me educar? Ou estou apenas repetindo os dogmas com os quais cresci?

Você leu algum livro sobre a Nakba? Visitou a Palestina? Tirou apenas um minuto para pesquisar no Google "violência colonos Cisjordânia"? Ou parou para ouvir as declarações chocantemente racistas do governo israelense, coisas que seriam consideradas fora dos limites até mesmo vindas de autoridades russas ou iranianas? Você acha que essas são palavras e ações de pessoas que estão buscando a paz?

Ainda assim, é um erro se concentrar nessa ou naquela calamidade específica, nessa ou naquela declaração chocante. Olhe para a questão de forma mais geral. Quando você observa a história de Israel e da Palestina, você acha que o sionismo, ainda que seja uma ideia *compreensível*, foi uma ideia *boa*? Para mim, é uma pergunta engraçada. Até os meus vinte e poucos anos, eu não tinha conhecido — não que eu saiba — uma única pessoa que, embora pudesse discordar dessa ou daquela política do governo israelense, pensasse em questionar a qualidade positiva básica do sionismo. Isso me parece inacreditável agora. Porque é difícil imaginar como uma ideia tão obviamente falha poderia ter tido um resultado diferente.

Como isso não era — não é — óbvio?

Antes, a resposta teria sido: por causa do sofrimento dos judeus. Agora: por causa da névoa retórica. Porque, de verdade, se você analisar a ideia do sionismo de levar milhões de pessoas "para casa" em um país quase totalmente habitado por outro povo, parece bastante óbvio que iria acontecer exatamente o que aconteceu, e parece bastante óbvio que a catástrofe atual não é produto desse ou daquele líder ruim, dessa ou daquela política míope, mas a *consequência inevitável* de uma péssima ideia.

"Qualquer que seja a natureza da sociedade soviética hoje, a União Soviética está, em grande parte e considerando o equilíbrio de poder, do lado daqueles que lutam contra as formas de exploração que nos são tão familiares" (Merleau-Ponty & Sartre, 1950).

Quando vejo os defensores do sionismo e de Israel hoje, penso nos defensores do comunismo soviético. Como Sartre, muitos eram brilhantes. Amavam a humanidade. Odiavam as crueldades do capitalismo. E estavam certos em odiá-las. Ainda assim, no fim, todos menos os mais fanáticos deixaram de defender a Rússia de Stálin. Muitos insistiram que o verdadeiro comunismo era outra coisa. Talvez algo mais parecido com a China de Mao — que, por algum tempo, teve seus admiradores. Ou com o Vietnã do Norte de Ho Chi Minh, igualmente. Ou Cuba: não consigo contar quantas conversas tediosas tive na América Latina sobre Cuba. Eu ajustaria o sistema apenas um pouquinho, dizia meu interlocutor, permitindo que os cidadãos abrissem negócios, por exemplo, ou dando às pessoas a liberdade de ir e vir. Em outras palavras, o sistema seria ótimo *se fosse um sistema totalmente diferente*!

Esses argumentos eventualmente desmoronaram sob o peso de seu próprio absurdo, e assim será com os defensores de Israel. Acho que é por isso que a gritaria é tão alta agora. O clima de censura é insuportável. A unanimidade dos governos que apoiam esse massacre parece inquebrável. Mas isso não vai durar. Porque, quanto mais eles gritam, nos ameaçam, nos censuram, mais as pessoas os enxergam — eles e sua causa — como realmente são. Porque todos os gritos, todas as ameaças, toda a censura levantam outra questão. Essas são táticas de um movimento convencido de que pode vencer por meios democráticos?

"Nos Estados Unidos, eu cresci acreditando vagamente que Israel era um Estado justo e democrático, e que os judeus tinham uma pátria. Eu queria que isso fosse verdade. Então visitei a Palestina. O que vi não é o que eu queria ver. É indefensável."[5]

Os defensores do sionismo sabem que estão defendendo um regime indefensável, e é por isso que os vemos se debater. Cada bomba, cada criança assassinada, é prova de que apoiaram uma péssima ideia. Ninguém gosta de admitir que estava errado. Mas eles não defendem isso com o coração — especialmente aqueles corações que, em todas as outras questões, pertencem à esquerda. Sinto uma vergonha ancestral quando ouço, como ouvi outro dia, que a bandeira de Israel se tornou o equivalente ao boné MAGA.[6]

Durante muito tempo, gente demais deu sua contribuição emocional e intelectual para uma causa racista e de extrema direita, abraçada por Donald Trump, Marine Le Pen e Jair Bolsonaro. Era uma contradição fadada a colapsar. Com esse colapso, Israel perde muito mais do que perdeu em 7 de outubro de 2023. O que Israel está perdendo é seu direito moral e intelectual de existir. Porque um regime que mata uma criança a cada dez minutos — não importa qual tenha sido a "provocação" — não é um regime que valha a pena defender. O que vale a pena defender é

5 Vincent Bevins. X: @Vinncent, 3 nov. 2023.

6 Sigla do slogan *Make America Great Again*, "torne os Estados Unidos grandiosos outra vez", em tradução livre, usado por Donald Trump e seus apoiadores. [N.T.]

o compromisso com a igualdade cívica que sustenta toda democracia digna desse nome.

Para judeus que não são religiosos, esse é o nosso compromisso moral e político básico. Sabemos que fomentar o ódio — contra quem quer que seja, em qualquer lugar — é a maior ameaça aos judeus.

"Netanyahu [...] teria dito que aqueles que se opõem a um Estado palestino deveriam apoiar a transferência de fundos para Gaza, porque manter a separação entre a Autoridade Palestina na Cisjordânia e o Hamas em Gaza impediria que se estabeleça um Estado palestino."[7]

É fácil culpar Netanyahu. Embora muitos o odeiem, quase todos os políticos estadunidenses e europeus estão marchando de braços dados com ele. Mas Netanyahu é irrelevante. Enfocar uma única figura é como culpar Donald Trump pelos problemas dos Estados Unidos ou Jair Bolsonaro pelos problemas do Brasil. Alguém como Netanyahu estava fadado a surgir a partir da ideia de que se pode tomar um país, remover seus habitantes e colocar outro povo no lugar.

Na África do Sul, muitas pessoas aparentemente razoáveis de "centro" esperavam que seu sistema pudesse ser gentilmente reformado. Mas não há reforma para o sionismo, assim como não havia para o apartheid. O apartheid podia, pelo menos, ser abolido. Leis podiam ser alteradas. Havia outro modelo: a democracia multirracial. É difícil enxergar de que forma o sionismo poderia ser corrigido. É difícil enxergar de que forma toda essa matança poderia levar a qualquer arranjo político estável. Essa é a parte complicada. Mas as condições básicas, as perguntas básicas?

7 "For Years, Netanyahu Propped Up Hamas. Now It's Blown Up in our Faces", *The Times of Israel*, 8 out. 2023.

"A coisa mais chocante sobre o tempo que passei lá foi o fato de que não é nada complicado."[8]

Estamos entrando na Israel longa, o equivalente geopolítico da covid longa. A campanha de limpeza étnica eventualmente reduzirá os palestinos — sobreviventes esfarrapados do grupo que um dia representou 95% da população — a sobreviventes de sobreviventes. A extrema direita israelense será fortalecida. Seu fanatismo tornará impossível que os israelenses "normais" — as pessoas razoáveis, as pessoas que amam a paz — vivam suas vidas. Um por um, eles se juntarão às grandes comunidades de compatriotas que já vivem em Amsterdã, Paris, Los Angeles e Berlim. E o país se tornará o que só poderia ter se tornado: uma tirania militar, uma versão judaica do Egito ou da Arábia Saudita.

O que podemos fazer em relação a isso?

Nada.

Mas, por enquanto, enquanto as bombas caem, pelo menos podemos dispersar a névoa retórica.

Podemos insistir em usar palavras reais.

Referências

DOWTY, Alan. *Israel/Palestine*. Cambridge: Polity, 2008.

LISPECTOR, Clarice. *A hora da estrela*. Rio de Janeiro: José Olympio, 1977.

MERLEAU-PONTY, Maurice & SARTRE, Jean-Paul. "Les jours de notre vie", *Les Temps Modernes*, v. 5, n. 51, jan. 1950.

WAHEED, Nayyirah. *Nejma*. Edição da autora, 2014.

8 "Ta-Nehisi Coates Speakes Out against Israel's Segregationist Apartheid Regime after West Bank Visit", *Democracy Now!*, 2 nov. 2023.

MARCIO FARIAS é professor do Departamento de Psicologia Social da Pontifícia Universidade Católica de São Paulo (PUC-SP) e membro do Núcleo de Estudos e Pesquisas da Afro-América (Nepafro).

Questão judaica e emancipação humana

MARCIO FARIAS

Um componente pouco debatido na Questão Palestina — embora seja um dos pontos nodais da situação que envolve palestinos e israelenses — é a relação entre raça e política. A raça é um determinante social da modernidade que ergue paredes de vidro e muros intransponíveis. Sua expressão enquanto fenômeno social exige que a raça também seja a maneira pela qual os sujeitos assim interpelados se articulem. Os judeus, por exemplo, em diferentes realidades nacionais, viveram e vivenciaram uma posição racializada. Não por menos, Marx, ao analisar a questão judaica na Alemanha da primeira metade do século XIX, diferencia a noção de emancipação política e de emancipação humana. Ao lutarem pela liberdade de culto que lhes era vedada pelo Estado cristão, os judeus alemães reafirmaram a sua particularidade enquanto grupo. Ao reivindicar sua particularidade, permaneceram atrelados ao Estado que os aprisionava. No entanto, foi sobre essas condições que o Estado os interpelou, e foi a partir dessa interpelação que lutaram. Os judeus foram mantidos, assim, em um Estado cristão lutando pela liberdade de culto. Tratava-se, pois, de uma emancipação política. Essa emancipação é fruto de sua articulação enquanto grupo. Difere, portanto, da luta pela emancipação humana, em que as especificidades se diluem e se afirma não mais as particularidades, mas o gênero humano como um todo. Nesse sentido, a emancipação política é um processo de luta parcial, mas que cria possibilidades, diante do avanço da conscientização, de saber ao lado de quem (outras lutas particularistas) e contra quem (o Estado) se luta, e, assim, de que os particularismos possam emanar solidariamente contra um adversário comum.

Um século depois, na França, Jean-Paul Sartre refletiu sobre o racismo sofrido pelos judeus. A quadra histórica já tinha como referência o antissemitismo alemão e a complacência de setores da sociedade francesa, por isso a situação do judeu enquanto ser era o ângulo ao qual parte da reflexão de Sartre se dirigia. Se, para Sartre, o ser é um ser para a liberdade em situação, há de se analisar as condições para a liberdade autêntica e inautêntica:

> O judeu não escapa à regra: a autenticidade, para ele, é viver até o fim a sua condição de judeu; a inautenticidade, negá-la ou tentar elidi-la. E a inautenticidade é, sem dúvida, mais tentadora para ele do que para os outros homens, porquanto a situação que lhe cumpre reivindicar e viver é, sem dúvida, mais tentadora para ele do que para os outros homens, porquanto a situação que lhe cumpre reivindicar e viver é simplesmente a de mártir. (Sartre, 1968, p. 53)

Entre ser autêntico e ser inautêntico, o judeu vive a sua racialização e também sua condição política. Transcende a sua condição de classe, pois, proletário ou burguês, o seu ser sempre vem acompanhado do atributo "judeu". Nesse sentido, as formas políticas a partir dessa experiência serão sempre as da emancipação política, porque a sua luta será pela particularidade que o interpela enquanto ser. Essa não é uma característica exclusiva do ser e estar judeu no mundo contemporâneo. Negros, palestinos, indianos, ciganos e toda sorte de sujeitos racializados estão sob o signo da raça; portanto, vivenciam o dilema entre ser autêntico e ser inautêntico enquanto singularidade (emancipação política) e em termos de particularidade (emancipação humana).

No entanto, há aspectos da experiência judia que diferem de outras experiências racializadas: a maioria dos judeus é branca, e o privilégio de ser branco muda radicalmente a sua condição. Aimé Césaire, no mesmo contexto de Sartre, indica essa diferenciação: o debate em torno dos direitos humanos, lastreado pelo Holocausto, novamente colocava a Europa diante da questão mais fundamental do que é o ser humano e de quais são seus atributos, suas necessidades e seus direitos. Césaire se referia ao fato de que a dor judia havia comovido a opinião pública diante da barbárie nazista. No entanto, o que Hitler fez foi aplicar dentro da Europa os métodos coloniais empregados alhures pelos europeus. Enquanto a mais brutal colonização recaiu sobre não europeus, diferentes destes em suas características fenotípicas, não houve clamor, apenas complacência.

Por isso, a distinção feita por Oliver Cox em relação ao racismo e à intolerância é um bom marcador analítico para a diferenciação dessas condições de racialização. Para Cox, em várias culturas há uma intolerância aos judeus, mas eles não são vistos como inferiores e sim como competidores. Já o racismo contra negros, palestinos e outros grupos parte da ideia de inferioridade racial e, como ideologia, veta a esses grupos a possibilidade de plena integração na sociedade. Contra todos os grupos racializados, incluindo os judeus, pode haver, a depender da realidade nacional, ações intensamente violentas, porém por razões, motivações e objetivos distintos. Esses pontos nos indicam que a assertiva de W. E. B. Du Bois sobre raça e modernidade permanece válida.

Em 1903, Du Bois lançou seu mais importante trabalho, *As almas da gente negra*, que logo se tornou um clássico sobre o tema das relações raciais. O livro traz alguns ensaios sobre os dilemas centrais dos Estados Unidos na época, um país que nos marcos do século XX ainda era modelado por relações que barravam a plena inclusão da população negra. Alicerçada numa sólida formação intelectual, Du Bois, quase como um adágio, sentencia qual é a característica que considerava elementar de uma das maiores antinomias da modernidade estadunidense e, consequentemente, uma das contradições centrais do capitalismo: "O problema do século XX é o problema da barreira racial — a relação das raças mais escuras com as raças mais claras na Ásia e na África, na América e nas ilhas oceânicas" (Du Bois, 1999, p. 64).

O ponto é que, sob o signo da raça, em muitas circunstâncias, esses grupos organizaram suas identidades, ergueram suas bandeiras e afirmaram suas pautas políticas. O caso judeu é emblemático: a secular perseguição a esse povo ganha contornos dramáticos e desumanos ao longo do século XX, culminando no avanço do Holocausto, processo premeditado de extermínio de judeus baseado em uma ideia de raça. Nesse sentido, a criação do Estado de Israel, como uma das respostas da comunidade internacional ao nazismo, foi um ato que buscou ancorar de maneira substantiva uma nova era para parte dos judeus dispersos mundo afora.

O problema é que esse processo foi investido de uma postura de fixação identitária cuja forma política é o sionismo, uma espécie de glorificação simbólica da condição judaica. Em um essencialismo a-histórico, fundiu uma luta justa por dignidade a uma mistificação do legado judeu, e consolidou uma ideologia que justifica a ação permanente de Israel frente ao povo palestino, como reitera Clóvis Moura: "Os Estados Unidos e Israel não querem aceitar que o sionismo seja considerado racismo. Ora, o que procuram discutir ao que parece não é o sionismo, mas o poder da República de Israel contra os palestinos. Ora, combater-se o sionismo, ideologia que defende o mito de 'raça eleita', não é ser antissemita, pelo contrário".[1]

Numa espécie de armadilha da identidade, a posição de emancipação política dos judeus se cristalizou e ganhou forma de Estado sem um horizonte de radicalização. Produziu uma ação

1 "Sociólogo critica 'cinismo étnico' no país", *A Notícia*, 23 set. 2001.

política conservadora e, em um segundo momento, flertou abertamente com o fascínio da raça — consequentemente, impermeável não só às críticas, mas incapaz mesmo de um horizonte razoável de alteridade, de emancipação humana:

> Quão longe estamos hoje do perfil que desenhávamos sobre o judeu errante ou nômade. A fundação do Estado de Israel como o lar nacional dos judeus, ao lhes oferecer um território, também os reterritorializou subjetivamente. O israelense devia ser duro, forte, vencedor, e se descolar ao máximo da imagem do judeu diaspórico, frágil, vulnerável, apátrida. Não faltaram intelectuais israelenses para colocar em questão tal imagem arrogante: os escritores Amós Oz e David Grossman, a poeta Lea Goldberg, o cineasta Amós Gitai, o filósofo e biólogo religioso Yeshayahu Leibowitz (que, ao se referir à ocupação da Cisjordânia, cunhou a expressão intolerável para um israelense: o nazissionismo!), o ativista e jornalista Uri Avnery — são alguns de uma lista imensa.
>
> Não obstante, a Guerra dos Seis Dias, a conquista de territórios palestinos, os mecanismos cada vez mais perversos na gestão da população submetida, a crescente veneração do Estado, a supremacia do exército, a miragem de uma Terra Santa e do direito bíblico do "povo eleito" a ela, assim como o alinhamento incondicional com os Estados Unidos desembocaram no que vemos hoje — a mais sinistra aliança entre a extrema direita nacionalista e colonialista e o fundamentalismo religioso.
>
> O pior, se arriscássemos uma reflexão mais ampla, é que o Estado de Israel reivindica o direito exclusivo de representar o judaísmo mundial e herdar o seu legado. Dita-lhe, assim, a forma nacional e a coloração política. É um sequestro da multiplicidade que antes compunha a memória histórica da diáspora.[2]

2 "Pelbart: ser judeu no Brasil, um relato pessoal", *Outras Palavras*, 20 out. 2023.

As vozes judaicas que reivindicam uma radicalização, sem perder jamais a autenticidade de seu pertencimento, como é o caso do filósofo Peter Pál Pelbart, se somam aos gritos de uma comunidade internacional antirracista e anti-imperialista que ainda clama por transformação. Nesse sentido, um outro racializado da história, Malcolm X, ao perceber a conexão intrínseca entre capitalismo e racismo, tal como podemos ainda hoje observar, se conecta à agenda de um judeu alemão do século XIX que falou de emancipação política, mas também de emancipação humana, que, nos dizeres de Marx, era o processo de tomada de consciência universal entremeada pela vida concreta daqueles que encarnam nos limites as contradições, as dores e a violência do capital. Por isso, por todos os meios necessários, Palestina Livre, hoje e sempre.

Referências

COX, Oliver Cromwell. "Race prejudice and intolerance: A distinction", *Social Forces*, v. 24, n. 2, 1945.

DU BOIS, W. E. B. *As almas da gente negra*. Rio de Janeiro: Lacerda, 1999.

MARX, Karl. *Sobre a questão judaica*. São Paulo: Expressão Popular, 2009.

SARTRE, Jean-Paul. *Reflexões sobre o racismo*. São Paulo: Difusão Europeia do Livro, 1968.

BRUNO HUBERMAN é professor de relações internacionais na Pontifícia Universidade Católica de São Paulo (PUC-SP) e integrante do coletivo Vozes Judaicas por Libertação. É autor de *Colonização neoliberal de Jerusalém* (Educ, 2023).

Solidariedade com a Palestina, encontro com a judeidade

BRUNO HUBERMAN

Nunca tive uma relação pacífica com a minha identidade judaica. A infância foi marcada por inesgotáveis piadas de amigos. Contudo, isso não resultou num desejo de rejeição nem ocultamento dessa identidade. Apesar da tensão, havia bastante orgulho, um identitarismo judaico que carrego comigo até hoje. Para mim, as comédias judaicas são as melhores. Amo as comidas *ashkenazim*, oriundas do Leste Europeu, como *vareniks* e *guelfite fish*. E quero ainda conhecer o vilarejo onde nasceu meu avô paterno, Kazimierz Dolny, no sudeste da Polônia.

Refiro-me a essa experiência individual, pois, como judeu, a minha identidade está necessariamente vinculada à minha solidariedade com a Palestina. Judeus que se solidarizam com os palestinos normalmente têm a sua judeidade contestada. Acho importante reforçar aqui a minha vinculação contraditória com o judaísmo. E ressaltar que minha identidade sofreu um importante deslocamento nesses anos de aproximação com a Questão Palestina. A forma como passei a experenciar a minha judeidade tem sido, principalmente, atravessada pela solidariedade com o povo palestino.

Israel nunca teve centralidade na minha vida. Além da minha família, durante a juventude, o principal espaço de convivência judaica foi o clube A Hebraica, em São Paulo. Mesmo ali, nos anos 1990, Israel não parecia ter uma centralidade explícita. Éramos judeus, não israelenses. Eu mesmo só fui entender o que significava sionismo na vida adulta, quando viajei para Israel pela primeira vez.

Aos 23 anos, fiz um programa chamado Taglit, organizado pela ONG Birthright Israel, que, como o nome diz, concede a todos judeus o direito de conhecer Israel. Fiquei dez dias no país e logo percebi que se tratava de lavagem cerebral. O objetivo do Taglit era nos convencer da vinculação inescapável entre judaísmo, sionismo e Israel. Embora eu soubesse pouquíssimo da história israelense, a minha experiência no movimento estudantil universitário havia construído uma posição crítica sobre a Questão Palestina. Logo, houve uma resistência imediata ao discurso oficial transmitido pelos guias do Taglit. E senti falta de explicações em outra direção.

Após o programa, fiquei alguns dias no país para entender mais o lado palestino. Junto de outros integrantes do programa, visitamos o campo de refugiados de Deheishe, em Belém, onde fomos recebidos por um palestino que ali residia. Ele mostrou o mapa da Palestina histórica e, quando perguntou qual país era aquele, eu respondi: "Israel". Ele sorriu e replicou: "Não, Palestina". Aquilo ficou comigo.

Depois da visita, uma companheira de viagem afirmou que o meu posicionamento crítico a Israel deveria ser algum problema psicológico vinculado a minha mãe. Foi a primeira vez, de muitas, que ouvi de judeus que a minha solidariedade com a Palestina, ainda bastante tímida naquele contexto, seria fruto de um conflito pessoal com a minha identidade: um "auto-ódio" que resultaria num "ódio" à nação judaica. Essa crítica judaica a judeus críticos de Israel demonstra a hostilidade da comunidade judaica com membros que contestam a hegemonia sionista. A partir da criação de Israel, em 1948, o sionismo foi crescentemente se tornando hegemônico entre os judeus de todo o mundo, seja por meio do convencimento, seja por meio da força. Os espaços judaicos não sionistas praticamente desapareceram, inclusive no Brasil. Da mesma forma como Israel expandiu a colonização da Palestina, também consolidou a colonização do judaísmo.

O sionismo construiu uma nova forma de ser judeu e a homogeneizou na vinculação incondicional com Israel. Para muitos, ser judeu se tornou ser sionista. Isto é, viver a cultura israelense, falar hebraico e visitar o país regularmente, ou até mesmo ir morar lá e servir no exército para proteger a pátria judaica. E defender Israel de praticamente qualquer crítica. Sendo oriundo de uma família do Leste Europeu, estranhei ver faláfel, homus e narguilé se tornarem itens cotidianos em casas de famílias judaicas *ashkenazim*, como a minha. Um caso da minha infância remete a esse esforço de "israelizar" as comunidades judaicas. Eu frequentava a colônia de férias do movimento juvenil sionista da Hebraica, chamado Hebraikeinu. Em um acampamento no interior de São Paulo, lembro de uma espécie de treinamento militar com rastejamento e travessia em ponte de madeira sobre um rio. Em outro dia, colegas haviam sido "sequestrados" no acampamento. Me apavorei. À noite, me acordaram dizendo que eu deveria sair do quarto e fazer guarda das bandeiras de Israel e do Hebraikeinu contra um "ataque terrorista". Comecei a chorar de medo e não fui.

Essa experiência revela o esforço dos movimentos sionistas ao redor do mundo em incutir medo em crianças judias que, normalmente, têm vidas abastadas e seguras em cidades como São Paulo. Essas atividades buscam reproduzir a experiência de viver na fronteira colonial israelense diante da resistência palestina, às vezes violenta, que almeja libertar a sua nação. Por muito anos, eu apaguei esse momento da minha memória. Só fui me recordar disso na minha segunda viagem à Palestina. Estava no Vale do Rio Jordão, território militarmente ocupado por Israel. Drones israelenses sobrevoavam as nossas cabeças e veículos militares patrulhavam as ruas. Estávamos conversando sobre o militarismo israelense quando outro amigo judeu se lembrou de suas experiências de infância. A vinculação direta com o ambiente onde estávamos reativou a minha memória.

Retornei à Palestina muitas vezes mais, principalmente por meio de programas organizados pela Rede Educacional pelos Direitos Humanos em Palestina/Israel (FFIPP-Brasil). Através da pesquisa acadêmica e da militância política, fui me aproximando cada vez mais da história e do presente da Palestina. Aprendi com os palestinos a importância da solidariedade radical para além dos discursos fáceis de algumas lideranças e de inócuas resoluções da ONU. Contudo, nos primeiros anos de envolvimento com a solidariedade palestina, não atuava como judeu, e sim como brasileiro. Obviamente, não deixei de ser judeu, mas não me interessava atuar em grupos que tivessem centralidade na identidade judaica. Os grupos judaicos que se mobilizavam de forma crítica a Israel no começo dos anos 2010 ainda giravam em torno da identidade sionista e da reconstrução do sionismo, o que me afastava.

Eu nunca havia conscientemente me identificado como sionista, embora, inconscientemente, reproduzisse discursos sionistas. Um exemplo era a defesa da excepcionalidade do Holocausto judeu, que seria incomparável a qualquer outro genocídio na história, como a Nakba palestina de 1948. Essa excepcionalidade é fundamental para justificar a excepcionalidade judaica e de Israel, permitindo o branqueamento, a lavagem dos crimes israelenses. Isso me permitiu perceber como o sionismo é uma ideologia que cava fundo na identidade judaica, e que o rompimento com essa ideologia seria mais doloroso e trabalhoso do que eu imaginava.

Um marco na transformação de como me solidarizo com a Palestina e me identifico como judeu foi na mobilização, ao lado de outros judeus antissionistas, em 2014, contra o massacre que Israel estava cometendo em Gaza. Fizemos um ato em frente ao Consulado de Israel, em São Paulo, que chamou mais atenção do que esperávamos. Foi a primeira vez que vi a importância de me posicionar como judeu em solidariedade à Palestina. Contudo, tivemos dificuldade em avançar na organização de um grupo coeso formado por judeus antissionistas e que tivessem na solidariedade com a Palestina o centro de sua ação. Isso mudou em 2023, quando o ataque do Hamas em 7 de outubro e o genocídio de Israel em Gaza levaram a uma nova mobilização de judeus antissionistas. O resultado foi a consolidação do coletivo Vozes Judaicas por Libertação (VJL) depois de anos de gestação. O VJL marca uma geração de jovens judeus que têm em Israel o centro da sua identidade, mas por meio da rejeição ao sionismo.

Certamente, o meu envolvimento com a solidariedade palestina me fez mais judeu. E permitiu um apaziguamento com a minha identidade através do encontro com uma judeidade que não fosse sustentada na defesa do Estado colonial de Israel. Entrei em contato com um judaísmo que desconhecia, que remete ao constante deslocamento dos judeus ao redor do mundo e da sua convivência harmoniosa com o Outro. Um judaísmo fundado na luta contra as opressões. Esse judaísmo, entretanto, é reivindicado por diversos grupos judaicos, inclusive sionistas. Nessa disputa, defendo a necessidade de reconstruir uma judeidade que tenha em seu centro a convivência harmoniosa com os palestinos na Palestina para além da coexistência fria de cada povo em sua "caixinha", isto é, em seu Estado etnicamente centrado.

Da mesma forma como as comunidades judaicas construíram relações harmoniosas em países distintos, como Brasil, Estados Unidos e África do Sul, entendo ser fundamental que essa experiência de convivência se transfira para a Palestina, como reivindica Judith Butler. A Palestina não pode ser uma exceção na experiência judaica. Acredito que a verdadeira integração entre judeus e palestinos, tal qual a integração dos judeus em outras nações ao redor do mundo, é o que permitirá a convivência harmoniosa e pacífica na Palestina.

O antissionismo, entretanto, não deve ser uma identidade-fim para os judeus. É fundamental recuperar a ancestralidade judaica de resistência e harmonia para construir um futuro judaico harmonioso com o Outro em todo mundo. Esse futuro judaico começa com a solidariedade radical com a Palestina. E continua com a rejeição à hegemonia sionista sobre o judaísmo. A descolonização da Palestina envolve a descolonização simultânea do judaísmo pelo sionismo.

VOZES JUDAICAS POR LIBERTAÇÃO é um coletivo fundado em novembro de 2023 por judeus não sionistas que tem como objetivo criar um espaço alternativo à ideologia sionista e combater o colonialismo do Estado de Israel, reivindicando mobilizações antirracistas e anticoloniais pela libertação de povos racialmente subalternizados na Palestina, no Brasil e em todo o mundo.

Para estarmos inteiros

VOZES JUDAICAS POR LIBERTAÇÃO

Para nós, a solidariedade ao povo palestino é, ao mesmo tempo, um ponto de partida e um ponto de chegada dentro e a partir de nossas identidades. Entre esses pontos há um caminho percorrido de posicionamentos aparentemente conflitantes, que acabaram por gerar rupturas e rompimentos. É possível cultivar a solidariedade ao povo palestino no solo de uma identidade judaica monopolizada pelo sionismo? Foi necessário discernimento: dos solos dessa pergunta, com o tempo, com as escutas e as vivências — e principalmente com o encontro com o "outro" em nós mesmos —, percebemos que a questão não habitava nossa judeidade em si, mas sua asfixia pela ideologia exclusivista e excludente do sionismo sob a qual fomos criados, em maior ou menor grau.

O sionismo, desde aquele dito progressista, intelectualizado, "de esquerda", até o mais estreitado aos moldes fascistas, organiza e define nossa realidade como "judeus da diáspora" — sempre em referência à centralidade do Estado de Israel como a garantia de nossa segurança e existência. Ele organiza e limita também a relação com a região por uma perspectiva orientalista, isto é, numa relação de alteridade em que Israel representa o progresso e a civilidade, e os palestinos e seus vizinhos, a barbárie. A Nakba, limpeza étnica que borrou dois terços da Palestina e dos palestinos do mapa a partir de 1947, é tratada como uma ação inevitável que os sionistas foram forçados a tomar como condição de existência em um mundo pós-Holocausto nazista. Essa noção de isenção de responsabilidade por um dos maiores deslocamentos forçados de populações do século XX abre espaço para a desumanização de um povo cuja existência, supostamente, minaria a segurança do povo judeu. E esse regime, que se revelou na prática e ao longo da história recente como um apartheid, é hoje responsável pelo terrível genocídio a que assistimos ao vivo nos últimos meses.

Daí a necessidade de rompimento com esse ciclo identitário, que não possui elementos para compreender sua agência na eliminação em curso do povo palestino, originário da terra onde hoje Israel está estabelecido. Por essa razão também a urgência da elaboração de uma forma de existir que não esteja condicionada à eliminação do outro, mas que, pelo contrário, possa pensar as possibilidades de existir para, com e junto ao outro. A construção de uma identidade judaica condicionada ao etnonacionalismo sufocou e segue sufocando outras formas de expressão da identidade judaica. Por isso, ressaltamos que as instituições e narrativas judaicas sionistas não falam em nome de todos os judeus. A própria noção dos judeus como uma população homogênea borra também um mosaico de diversidade cultural construído ao longo de milênios nos mais diversos rincões do globo, no qual judeus conectaram sua fé judaica à cultura nativa de cada povo. Esse reconhecimento, no entanto, não é suficiente quando o assunto é uma solidariedade radical.

Ser "solidário" traz em sua definição a integralidade, uma solidez que carrega todos consigo, e não apenas alguns. Como um paradoxo, ficou muito nítido que o caminho para sermos solidários implicou nos fraturarmos em muitos pedaços, primeiro, para então encontrarmos a integralidade com nossos valores. Nosso encontro como grupo, baseado nos valores inegociáveis da solidariedade e da justiça, nos ajuda a reinaugurar o significado de nossa judeidade como um lugar de potência e união, não apenas entre nós, mas com todos aqueles que comungam dos nossos valores, independentemente de barreiras étnicas ou religiosas. Romper com a premissa apartadora do sionismo permite construir, no diálogo entre nós e com outros grupos, um lugar seguro para explorar uma identidade judaica que não gravita em torno de Israel.

O ponto de partida, portanto, é um ponto de despedida de todo um sistema de educação, de socialização, de culturas comunitárias — um ponto de despedida de nós mesmos. A única forma de abrir espaços e ventilar uma judeidade outra, antissionista e antirracista, capaz de não enxergar a luta do povo palestino como conflitante ou limitante da existência plena do povo judeu, foi uma fratura forte o suficiente para proporcionar o deslocamento para um certo não lugar. Muitas vezes em processos solitários e individuais, a urgência e o incômodo inevitável com o agravamento da situação palestina nos fez também encontrar o caminho da coletividade.

Já o ponto de chegada desse caminho, que não se conclui e que constantemente se reinicia ao longo do tempo, é o de uma solidariedade ativa à (re)existência palestina frente à violência perpetrada por Israel desde antes de 1948, nomeando esses processos de violência, sem medo, pelo nome que merecem: apartheid, limpeza étnica, colonialismo, apagamento simbólico, Nakba contínua. Foi necessário aquilo que Judith Butler chama de "encontro inevitável", brutal e verdadeiramente capaz de mudar os cursos de crenças sobre nós mesmos para nossa integralidade com o "outro", na qual só há uma verdadeira segurança e um verdadeiro combate à discriminação quando estes são construídos de forma codependente com o outro, mais frutífera que a segregação.

Retomamos então a pergunta sobre o cultivo da solidariedade ao povo palestino no solo de uma identidade judaica e no contexto da busca por esse novo lugar, a partir desse ponto de não retorno, fruto do encontro com a palestinidade e sua condição de subalternidade; fruto do choque de realidades; fruto da luta incondicional por direitos humanos. Esse encontro nos desafia a movimentar uma judeidade não apartada nem exclusivista, centrada em valores de igualdade, justiça e liberdade, e, portanto, desvinculada do sionismo.

Estamos aqui pra reafirmar que a crítica ao sistema político de apartheid em Israel — uma estrutura que institucionalmente promove a privação sistemática e severa dos direitos humanos fundamentais dos palestinos com base em sua identidade, que promove a fome em Gaza, os deslocamentos forçados, o horror e o absurdo — não significa a discriminação contra os judeus, ou seja, o antissemitismo. Para nós, essa estrutura reforça o antissemitismo. Sendo a luta contra o racismo antijudeu pertinente e real, esta só será efetiva em conjunto com a luta pela libertação palestina, reconhecendo o direito de retorno, a desocupação, o processo verdadeiro de justiça e reparação; e da luta pela descolonização e direito à terra, justiça e liberdade de todos os povos do planeta.

Ter Gaza no coração neste momento é recarregar com coragem o caminho de estarmos inteiros em nossas próprias vidas e em nossos valores inegociáveis. É preencher rupturas que ora foram voluntárias, ora provocadas por inúmeras violências contra a dignidade da vida palestina e contra nossa própria dignidade. Não somos protagonistas dessa narrativa, somos um constante deslocamento e descolamento que marca que caminhos outros são possíveis. Caminhos que de fato podem nutrir solos e cultivar profundamente a solidariedade, acreditando no poder e na contribuição que uma fratura "desde o lado de dentro" pode ter. Uma solidariedade que luta pela libertação palestina e que implica, necessariamente, uma libertação de nós mesmos. Se nos fraturamos, foi para estarmos mais inteiros do que nunca.

PEDRO FERRARACIO CHARBEL

é graduado em relações internacionais e mestre em sociologia pela Universidade de São Paulo (USP). Militante do Partido Socialismo e Liberdade (PSOL) e do Movimento dos Trabalhadores Sem-Teto (MTST), foi coordenador para América Latina do movimento Boicote, Desinvestimento e Sanções (BDS) ao Estado de Israel. Trabalhou como observador internacional na Cisjordânia e integrou iniciativas sobre a Questão Palestina na ONU, no Brasil e no mundo.

Contra o pó

PEDRO FERRARACIO CHARBEL

Dirigindo pelas ruas de Brasília, vejo uma nuvem de poeira cinza e um saco de cimento arrebentado no meio da pista. O peito aperta. Como pode isso me lembrar a Palestina?

Meu imaginário desse lugar sempre foi povoado de muita vida e resistência, não de gente morta suja de pó de cimento. A cada elemento de tristeza e injustiça que conheci ali, houve sempre o dobro de luta e pequenas alegrias, vínculos, afetos, memória e cultura — tudo o que conforma a pulsão de vida de um povo que desafia o plano de limpeza étnica e colonização posto em marcha a partir da Nakba. "Existir é resistir", ouvi muitas vezes por lá.

O saco de cimento rodopia com a passagem dos carros.

Lembro do riso de Abud, atrás dos dentes de leite, achando graça que o chamo de *majnum* [maluco]. Ele vem com uma bola nas mãos, vestindo uma camiseta do Messi. Ao fundo, as colinas estão tomadas por extensões das colônias judaicas ilegais. Ele quer que eu vá jogar com ele na estrada de baixo, onde ele nunca vai sozinho porque fica perto demais dos perigos da ocupação. É domingo em Yanoum, faz sol, e vamos juntos brincar de futebol no território que Israel quer tomar.

Desvio do saco e observo a poeira pelo retrovisor.

Sigo mergulhando em mim, e vejo os olhos de águia da senhora Sulfan refletindo os troncos destroçados de suas oliveiras centenárias em Susiya. Os colonos vão embora comemorando a destruição sob os auspícios do exército israelense. "*Mish mushkilah* [sem problemas], vou plantar tudo de novo", ela diz, virando o rosto, fazendo cintilarem ao sol as lantejoulas do seu *hijab* preto. E me mostra pequenas mudas que sei que levarão mais tempo para crescer do que os anos que lhe restam de vida. Depois, tomamos chá em silêncio e, dentro de mim, o aroma da sálvia envolve para sempre o significado da palavra "resistência".

Sigo meu caminho, e já não vejo a poeira do cimento nem o saco na pista.

À frente, o semáforo fecha. Em ponto morto, pego o celular e o dedo vacila para o Instagram: entre um anúncio de luminárias e a foto de um rapaz que beijei no carnaval, vejo um braço empoeirado saindo de uma pilha de escombros ao norte de Gaza. Depois, o vídeo do rosto acinzentado de um palestino, desesperado, olhos arregalados, boca aberta, lágrimas desenhando caminhos na poeira sobre a pele. A câmera se afasta e é possível ver que o homem carrega um bebê morto nos braços, ele cai de joelhos e grita para o céu. Outro anúncio, desta vez são regatas masculinas. Depois passo por um vídeo de um cachorro sendo massageado numa bacia de madeira e, então, pela foto de um brinquedo num amontoado de cimento moído que antes era um lar palestino.

O aperto dentro aumenta, o semáforo muda para o verde e volto a dirigir.

Penso em Abud, sinto o cheiro do chá de sálvia.

Não, o desconforto ao ver aquele saco rodopiar na pista não tem relação com a Palestina, mas sim com a tentativa de sua destruição. É o presente que agoniza. O peito dói porque as entranhas estão tentando processar o testemunho dessa tentativa escancarada de fazer um povo inteiro deixar de existir. Inundado de imagens de gente morta, ferida, desabrigada, faminta, cinzenta, meu corpo se contorce pela indignação diante da cumplicidade da maioria dos países e instituições do mundo com esse horror.

Como podem ser tão poucos os justos?

Lembro de me fazer essa pergunta em uma de minhas visitas ao Yad Vashem, o Museu do Holocausto em Israel. No jardim dos "justos entre as nações", cada pessoa não judia que ajudou judeus a escaparem do Holocausto tem uma árvore plantada em seu nome. Aos pés da árvore de Aracy Moebius de Carvalho Guimarães Rosa, uma das duas pessoas brasileiras que integra a lista, pensei: como pode não haver aqui uma floresta?

Com esse questionamento, continuei o tour oficial do museu. Mais adiante, no memorial dedicado às crianças judias mortas pelo nazismo, o guia nos conduziu em total silêncio. Ouvíamos os nomes e as idades das vítimas no escuro, por entre espelhos que refletiam infinitamente as luzes de uma vela ao centro. Ao final do percurso, emergimos da escuridão para um balcão ao ar livre, com vista ampla para uma Jerusalém iluminada pelo sol da tarde. "E essa foi nossa resposta", o guia disse, "nós construímos Israel."

Eu já conhecia o uso perverso e inadequado que o sionismo faz do Holocausto para justificar a criação do Estado de Israel, mas contemplar tamanho negacionismo depois de ter visto tudo o que vi naquele museu me causou náuseas. Negar o Holocausto não é apenas afirmar que ele não existiu, é também não aprender com ele. Só quem nega uma compreensão real daquele momento é capaz de reivindicar que o processo de expulsão de mais da metade da população palestina de seu território, massacres como o de Dair Yassim, a conversão de mais de cinco milhões de pessoas em refugiadas e o estabelecimento de um regime de apartheid — tanto no território ocupado em 1967 quanto dentro do que hoje é conhecido como Israel — é uma resposta orgulhosa ao horror do Holocausto.

São justamente os agentes desse negacionismo que estão entre os muitos que promoveram falsas polêmicas em relação à fala de Lula, que em 2024 comparou o genocídio contra o povo palestino com aquele promovido pelos nazistas contra os judeus. O que mais me incomoda nessa história é que as falsas críticas tenham ganhado mais atenção do que o real problema ao redor dessa declaração. Não há dúvidas sobre o mérito da afirmação, mas, justamente por isso, como é possível que, depois de constatar o horror do genocídio em curso, nosso presidente possa seguir permitindo que o Brasil comercialize e negocie armamentos com Israel? Em sendo genocídio, por que Lula não revoga imediatamente os acordos militares e de segurança que Bolsonaro assinou com aquele regime? Como pode permitir que o Brasil siga vinculado institucionalmente a essa atrocidade? Por que suas palavras não se materializam em ações?

Essa tem sido a grande indagação do povo palestino ao Brasil e a todos os países do mundo, mesmo antes do genocídio em Gaza começar. Isso porque o regime israelense de apartheid, ocupação e colonização só se mantém, há mais de sete décadas, graças à cumplicidade internacional. O único antídoto para isso é a solidariedade efetiva e, portanto, o povo palestino fez um chamado a todas e todos nós, povos do mundo, pessoas de consciência, organizações e movimentos sociais, para isolarmos o apartheid israelense, assim como um dia o mundo inteiro — com exceção de Israel — isolou o regime que sustentava o apartheid sul-africano.

O movimento de Boicote, Desinvestimento e Sanções (BDS) começa com esse chamado precisamente depois que os governos do mundo nada fizeram com relação às conclusões da Corte Internacional de Justiça — há vinte anos — sobre a ilegalidade do muro israelense. Naquela ocasião, os magistrados de Haia determinaram que todos os Estados signatários da IV Convenção de Genebra, o Brasil entre eles, têm o dever de não ajudar a manter as violações perpetradas por Israel. Desde então, o povo palestino clama para que o mundo cumpra com essa obrigação através de medidas concretas, pressionando Israel a respeitar o direito internacional e os direitos humanos do povo palestino.

Depois de acumular vitórias em âmbito cultural, acadêmico, econômico e militar, o movimento BDS já é considerado uma "ameaça estratégica" pelo regime israelense. Os defensores do indefensável tentam combatê-lo com falsas acusações de antissemitismo e desesperam-se com o fato de esse movimento desmascarar, de modo muito didático, o caráter racista e colonial do sionismo. Se o BDS reivindica, pura e simplesmente, o direito de retorno dos refugiados, o fim da ocupação e direitos iguais para palestinos e judeus dentro de Israel, quem seria contra isso se não um racista de merda? Com certeza eu não escreveria isso num texto antes, mas hoje sim. É necessário colocar a questão nesses termos.

Em outros tempos, eu talvez tivesse mais paciência para explicar que é racismo negar o direito de retorno dos refugiados conforme estipulado pelo direito internacional e a Resolução 194 da ONU. Daria exemplos das dezenas de leis racistas contra os 20% da população de Israel que é palestina. Talvez falasse de Al-Araqeeb, uma das vilas palestinas não reconhecidas pelo regime israelense e que já foi destruída mais de 210 vezes dentro de Israel. Talvez olhasse no Google a quantas anda esse número para precisar se agora já passa de 220. Mas, hoje, não.

Antes, talvez dedicasse mais tempo a explicar como é brutal a segregação racial e a colonização da Cisjordânia. Falaria das estradas segregadas, das demolições diárias de casas, do apartheid hídrico, das prisões administrativas. Até outubro de 2023, talvez continuasse este texto dizendo que muitas palestinas e palestinos que foram expulsos em 1948 agora vivem aprisionados em Gaza, um território de altíssima densidade populacional, totalmente controlado por Israel e frequentemente bombardeado. Mas isso já não define o que é Gaza. Gaza hoje é um campo de extermínio. O que mais é necessário dizer se o genocídio já grita?

O fato é que o povo palestino se tornou um laboratório lucrativo. As armas, táticas e tecnologias desenvolvidas nesse contexto atroz são exportadas para o mundo todo — inclusive para o Brasil, aprofundando as violações dos direitos humanos, o racismo e a militarização também em nosso país. Dos blindados israelenses adquiridos pela Polícia Militar de São Paulo ao treinamento do Batalhão de Operações Policiais Especiais (Bope) do Rio de Janeiro em Israel, há um processo de globalização da injustiça que faz com que a internacionalização da resistência seja urgente. A aliança do bolsonarismo e do trumpismo com Israel é apenas mais uma prova disso.

Não escutar o chamado do povo palestino por solidariedade efetiva é, portanto, escolher um lado: o da injustiça.

Em *Pedagogia do oprimido*, ao diferenciar a falsa caridade da verdadeira solidariedade, Paulo Freire diz que aquela depende da "permanência da injustiça", que é sua "fonte geradora": ela "se nutre da morte, do desalento e da miséria". Por outro lado, a "grande generosidade" está em lutar para que "as mãos estendidas e trêmulas dos esfarrapados do mundo, dos 'condenados da terra' [...] se estendam menos em gestos de súplica e se tornem cada vez mais mãos humanas que trabalhem e transformem o mundo".

Penso no braço cinza saindo dos escombros que vi há pouco no Instagram.

Lembro do pó de cimento na pista.

No genocídio, muitas mãos sequer tremem ou suplicam. Não seguram bolas de futebol nem plantam oliveiras. Algumas, decepadas, sequer serão encontradas sob os escombros.

Combater a fonte geradora dessa matança deliberada é o único curso possível de ação para a humanidade. Por isso, urge fazer crescer ainda mais o movimento BDS e, acima de tudo, estabelecer imediatamente um embargo militar a Israel. Pressionar as instituições e os países do mundo, inclusive o nosso, a romper as relações com o apartheid e o genocídio é tarefa de todas e todos nós.

THIAGO ÁVILA é internacionalista, comunicador e socioambientalista e integra iniciativas nacionais e internacionais de solidariedade. Esteve na Palestina em 2019 e em diversos países vizinhos em missões de ajuda humanitária e de promoção da paz com justiça social e reparação. Atualmente, é coordenador da Flotilha da Liberdade no Brasil.

A não violência que ninguém vê

THIAGO ÁVILA

O dia 7 de outubro de 2023, quando diversos grupos armados palestinos romperam as cercas de Gaza e realizaram incursões em toda a região do entorno, desde postos militares a colônias (erguidas sobre vilas palestinas destruídas em 1948), ficará marcado na história. Essa data é emblemática tanto por seu significado para as disputas na região quanto por um choque de realidade no que diz respeito à forma de atuação dos povos para tentar alcançar a liberdade. Mesmo entre pessoas que tradicionalmente são simpáticas à causa palestina, houve quem questionasse a violência da ação. Muitas dessas pessoas foram afetadas e se colocaram na defensiva frente à agressiva propaganda de guerra sionista e imperialista, que tratou o incidente como o "Onze de Setembro israelense" ou o "novo Pearl Harbor".

A imprensa ocidental foi rápida em trazer a visão orientalista que trata o povo palestino como bárbaro, alegando uma origem étnica árabe violenta e uma religião muçulmana intolerante. Enquanto isso, silenciava a respeito de todas as violações sofridas historicamente por esse povo. Toda a agitação propagandística da ação de 7 de outubro de 2023 servia aos interesses sionistas e imperialistas para uma nova etapa de intensificação do genocídio. Durante os meses seguintes, os conglomerados midiáticos negaram à sociedade ocidental "moderna" o mínimo de acesso à informação sobre "o outro lado", o mínimo de ética jornalística no acesso ao contraditório, realizando um verdadeiro bloqueio midiático e um boicote nas redes sociais (também sob seu controle). Nas raras vezes que aceitaram ouvir alguém falar em defesa da causa palestina, faziam desse momento uma inquisição sobre a violência dos atos de 7 de outubro de 2023, com a intenção de interditar o debate sobre o genocídio e a limpeza étnica empreendidos continuamente por Israel contra os palestinos há 76 anos e sobre a colonização e o apartheid que há décadas regem aquela região, comandada por uma ideologia racista e supremacista europeia: o sionismo. Apenas quando a catástrofe humanitária já era severa demais, quando os povos do mundo se rebelaram contra o bloqueio midiático escancarado e quando a desinformação explícita passou a prejudicar excessivamente a reputação desses veículos de imprensa foi que, enfim, passou-se a cobrir e divulgar o sofrimento atravessado pelo povo palestino nas mãos do Estado de Israel com a cumplicidade dos Estados Unidos e da Europa.

Ainda assim — e apesar das dezenas de milhares de vidas palestinas ceifadas a sangue frio pelo regime sionista —, setores da imprensa e do sionismo cristão, ao lado da classe política liberal e conservadora capitalista, continuam tentando minimizar o dano à opinião pública causado a Israel pelo genocídio dos palestinos, alegando "direito de defesa" contra o ataque sofrido no 7 de outubro, e preferem destacar o risco vivido pelos judeus de todo o mundo com o surgimento de uma "nova onda de antissemitismo". Para debaixo do tapete, empurram a censura às vozes críticas a Israel, a repressão ao protesto social e a perseguição às pessoas mais destacadas nessa causa. Para esconder que de fato atuam contra o povo palestino, os setores mais ideológicos da classe dirigente ocidental alegam que "o problema dos palestinos é o Hamas e o uso da violência". No entanto, eles escondem que o povo palestino há décadas realiza, junto com aliados de todas as partes do mundo, diversas ações de resistência não violenta —

ações que, apesar de marcantes e inspiradoras, infelizmente não conseguiram cativar a opinião pública internacional a ponto de deter o genocídio. A seguir, algumas delas:

(i) A Grande Marcha do Retorno: em março de 2018 foi iniciada em Gaza uma jornada de marchas semanais às sextas-feiras, após a oração islâmica, nas proximidades da cerca erguida por Israel (que mantinha aquela área de 365 quilômetros quadrados isolada desde 2007), exigindo o direito de retorno dos palestinos às suas terras de origem. Embora pacífica, a marcha com dezenas de milhares de pessoas foi atacada brutalmente pelo exército israelense — já no primeiro dia, quinze pessoas foram assassinadas e mais de 750, feridas (a maioria por tiros de fuzis). Os vídeos do massacre são utilizados por Israel até hoje como demonstrativo de seu potencial bélico, seus drones e tecnologias de gás lacrimogênio (como o "mar de lágrimas", empregado na ocasião). A vida dos palestinos é literalmente descartada nesse laboratório da morte em que Israel transformou Gaza para exportar armamentos com selo de "testadas em batalha". O Estado sionista acusou os civis assassinados na marcha pacífica de serem "terroristas do Hamas". Apesar da violência brutal, o povo palestino continuou participando das marchas ao longo de semanas, sem conseguir a devida cobertura da imprensa mundial ou os olhos atentos da solidariedade internacional.

(ii) A Flotilha da Liberdade: desde 2008, um conjunto de movimentos de solidariedade, que em 2010 se juntaram na Coalizão da Flotilha da Liberdade, realiza ações de conscientização tentando romper o bloqueio naval imposto a essa estreita faixa territorial desde 2007. As missões arrecadam e transportam alimentos, medicamentos, materiais escolares e outros itens de primeira necessidade, que são colocados em uma embarcação e levados para Gaza por ativistas de todas as partes do mundo dispostos a denunciar o cerco. Em 2010, uma dessas missões (da qual faziam parte representantes do Parlamento Europeu e da Secretaria Geral da ONU) foi atacada pelas forças militares de Israel. Com lanchas e helicópteros, os soldados abordaram os navios e assassinaram dez ativistas desarmados. Israel acusou as organizações humanitárias de "violar a lei internacional" e disse que os ativistas foram mortos em "legítima defesa", pois teriam atacado os soldados com "cadeiras e mesas". Os barcos foram apreendidos e os sobreviventes, encaminhados para prisões em Israel e, em seguida, deportados. Houve uma comoção internacional relevante na semana dos acontecimentos, mas essa comoção diminuiu rapidamente, enquanto Gaza seguiu sob bloqueio e todas as tentativas posteriores de romper pacificamente o cerco naval foram impedidas pelas forças de Israel.

(iii) Boicote, Desinvestimento e Sanções (BDS): a campanha internacional do movimento BDS surgiu como uma tentativa do povo palestino de pressionar o Estado sionista para acabar com as políticas de apartheid, em processo de mobilização semelhante ao ocorrido na África do Sul, no final do século XX, também para colocar fim ao apartheid. O BDS nasceu em 2005, um ano após a Corte Internacional de Justiça, em Haia, condenar as ações de anexação de territórios e o muro construído em 2002 por Israel na Cisjordânia ocupada. Uma vez que a condenação em Haia não garantia que Israel cumprisse a sentença, os movimentos foram buscando outras formas de pressão. Ao longo dos anos houve diversas vitórias relevantes contra empresas que se beneficiam da colonização e do apartheid na Palestina, mas tais vitórias ainda não foram capazes de deter a política sionista de anexação dos territórios. De fato, o contra-ataque do lobby sionista em muitos países do Norte global tem conseguido até mesmo criminalizar a prática do BDS, tratando equivocadamente como "crime de ódio" essa manifestação pacífica e legítima que já dura quase vinte anos. Após outubro de 2023, alguns países europeus deram saltos ainda maiores e tentaram criminalizar até mesmo simples postagens de rede social ou o uso de bandeiras palestinas em manifestações.

(iv) Rachel Corrie e a resistência não violenta às demolições de casas palestinas: antes que o então primeiro-ministro israelense Ariel Sharon colocasse em andamento seu plano de evacuação das colônias sionistas de Gaza, em 2005, para permitir a transformação da região no maior campo de concentração da história a partir de 2006 e 2007, aquela região era repleta de assentamentos israelenses. E, como prática cotidiana, os colonos demoliam casas palestinas para anexar os territórios, causando indignação e revolta entre a população local — e entre pessoas solidárias à causa palestina, como Rachel Corrie, uma jovem estadunidense de 23 anos que fazia trabalho voluntário em Gaza e que se juntou a outros estrangeiros na tentativa de frear, com o próprio corpo, essas demolições. Em 16 de março de 2003, Rachel e outros seis militantes vindos dos Estados Unidos e da Grã-Bretanha fizeram uma barricada em frente à casa de um farmacêutico de Rafah para impedir pacificamente que sua casa fosse destruída pelos colonos sionistas, que contavam com o apoio do exército israelense. Rachel e outras pessoas já haviam passado várias noites em frente a essa casa para evitar a demolição. Nesse dia, no entanto, um soldado israelense assumiu o controle do trator e deliberadamente passou por cima de Rachel Corrie duas vezes, esmagando a ativista. Organizações de direitos humanos denunciaram o assassinato, os pais de Rachel entraram com processos contra o Estado de Israel, mas as cortes israelenses julgaram o caso improcedente e o soldado, inocente. A escandalosa alegação da Justiça do país sionista —

tratado como "democracia" pelas potências ocidentais — foi de que "não havia visibilidade suficiente para o soldado ver que estava passando em cima da jovem e não havia certeza se a causa da morte fora o esmagamento pelo trator ou se teria sido pelo impacto de entulho que caiu sobre ela em seguida".

(v) Os escudos humanos de Hebron: a maior cidade da Cisjordânia ocupada, Al-Khalil, também conhecida como Hebron, sofre desde 1967 um processo de colonização sionista ainda mais grave que outras cidades da Cisjordânia. Os israelenses iniciaram ali um processo de anexação de casas e territórios no centro da cidade, dividindo-a em duas zonas: H1, território palestino gerido pela Autoridade Palestina, e H2, colônia habitada por sionistas agressivos (muitos deles, defensores escancarados do racismo e do fascismo). Há ainda regiões em disputa, como a parte de cima do mercado local, que se tornou uma fortaleza armada e cercada de checkpoints militares. A vida é insuportável para os poucos palestinos que ainda resistem à expulsão na região H2, pois as agressões dos soldados e dos colonos são cotidianas. Para diminuir a violência contra crianças que precisam passar diariamente por essas colônias no meio da cidade para chegar até a escola, grupos de solidariedade palestinos e internacionais começaram a mobilizar ativistas para servirem de "escudo humano", protegendo com o próprio corpo as crianças das pedras arremessadas pelos sionistas. Essa ação chocante lembra determinados episódios de táticas não violentas utilizadas por Gandhi na luta pela independência da Índia, ou por Martin Luther King na luta pelos direitos civis do povo negro nos Estados Unidos.

(vi) O existir e resistir palestino (*sumud*) enquanto ato de resistência: seja na cultura, nas artes, no cultivo ancestral milenar das oliveiras, em atos de desobediência civil, na construção de casas, escolas e hospitais sem a permissão da força de ocupação sionista, nas greves de fome dentro das prisões e em tantas outras formas, o povo palestino pratica cotidianamente a resistência para evitar seu extermínio completo. Essa resistência e resiliência enraizadas, rebeldes e corajosas, pautadas na ancestralidade originária daquele território e na compreensão de que nenhuma força militar ocupante dura para sempre, têm uma síntese na inspiradora expressão *sumud*. Combinando uma diversidade de táticas em busca da libertação e construindo cotidianamente os bons conviveres dentro de suas comunidades, o povo palestino demonstra que é possível resistir mesmo às situações mais terríveis, inimagináveis para a maioria dos humanos no planeta.

Essa é apenas uma pequena amostra entre tantas ações inspiradoras de resistência não violenta do povo palestino às quais o mundo não deu a devida atenção. Elas acontecem todos os dias e, caso houvesse justiça e uma correlação de forças favorável, já teriam derrotado o exército de ocupação israelense, expulsado os colonizadores da região e garantido seu direito à autodeterminação. No entanto, diferentemente do que ocorreu na África do Sul, na Índia, na Argélia e em tantas outras colônias, na Palestina o alinhamento geopolítico não apenas impediu a obtenção de vitórias contundentes como trouxe derrotas cada vez maiores, com o aumento da anexação de territórios por Israel, o estrangulamento da vida e a normalização do genocídio e da limpeza étnica. A assinatura dos Acordos de Abraão entre Israel, Arábia Saudita e outros países da região — com os quais Tel Aviv pretendia normalizar relações, ignorando o povo palestino — já estava programada para 2024. Os planos israelenses, respaldados por alguns líderes árabes do Oriente Médio, também incluíam a anexação formal de todo o Vale do

Rio Jordão (tomando do povo palestino metade de suas terras agricultáveis). Portanto, a situação para a resistência palestina às vésperas do dia 7 de outubro de 2023 era crítica — e estava fadada ao fracasso total, caso não fosse tomada uma medida mais enérgica que chamasse a atenção do mundo.

Considerando tudo isso, devemos nos perguntar: onde estavam as vozes que espernearam para condenar a violência cometida por alguns grupos palestinos em 7 de outubro de 2023 durante todos os 76 anos que esse povo sofreu as mais terríveis violações? E, se não julgam o uso da violência em lutas de libertação como um caminho válido, por que ignoraram todos os pedidos desesperados e as corajosas ações não violentas realizadas pelo povo palestino durante décadas para deter o genocídio? Nenhuma avaliação honesta do que aconteceu em 7 de outubro de 2023 pode deixar de incluir o contexto de genocídio e limpeza étnica que o povo palestino sofre desde 1947, tampouco pode deixar de incluir as tantas tentativas desesperadas de alcançar a liberdade pelo caminho da não violência.

Regimes coloniais, como é o caso do Estado de Israel, têm uma tendência ao genocídio, à segregação socioespacial e à manipulação ideológica da realidade para esconder a sua brutal violência, e ignoram qualquer demanda legítima dos povos subjugados, a não ser quando eles se levantam radicalmente contra a realidade a que são submetidos. As ações militares do dia 7 de outubro de 2023, que contaram com um componente violento e que lamentavelmente causaram sofrimento e morte de civis israelenses — embora em quantidade incomparável com as mortes palestinas todos os anos há mais de sete décadas —, se inserem no mesmo contexto de qualquer outro povo oprimido em luta por libertação: da expulsão das tropas francesas do Haiti à revolta estadunidense contra os britânicos, passando por Palmares, Cuba, Argélia, Vietnã e tantos outros países. Como nesses casos, as forças colonizadoras não renunciaram pacificamente a seus privilégios e a sua condição dominante, sendo necessário o uso da força para encerrar a opressão — algo que, para o povo palestino, ainda não aconteceu.

A luta por libertação de qualquer povo colonizado ou sob ocupação militar é um direito garantido pela legislação internacional, mesmo quando exercido pela via armada. Por outro lado, uma força colonizadora alegar "direito de defesa", como Israel tem feito, não passa de uma tentativa infame de manipulação. O crime, aqui, é colonizar um povo, submetê-lo a um regime de apartheid, praticar punição coletiva e cometer genocídio e limpeza étnica. Qualquer povo que se levante contra tais condições merece do mundo solidariedade irrestrita e ampla mobilização para que a paz verdadeira seja alcançada. No caso palestino, essa paz só pode ser possível com o fim do genocídio que já dura mais de 76 anos, o fim da ocupação militar que se arrasta desde 1967 e o desmantelamento do Estado e da ideologia sionistas. Assim, em um Estado Palestino, os povos daquela região poderão viver em paz, independentemente de etnia, religião ou concepção política.

É em defesa desse horizonte de paz verdadeira que qualquer pessoa solidária às vidas palestinas deve condenar fortemente o cinismo ocidental de tratar como violentos os palestinos (inclusive no 7 de outubro de 2023) e questionar o silêncio diante de todas as formas de resistência não violentas praticadas pelos palestinos há décadas. Se os povos do mundo conseguiram, com a mobilização, romper o bloqueio midiático e o boicote das redes sociais contra a Palestina, então existe uma janela de oportunidade para que o povo palestino conquiste sua liberdade e para que a humanidade avance, enfim, rumo à derrota do imperialismo estadunidense e do sionismo. As máscaras estão caindo e, a partir da mobilização, precisam também cair as estruturas de dominação.

ANA CAROLINA COPPOLA é historiadora. Graduou-se na Universidade Federal de São Paulo (Unifesp), com mestrado na Université Lumière Lyon 2. Foi professora e coordenadora de projeto de educação popular em São Paulo. É doutoranda na Université Bordeaux Montaigne, França. Foi contemplada pela cátedra de excelência Diasporas Africaines en Nouvelle-Aquitaine & Transculturalité (DIANA T.).

Vacas, tijolos e comida na Palestina

ANA CAROLINA COPPOLA

Os palestinos da Cisjordânia padecem. Os palestinos refugiados, dentro e fora de suas terras, padecem. Os palestinos de Gaza padecem. O padecer palestino, constatação incontestável, insuportável e dilacerante, ecoa, grita e clama por alento. Não sabendo quando nem de onde o alento virá, esse padecer perdura. Infinito e desolador, clama por justiça. Assemelhando-se a tantos outros padeceres no mundo, guarda em si uma força imperecível. E esse padecer provoca, nos palestinos e em todos aqueles sensíveis ao *sentimento do mundo*, uma necessidade de solidariedade. É ela que faz com que os palestinos teimem em prosseguir. A solidariedade figura como um paliativo face ao horror, que é por sua vez manifestado pela restrição dos bens vitais, como a água; pelas prisões arbitrárias, que não poupam sequer as crianças; pela dizimação da vida propriamente dita. Sem solidariedade, a "solução final" palestina talvez já tivesse sido perpetrada. Sem a solidariedade, interna e internacional, os palestinos talvez já tivessem padecido e perecido como povo. E Israel, enquanto Estado, sabe bem disso.

Existe uma estratégia discursiva ocidental, intensificada após o Onze de Setembro de 2001, que busca estigmatizar os povos de origem árabe ou muçulmana como terroristas. Na Palestina, além dos palestinos muçulmanos, há também palestinos judeus, palestinos cristãos e outros grupos étnicos, como os beduínos. A limpeza étnica dos palestinos — que não são, portanto, todos árabes, nem todos islâmicos — é justificada, entre outras razões, pelo fato de que é propagada a ideia de que eles são terroristas irremediáveis. É crucial divulgar e enfatizar, em resposta, exemplos de manifestações da solidariedade palestina e para com os palestinos que são numerosas e, na maior parte das vezes, ao contrário do que é veiculado, pacíficas.

Vacas terroristas

Em 1987, durante a Primeira Intifada, na Cisjordânia, dezoito vacas foram consideradas uma ameaça à segurança nacional de Israel, e passaram a ser procuradas pelas autoridades do Estado judeu. Em busca de alternativas locais à dependência das matérias-primas israelenses, como o leite, os habitantes de Bait Sahur decidiram formar um coletivo e não comprar mais leite das empresas instaladas no território ocupado. Então, compraram vacas de um kibutz solidário e, após um período para aprender como cuidar dos animais e ordenhá-los, tornaram-se autossuficientes. A fazenda era um sucesso e desfrutava de uma intensa demanda local pelo "leite da intifada". Pacífico, esse movimento de autonomização foi considerado um ato de desobediência civil. O rebanho foi então declarado um perigo nacional para o Estado de Israel, o que levou um dos exércitos mais poderosos do mundo a se mobilizar para apreender dezoito vacas, forçando os palestinos a esconder os animais para salvá-los. É possível conhecer mais desse evento por meio do documentário *As 18 Fugitivas* (2014), dirigido por Amer Shomali e Paul Cowan.

"Os israelenses não nos deixavam tranquilos, e eles faziam a mesma coisa com as vacas. Os palestinos, tal como as vacas, representavam um problema para Israel. As vacas sofriam o mesmo destino que nós, elas eram obrigadas a mudar de casa sem parar." Esse depoimento é proferido por Ayman Abu Al-Zulof, um dos palestinos que participou ativamente do movimento pela autonomia leiteira, um engajamento que lhe custou mais de vinte anos de prisão. À procura das vacas, Israel fez uma varredura na casa dos moradores de Bait Sahur, deslocando os animais muitas vezes. Em decorrência da apreensão de uma parte das vacas, restaram somente quatro delas, número insuficiente para a continuidade da produção de leite e derivados. Após anos de resistência, as vacas que sobraram foram vendidas a um açougueiro. Uma delas teria se salvado, conseguindo fugir no momento do deslocamento para o abate.

O triste fim da história das vacas de Bait Sahur coincide, não por acaso, e quase de maneira metafórica, com o final da Primeira Intifada. Com a assinatura dos Acordos de Oslo (1993), estabelecidos entre Bill Clinton, Yasser Arafat e Yitzhak Rabin, a Intifada perdeu força. A repressão foi intensificada. Anton Shomali, um morador de Bait Sahur que zelou pelas vacas no celeiro durante a madrugada por muito tempo, foi assassinado em um protesto. Como a própria Intifada, o destino das vacas — e de muitos militantes — foi extinto de maneira infeliz.

Jordan Valley Solidarity Campaign

A Jordan Valley Solidarity Campaign [Campanha de solidariedade do Vale do Jordão] (JVS) é um movimento criado em 2003 para desenvolver e conectar uma rede de grupos comunitários de base e de ativistas internacionais, a fim de proteger e defender a existência palestina no Vale do Rio Jordão, região altamente cobiçada e de grande importância estratégica. Isso se deve tanto ao seu valor geográfico, pois se estende ao longo de toda a fronteira com a Jordânia, quanto pelo seu impacto econômico significativo no agronegócio israelense. Segundo dados da JVS, em 2015, 40% das exportações de tâmaras de Israel para a Europa se originavam do Vale do Jordão. Coordenada pelo palestino Rashid Khudairy, a JVS resiste assim em uma zona inóspita situada na área C,[1] controlada pela administração civil do exército israelense, onde se encontram áreas de treinamento militar.

A fim de evitar "balas perdidas" e ajudar os palestinos a resistir à expropriação, a presença protetora (*protective presence*) tem feito parte do ativismo antiocupação na Cisjordânia desde o início dos anos 2000, quando algumas organizações como a JVS começaram a fazer apelos a ativistas israelenses e internacionais para que permanecessem no local. O alcance das denúncias junto aos órgãos internacionais coíbe Israel de agir sem freios. A presença protetiva não impede, contudo, que a colonização israelense siga seu curso no Vale do Jordão. Para auxiliar os palestinos a resistir na região, os ativistas da JVS fabricam tijolos de barro para reconstruir as casas demolidas por Israel.

Um dos relatos mais impactantes que ouvi quando estive na Palestina foi o de Abu Saqr, um importante ativista palestino e membro da Associação de Agricultores Palestinos, habitante da aldeia de Al-Hadidiya. A casa de Abu Saqr foi destruída seis vezes pelo exército israelense. Ele se lembra de cada demolição com detalhes, e relata a frustração e o sofrimento de ter que reconstruí-la do zero. Por ser um líder comunitário, Abu Saqr tem sido alvo das forças de ocupação desde 1967. Segundo ele, os israelenses começaram por atacar os animais dos palestinos, primeiro multando-os por terem gado, depois matando o gado e, em seguida, colocando o gado em quarentena e multando diaria-

1 Após os acordos de Oslo, a Cisjordânia foi dividida em três áreas: A, B e C. Os territórios da zona A têm controle civil e de segurança exercidos pela Autoridade Nacional Palestina, como Bait Sahur e Ramallah; os da zona B possuem controle civil palestino e controle de segurança conjunto israelense-palestino, correspondendo, por exemplo, aos campos de refugiados; e os da zona C estão sob total controle civil e militar israelense, como é o caso do Vale do Jordão.

mente os palestinos que ousam continuar a pecuária. Ele explica que os israelenses começaram a demolir casas após os acordos de Oslo, argumentando que os palestinos não tinham o direito de construir na zona C e que deviam mudar-se para as zonas A e B. O exército israelense também roubou fontes de água na região e proibiu as pessoas de construírem escolas. Em 1997, viviam 57 famílias em Al-Hadidiya. Em 2015, restavam somente 14.

A força de Abu Saqr de resistir apesar da perseguição sistemática é indefectível, admirável — e lamentável. Nem ele nem ninguém deveria ser levado a reconstruir seis vezes a própria casa, intencionalmente demolida por causa de uma política colonialista que não diz seu nome. Ele e os moradores que ainda habitam Al-Hadidiya encarnam verdadeiramente o lema palestino "Existir é resistir". Em 2020, segundo um artigo da organização Stop the Wall, ele e sua família foram detidos sob acusação de terem acesso a água. Isso parece improvável ou anedótico, se partirmos do pressuposto de que é absurdo que o acesso a água seja criminalizado. No entanto, a prisão ilustra a crise hídrica que existe no Vale do Jordão — crise que não é causada pelas mudanças climáticas. Desde 1967, Israel possui o controle total de todos os recursos hídricos dos territórios ocupados na Guerra dos Seis Dias.[2]

Embora haja água suficiente para todos na Palestina histórica, o confisco desse bem vital humano por Israel faz com que a distribuição hídrica seja completamente desproporcional e criminosa. Segundo informações contidas na exposição "Uma terra sem povo para um povo sem terra", de Nuno Coelho, cada colono israelense usa cinco vezes mais água do que um palestino vizinho à sua colônia. Cada palestino paga, no entanto, quatro

2 Isso corresponde aos territórios situados entre o Rio Jordão e o Mar Mediterrâneo, com exceção de uma pequena seção do aquífero costeiro que corre sob a Faixa de Gaza.

vezes mais pela mesma quantidade de água.[3] Por esse motivo, os palestinos e os ativistas internacionais alocados na JVS são obrigados a racionar a água usada no cotidiano para lavar louça, dar descarga, tomar banho, dado que este é um bem valioso, caro e escasso para eles no Vale do Jordão. A escavação de poços artesanais é uma das ações da JVS. No entanto, esses poços são frequentemente selados por Israel. Em 2017, em uma entrevista para a rádio *Jerusalem24*, Rashid denunciou a destruição do abastecimento de água da aldeia de Bardala pelo exército israelense: "Nos últimos quatro anos, eles selaram os buracos mais de quarenta vezes".[4]

Por fim, nem mesmo as oliveiras do Vale do Jordão são poupadas. Uma das bases da economia palestina, elas são frequentemente alvo das forças armadas de Israel. Uma das ações da JVS é replantar as oliveiras que foram derrubadas. Segundo Sireen Khudari, em junho de 2019, 85 oliveiras foram cortadas pelo exército israelense na aldeia de Bardala.[5]

Como explicar o fato de que inofensivas vacas, casas de barro e oliveiras sejam alvo de um dos exércitos mais poderosos do mundo? A solidariedade palestina e em nome dos palestinos é o terror de Israel. Embora ela não seja palpável, ela talvez incomode tanto porque é uma arma que mobiliza e unifica as pessoas, contra tudo e contra todos, em torno de um mesmo propósito.

3 "Palestinians Strive to Access Water in the Jordan Valley", Ocha-ONU, 22 jun. 2021.

4 "Pumping Water in Bardala: A Game of Cat and Mouse", *Jerusalem24*, 19 out. 2022.

5 "'Israeli Settlers Make a Living Out of Our Suffering', Says Palestinian Activist", *Truthout*, 5 ago. 2020.

O clamor internacional pelo fim do genocídio em Gaza, embora ignorado por Israel, é uma manifestação desse sentimento de solidariedade. Em determinados contextos políticos, como o estadunidense, o simples posicionamento em nome do cessar-fogo em Gaza é muitas vezes apreendido como um ato de terrorismo simbólico ou de antissemitismo. Ser solidário para com os reféns dos ataques de 7 de outubro de 2023 em Israel, pleitear que os israelenses civis sejam liberados, é uma reação política que não deveria por sua vez ser entendida como um sinônimo de apoio ao Estado judeu. Isso tampouco deveria ser incompatível com a solidariedade à população civil palestina, que segue sendo assolada por um Estado que parece se impor acima da lei internacional.

O genocídio dos palestinos de Gaza não é um fenômeno inédito; é parte de um projeto de colonização explícito, pautado pelo extermínio e pela expulsão dos palestinos. No final de janeiro de 2024, cerca de uma dúzia de ministros israelenses participou de um encontro a favor do retorno dos assentamentos em Gaza e da "emigração dos palestinos". Segundo o jornal francês *L'Humanité*, Itamar Ben-Gvir, ministro da Segurança Nacional e um dos principais líderes da extrema direta israelense, reiterou: "É hora de voltar a Gush Katif e incentivar a emigração voluntária", referindo-se a um grupo de assentamentos israelenses instalados em Gaza antes da retirada dos colonos do enclave, em 2005.[6]

O regime israelense não hesita em atacar ativistas que estejam no meio do caminho. No dia 15 de abril de 2024, o navio de uma ONG espanhola chamada World Central Kitchen chegou em Gaza com 240 toneladas de alimentos. Depois que 100 tone-

6 "Gaza: une douzaine de ministres israéliens participent à un rassemblement prônant la colonisation", *L'Humanité*, 29 jan. 2024.

ladas foram descarregadas, um ataque aéreo israelense matou seis trabalhadores humanitários internacionais e um motorista palestino. Não é um caso isolado. Mais de duzentos trabalhadores humanitários foram mortos em Gaza desde outubro de 2023, afirmou Jamie McGoldrick, responsável pela coordenação da ajuda humanitária da ONU em Gaza.[7] Após o ataque, a World Central Kitchen pausou as operações no território e retornou seus navios para o Chipre. Essa interrupção, assim como a de outros grupos, ocorre no mesmo momento em que os especialistas alertam que a perspectiva de fome na região aumenta rapidamente.

A fome é uma arma de guerra. O Estado colonial de Israel, que pratica um terrorismo deliberado, mata e deixa morrer. Exterminar os grupos de ajuda humanitária é uma forma de impedir o alívio do flagelo dos palestinos. Bloquear a chegada de alimentos e deixar a população de Gaza definhar é impedir que os palestinos sobrevivam, por todos os meios necessários. Ao assassinar ativistas, Israel manda uma mensagem clara para as organizações internacionais que ousarem intervir. Por isso, repito, a solidariedade palestina e em nome dos palestinos é o terror de Israel. E é, igualmente, um antídoto ao terror, penetrando o poderoso escudo antimíssil israelense. Impedi-la tornou-se uma questão de honra, pois ela parece desafiar um arsenal de guerra que não está preparado para lidar com alvos intangíveis.

O que ocorre em Gaza — e na Cisjordânia — é a prova inconteste de que a Questão Palestina não se trata apenas de meras violações dos direitos humanos: existe um sistema de apartheid colonial por parte de Israel, que impõe um regime de anexação, fragmentação, isolamento, segregação, negação de acesso a recursos e serviços elementares, supressão de resistência e negação de reparações. Por si só, vacas, casas de barro, oliveiras e comida não

7 "What Now for Gaza after World Central Kitchen Suspended Aid Operations?", *The Guardian*, 4 abr. 2024.

representam perigo — pelo menos não mais do que um drone ou uma bomba de última geração. No entanto, eles simbolizam a resistência de um povo para o qual a mera existência é, em si, um ato de resistência.

GABRIEL ROCHA GASPAR é jornalista e mestre em literatura pela Sorbonne Nouvelle Paris 3. Durante cinco anos, foi apresentador, editor e repórter na Radio France Internationale (RFI) e trabalhou como correspondente em Paris para a imprensa brasileira. É colunista de política externa na *Mídia Ninja* e faz resenhas literárias para a *Folha de S. Paulo*. É co-organizador do livro *De bala em prosa: vozes da resistência ao genocídio negro* (Elefante, 2020).

A pior dor do mundo

GABRIEL ROCHA GASPAR

Fome é a pior de todas as dores. E, ainda que o Estado sionista imponha a dor das dores sobre o povo de Gaza desde que, em tese, desocupou o enclave em 2006, nos últimos meses a punição coletiva encontrou novo cume. Nada de água, combustível ou energia até que os reféns sejam libertados, condicionou Israel Katz, o ministro sionista da Energia, sanando qualquer controvérsia sobre o caráter colonial da gestão de recursos em Gaza. Isso aconteceu menos de uma semana depois de 7 de outubro de 2023. Reféns foram libertados na única semana de trégua, no final do mês seguinte. Mas as torneiras seguiram fechadas. As declarações desses libertos — de que foram bem alimentados e respeitados pelos bárbaros sequestradores — caíram no vazio. Bengala para eles, sumiram do palco. Outros três escaparam do cativeiro apenas para, ironicamente, serem executados por balas israelenses enquanto brandiam bandeiras brancas.

Com ou sem reféns, comida também não entra. Em três meses, narra um relatório da Global Nutrition Cluster, a Faixa de Gaza teve a maior queda nutricional já registrada na história. O primeiro trimestre de 2024 termina com 90% das lactantes e bebês de 6 a 23 meses em situação de grave insuficiência alimentar. Também 90% das crianças com menos de cinco anos sofrem de uma ou mais doenças infecciosas por conta da baixa imunidade. É consequência não só da fome, mas do fato de que falta água potável em mais de 80% das pouquíssimas casas que não se tornaram pilhas de escombros sob as quais apodrecem mais de sete mil cadáveres (e contando).

Esse cenário transforma os raros momentos em que o ocupante sionista libera entrada de ajuda humanitária num espetáculo da mais desesperada miséria. Representantes de um projeto supremacista confraternizam, alvos e altivos, sobre a tumultuada morbidez. Seus armamentos são literalmente produto de exportação, com uma vantagem competitiva em qualquer mercado da morte — de todas as empresas armamentistas do mundo, as sionistas são as únicas que ostentam arsenal 100% testado em combate. Qualquer coisa fabricada em Israel que mate ou machuque passa por certificação no que o jornalista judeu australiano Antony Loewenstein chama de "Laboratório Palestina". Depois, vai enrijecer a mão da repressão mundo afora. A bomba de gás que você fuma aqui já foi tragada na Palestina. E é isso que faz dela um produto cobiçado: o selo de garantia.

Empunhando uma metralhadora que amanhã matará um não branco faminto num morro do Rio, num beco de Manila, num descampado de Juba ou num *project* de Baltimore, o militar observa a degradação instintiva que só a pior dor do mundo é capaz de provocar. Estendendo os braços por um saco de farinha, homens, mulheres e crianças se empurram, se pisoteiam. Pilhado o caminhão, ambulâncias e rabecões tomam subitamente seu lugar para recolher corpos inertes antes que o céu volte a arder em fogo.

Na madrugada da última quinta-feira do fevereiro bissexto de 2024, as três ambulâncias ainda em funcionamento no norte da Cidade de Gaza não deram conta. Carrinhos de mão, carroças e até tapetes tiveram que ser usados para a remoção dos corpos. Eram mais de 800: 112 mortos, os demais gravemente feridos. É que, dessa vez, as forças sionistas resolveram fazer mais do que assistir ao show da miséria e da degradação. Elas brincaram de tiro ao alvo. Abriram fogo contra a multidão ávida de pão. Munição ativa. Fuzil, tanque e metralhadora. Apavorados, os motoristas dos caminhões, todos civis palestinos, tentaram fugir, aplainando parte da massa.

Conforme denunciou o secretário-geral das Nações Unidas, António Guterres, era a primeira vez que Israel permitia a entrada de ajuda humanitária no norte de Gaza em mais de uma semana. Mais de uma semana comendo ração animal temperada com grama, um menu que, para descer, só com água infectada de matéria orgânica decomposta. Eis que surgem os caminhões, trazendo farinha e água limpa. A única força que permite aos corpos subnutridos se aglomerarem em torno das carretas é a esperança de aplacar a pior dor do mundo. A esperança, essa musculatura etérea, que multiplica uma pessoa em mil, mil em um milhão. Essa iguaria que míngua em meio à guerra colonial foi o presente sádico do invasor sionista.

Por uma semana, ele esfomeou os condenados da terra; por alguns minutos do dia fora do calendário, deixou que contemplassem a cura para a pior dor do mundo. Que digladiassem por ela. Que se atropelassem e pisoteassem por ela. E antes que eles pudessem alcançá-la, fuzilou todo mundo. No dia seguinte, foi a vez da força aérea: um caminhão que trazia ajuda humanitária do Kuwait foi recebido com um bombardeio. Nove civis mortos, dezenas de feridos. Talvez esse nível de crueldade seja inspirado pela chefia; certamente, é respaldado. "Lembrem-se do Amaleque", aconselhou às tropas o premiê Benjamin Netanyahu, usando um extermínio de proporções bíblicas como discurso motivacional. Não há civis em Gaza, declarou o presidente Isaac Herzog.

Inspirado, animado ou entediado, tanto faz. Eliminar o corpo e matar a alma do colonizado — esse é o trabalho diário, sistemático, do colonizador. E sua ferramenta preferida é sempre a mais aguda das dores. Essa dor tão intensa que o mundo todo sente, que reverbera pelo corpo da humanidade. É a humanidade que morre na ponta dos fuzis ou sob as correias de tanques padrão exportação. É a humanidade que é soterrada com retroescavadeiras pagas pelo contribuinte estadunidense. É a humanidade que é humilhada, assaltada, vilipendiada pelo projeto colonial.

E é também a humanidade que passa fome conforme assiste ao genocídio. Fome moral, fome ética. A humanidade passa fome de humanidade. A gente precisa se alimentar, rápido. Senão, vai morrer de inanição. Ou pior, de inação.

GABRIEL SEMERENE é pesquisador e escritor brasileiro de origem libanesa. Especializado em política e culturas das sociedades de língua árabe, é mestre em política comparada do Oriente Médio e em literatura árabe. Atualmente, é doutorando em relações internacionais pela Universidade de Brasília (UnB).

KAIS HUSEIN é palestino-brasileiro queer, graduado em jornalismo, comunicador da Federação Árabe Palestina do Brasil (Fepal) e ativista queer pela libertação da Palestina.

Pinkwashing e homonacionalismo no contexto da Palestina

GABRIEL SEMERENE

KAIS HUSEIN

Não há orgulho no genocídio

GABRIEL SEMERENE

No contexto do genocídio em curso na Palestina, pululam imagens tão apavorantes e perturbadoras quanto reveladoras do que a linguagem ainda não dá conta. Imagens que causam repulsa ao mesmo tempo que convidam à reflexão, ou melhor, ao assombro, quando, pasmos, nos prostramos diante delas e nos indagamos: como é possível? Entre essas imagens há uma que se destaca, não pela brutalidade ou pelo horror aparentes, mas pela absurdidade: um soldado das forças de ocupação israelenses empunhando uma bandeira de arco-íris, símbolo da luta das minorias sexuais e de gênero, em frente a um tanque de guerra e rodeado pelos escombros do que era Gaza. Publicada pela conta oficial de Israel na rede social X, a imagem acompanha uma legenda: "A primeira bandeira do orgulho erguida em Gaza". Longe de se tratar de um evento isolado, essa imagem inscreve-se numa forma de propaganda já relativamente antiga que, por sua vez, é a continuação do discurso orientalista sobre a sexualidade e as relações de gênero em sociedade árabes ou de maioria muçulmana. A fim de compreender o sentido e o motivo dessa imagem, é necessário debruçar-se sobre dois conceitos: homonacionalismo e *pinkwashing*.

Os movimentos sociais de minorias sexuais e de gênero sempre foram marcados pela oposição entre correntes assimilacionistas e radicais. Por "assimilacionista" entende-se a busca pela assimilação das minorias sexuais e de gênero às estruturas sociopolíticas vigentes, enquanto "radical" refere-se à ideia de que tais estruturas são formadas pelo heteropatriarcado e, logo, devem ser profundamente transformadas ou erradicadas. Essa oposição constitui um espectro, e diferentes movimentos e indivíduos podem, evidentemente, situar-se em diversas posições em relação aos dois polos.

A partir dos anos 1990, observa-se, sobretudo em sociedades ditas ocidentais e em sua periferia imediata, a inclusão dos direitos LGBT como política de Estado na então hegemônica ordem neoliberal. Correntes mais radicais da militância de minorias sexuais e de gênero, outrora proeminentes, são marginalizadas em favor do assimilacionismo, culminando no que Lisa Duggan (2002) denominou "homonormatividade", ou seja, o envolvimento homossexual com as normas intimamente associadas à heterossexualidade, seguindo uma trajetória de assimilação a essas normas combinada a classe, raça e nacionalidade, entre outros fatores.

Jasbir Puar (2007) usa o termo "homonacionalismo" para compreender explicitamente os arranjos contemporâneos da excepcionalidade sexual estadunidense e da nação, num contexto de assimilação das minorias sexuais à narrativa do Estado capitalista, patriarcal e heteronormativo. Trata-se, então, de uma expansão da homonormatividade à esfera internacional, que estabelece uma hierarquia civilizacional entre Estados que reconhecem os direitos LGBT, de um lado, e Estados que não os reconhecem, de outro. Ainda segundo Puar (2007), houve um deslocamento, notadamente após o Onze de Setembro, da figura do "perverso", que anteriormente era ocupada pelo "homossexual" e passou a ser identificada com o "terrorista" e, de maneira mais geral, com os muçulmanos ou árabes.

Cynthia Weber (2016) descreve o mesmo fenômeno, afirmando que, no Ocidente, "os 'subdesenvolvidos', os 'não desenvolvíveis', o 'imigrante indesejado' e o 'terrorista' continuam a ser temidos, excluídos e às vezes mortos, enquanto os 'detentores de direitos homossexuais' e o 'patriota gay' são celebrados, incluídos e protegidos". No campo discursivo homonacionalista, os Estados do centro hegemônico ocidental ocupam a posição de "detentores de direitos homossexuais", em oposição a Estados de maioria muçulmana ou árabe, representados como inerentemente homofóbicos, intolerantes e atrasados.

É nesse contexto que se desenvolve o *pinkwashing*, uma estratégia discursiva utilizada para justificar ou encobrir políticas imperialistas e violações aos direitos humanos sob o pretexto da defesa dos direitos LGBT. Elaborado por ativistas palestinas e palestinos, o conceito de *pinkwashing* é sobretudo empregado para descrever a manipulação do homonacionalismo pelo Estado israelense e seus defensores, contrastando seu status de "detentor de direitos LGBT" com a opressão sombria e letal supostamente vivida por minorias sexuais e de gênero palestinas, árabes ou muçulmanas.

Trata-se, portanto, da inclusão da sexualidade e da diversidade de gênero como pilares da civilização ocidental que garantem a superioridade moral sobre o Outro "oriental", justificando a dominação e a violência exercidas por Israel e seus aliados ocidentais sobre palestinos, árabes e outros povos do Sul global. Amplamente difundido, o *pinkwashing* manifesta-se ultimamente nos incessantes comentários dirigidos a pessoas LGBT que apoiam a libertação da Palestina, e que se limitam a dizer que “não há parada do orgulho em Gaza” ou que “em Gaza, gays são decapitados” — uma fantasia infundada que mais parece um desejo e uma ameaça.

Não é possível negar, no entanto, que minorias sexuais e de gênero sofrem diversos graus de marginalização e precariedade social e jurídica na grande maioria das nações árabes ou muçulmanas. Dos sete países onde relações sexuais entre homens podem ser legalmente punidas com a morte, seis são de maioria muçulmana e três, árabe. Em outros países árabes ou muçulmanos, mesmo quando não há condenação legal da homossexualidade, como Jordânia, Cisjordânia e Turquia, entre outros, minorias sexuais e de gênero encontram obstáculos significativos.

Ocorre que o cenário desfavorável para minorias sexuais e de gênero nesses países não se deve a qualquer elemento inerente e imutável das culturas locais ou da religião islâmica. Assim como qualquer regime sexual e de gênero, os dispositivos sexuais nas sociedades árabes e muçulmanas conheceram consideráveis alterações ao longo da história e, numa região que sofre constantes e profundas intervenções ocidentais há três séculos, foram fortemente moldados pelo colonialismo e pelo imperialismo.

De fato, o homoerotismo e as expressões de gênero não binárias sempre estiveram presentes nas sociedades de língua árabe ou de religião islâmica. Na literatura árabe clássica, a poesia homoerótica é particularmente prolífica e, como nos explica Khaled El-Rouayheb (2011), havia nas épocas pré-modernas relativa tolerância a práticas não heterossexuais. A chegada do colonialismo e do capital ocidental no Oriente Médio e no Norte da África, no entanto, incitou a internalização da moral europeia dos séculos XIX e XX por elites locais. A formação de um regime heteronormativo de modelo europeu na região, em detrimento da rica história autóctone de diversidade sexual e de gênero, foi resultado direto ou indireto do colonialismo. Isso aplica-se também a parte das leis vigentes empregadas para oprimir minorias sexuais e de gênero, muitas vezes impostas por — ou inspiradas no regimento legal de — antigas potências coloniais.

A atual animosidade com relação às sexualidades e expressões de gênero não normativas em sociedades muçulmanas, ressalta Momin Rahman, resulta de diversos e complexos fatores. Dentre eles, há a crescente islamofobia global, que aumentou significativamente em paralelo à internacionalização do discurso dos direitos LGBT. Segundo Rahman (2015), "os direitos dos homossexuais são cada vez mais instrumentalizados dentro de um discurso de superioridade civilizacional ocidental que sustenta a islamofobia. Temos que abordar a formação da homofobia muçulmana no contexto da islamofobia, em vez de reduzi-la a um componente preexistente de uma cultura islâmica pré-moderna e monolítica".

Ao disseminar a ideia de um alinhamento automático de pessoas LGBT do mundo todo à hegemonia ocidental, o homonacionalismo invisibiliza e coloca em perigo minorias sexuais e de gênero do Sul global, as quais são sistematicamente acusadas, especialmente em sociedades muçulmanas, de serem agentes do imperialismo. Ora, as pessoas LGBT não são uma etnia à parte, mas integrantes de suas sociedades e culturas nativas. O homonacionalismo ocidental defende que intervenções imperialistas — sejam elas políticas, econômicas ou militares — são necessárias para libertar as minorias sexuais e de gênero no Sul global. Enganam-se, no entanto, ao pressupor que essas populações não têm capacidade para lutar pelos próprios direitos. Prova notável do contrário é o movimento LGBT palestino. Representado por duas associações fundadas no início dos anos 2000 (o coletivo feminista queer Aswat [Vozes] e Al-Qaws [O arco-íris], que milita pela diversidade sexual e de gênero), esse movimento inscreve-se na luta pela libertação anticolonial, afirmando que a ocupação israelense é o principal obstáculo à vida das pessoas LGBT palestinas.

Ao longo de mais de duas décadas de existência, o movimento LGBT palestino consolidou-se como ator epistêmico autônomo.

Além de apresentar instrumentos analíticos, como o conceito de *pinkwashing*, elaborou, em conjunto com outros movimentos da região, uma atualização lexical da língua árabe para torná-la capaz de expressar a diversidade sexual e de gênero. Ademais, o movimento questiona conceitos importados do Ocidente, como a noção de "sair do armário", e representa um caso único de militância LGBT em contexto colonial.

Um dos obstáculos encontrados pelo movimento é a fragmentação do território palestino. Ainda assim, as associações militantes conseguiram implantar-se em diversas cidades, incluindo Gaza, onde trabalharam arduamente para criar espaços seguros para minorias sexuais e de gênero. A obliteração de Gaza é também o apagamento dessa história. Enquanto isso, organizações LGBT no Ocidente permanecem caladas diante do genocídio palestino, quando não declaram seu apoio ao Estado colonial de Israel. O discurso homonacionalista permeia o imaginário LGBT de forma tão profunda que a ideia de uma homofobia inerente a sociedades árabes e muçulmanas é prevalente, e não é incomum ouvir de pessoas LGBT, inclusive no Brasil, que a população de Gaza merece o genocídio porque supostamente apoia o Hamas.

Há algo que simboliza mais a falência moral do assimilacionismo identitário do que o "argumento" de que a pretensa homofobia de uma população é justificativa para exterminá-la? Por outro lado, observamos nos últimos meses importantes manifestações de indivíduos e coletivos LGBT anticoloniais. Apenas nos resta lutar por um novo internacionalismo LGBT capaz de diálogo horizontal, reconhecendo e acolhendo a produção epistêmica do Sul global e rejeitando o homonacionalismo, o homocapitalismo e o homocolonialismo.

O apagamento queer palestino por Israel

KAIS HUSEIN

O movimento queer palestino contemporâneo surgiu em meados de 2002, desafiando normas enraizadas de gênero e sexualidade e levando as vozes dessa população ao ambiente público. Segundo Atshan (2020, p. 22), "o movimento experimentou crescimento significativo na Palestina até atingir um platô em 2012, a partir do qual nem cresceu, nem recuou". A organização LGBTQIA+ palestina se inspirou na luta do movimento feminista palestino, que "argumentava simultaneamente pela libertação da nação e pela libertação das mulheres" (Atshan, 2020, p. 22). Pelo fato de ser um subproduto do movimento feminista, ativistas queer também se identificam com a luta em defesa das mulheres. Nesse sentido, o movimento feminista queer conectou grupos ativistas de palestinos em todos os territórios, sejam históricos ou sob ocupação de Israel.

Representações queer judaicas israelenses de esquerda e os movimentos queer estadunidenses e europeus desempenham papel fundamental no movimento global de solidariedade aos queer palestinos, construindo pontes, conexões e debates para que essa identidade não seja ofuscada. Isso ocorre porque, segundo Atshan (2020, p. 23), "ativistas e membros [da comunidade] estão sendo desgastados pela natureza duradoura de diferentes e interseccionais sistemas de opressão". Atualmente, o contexto de solidariedade queer global se destaca nos novos métodos de identificação do apagamento queer palestino através do *pinkwashing* e do *pinkwatching*, consequência da luta árdua dos membros desse grupo para manter uma identidade palestina diante da ocupação militar de Israel. Atshan (2020, p. 23) identifica também que os serviços de inteligência israelenses colocam como alvo preferencial os palestinos queer, utilizando a homofobia como arma, ameaçando expor a sua orientação sexual às suas famílias e comunidades caso não sirvam como informantes ou colaboradores da força ocupante.

Portanto, a discussão do *pinkwashing* é relevante quando abordamos a preocupação de Israel com sua imagem global, uma vez que a ocupação israelense sempre teve como objetivo legitimar-se no cenário internacional. O *pinkwashing* israelense é definido por ativistas palestinos queer e aliados como um suposto apoio à comunidade LGBTQIA+ em Israel, ao contrário do que ocorreria na Palestina, desviando os olhos do mundo dos crimes de guerra e de lesa-humanidade cometidos pelo Estado judeu. Segundo Atshan (2020, p. 22), existem quatro pilares para identificar o *pinkwashing* israelense: (i) apoiar a agência queer israelense e frustrar a homofobia israelense; (ii) nomear a homofobia palestina e frustrar a agência queer palestina; (iii) contrastar as experiências queer de ambos os lados, utilizando um discurso civilizacional para ressaltar a humanidade superior do ocupante e a subumanidade do ocupado, dando a entender que estes devem ser dominados; e (iv) representar Israel como um "paraíso gay", tanto para israelenses e palestinos como para pessoas de todo o mundo, atraindo turismo, solidariedade e apoio para o país.

O *pinkwashing* israelense claramente se utiliza de uma posição complementar de vítima e de salvador. Os agentes estatais de Israel, suas instituições e seus aliados frequentemente constroem uma narrativa de vítima em relação à Palestina, considerando os palestinos como vilões. Seguindo essa narrativa, as populações queer tanto palestina quanto israelense apenas podem ser salvas por Israel e pelo sionismo.

O termo não nasce sozinho; faz parte de um estudo mais aprofundado sobre o tema queer global classificado como homonacionalismo, em que se identifica o uso do discurso, da luta e do ativismo da comunidade LGBTQIA+ na ideia liberal de progresso e modernidade, sequestrando muitas vezes a pauta para objetivos políticos ou econômicos, "cedendo espaço para uma parcela da população a formas culturais e legais de cidadania, em detrimento do abandono parcial e integral dos direitos das demais populações" (Puar, 2015, p. 299). Para Puar (2015, p. 299-300), o homonacionalismo é um processo, não um evento, de modo que designa uma mudança histórica na produção de Estados-nações a partir da insistência na heteronormatividade como forma de aumentar a inclusão da homonormatividade. Puar (2017) define o homonacionalismo como uma estratégia para garantir direitos para gays e lésbicas em prol do progressismo e do patriotismo, ao mesmo tempo que outras populações têm seus direitos sociais violados.

O movimento queer palestino nasce na resistência à armamentização de Israel e dos seus atores sionistas ao redor do mundo que trabalham cooptando vozes queer palestinas na tentativa de justificar a ocupação ilegal israelense. Além da luta nacional constante pela busca de soberania, esse movimento construiu bases fortes para responder às propagandas veiculadas pelas entidades sionistas e pelo governo de Israel. Atshan (2020, p. 24) identifica que Israel dedica enormes esforços à diplomacia com o objetivo de conquistar apoio global. Para reverter sua imagem negativa, fruto dos crimes sistemáticos que comete contra a população palestina, Israel investe cada vez mais em campanhas de *branding* na tentativa de construir uma "marca Israel" (Brand Israel) que propagandeie o país como terra de empreendedorismo, modernidade e cosmopolitismo, um oásis progressista insistentemente descrito como "a única democracia do Oriente Médio". A pauta LGBTQIA+ se encaixa nessa campanha. De acordo com Sarah Schulman, "o governo mais tarde expandiu esse plano de marketing, aproveitando a comunidade gay para reposicionar sua imagem internacional".[1]

O termo *pinkwashing* surge precisamente como crítica ao marketing de Israel como país *gay friendly*. Atshan (2020, p. 24) define o *pinkwashing* como "um discurso sobre os direitos LGBTQIA+ em

1 "Israel and Pinkwashing", *The New York Times*, 22 nov. 2011.

Israel com o objetivo de desviar a atenção das violações dos direitos humanos palestinos". Schulman, por sua vez, caracterizou o *pinkwashing* como um mecanismo ideológico utilizado por empresas, instituições, organizações e Estado, com o objetivo de projetar uma imagem progressista associada à defesa dos direitos de um determinado segmento social (a população LGBTQIA+), enquanto outras populações têm seus direitos violados. O termo ficou internacionalmente conhecido entre ativistas e acadêmicos queer como uma crítica ao fato de que, "em vez de melhorar sua posição global fornecendo aos palestinos direitos humanos básicos, o Estado israelense e seus apoiadores, cada vez mais movendo-se para a direita, buscam comercializar Israel como um Estado que apoia indivíduos e comunidades LGBTQIA+" (Atshan, 2020, p. 24).

Segundo Atshan (2020, p. 22), para que os ativistas queer palestinos e seus aliados conseguissem entender esse processo e identificar os padrões de *pinkwashing*, em esforços para resistir a esse discurso, os organizadores da solidariedade palestina denominaram seu ativismo como *pinkwatching*, ou seja, observadores do discurso israelense de *pinkwashing*, com o objetivo de inverter a narrativa de vítimas e salvadores, afirmando que não são os LGBTQIA+ que são vítimas dos palestinos, mas os palestinos — tanto heterossexuais como queer — que são vítimas do sionismo.

Em 2005, mesmo ano em que teve início a campanha Brand Israel, surge o movimento Boicote, Desinvestimento e Sanções (BDS), lançado pela sociedade civil palestina para boicotar instituições cúmplices do sistema de opressão de Israel, motivando ativistas queer palestinos a cultivar redes de solidariedade transnacionais. Foi o movimento BDS que expandiu ao mundo a questão queer palestina — que até então conectava seu ativismo exclusivamente entre o público palestino e israelense.

O uso do movimento LGBTQIA+ pela campanha Brand Israel se tornou um fenômeno em 2009, quando Ron Huldai, prefeito heterossexual de Tel Aviv, desenvolveu a estratégia de promoção local para o turismo gay. O objetivo era promover Tel Aviv como uma entidade separada da ocupação israelense. Atshan (2020, p. 25) cita o jornalista Itay Hod sobre a elaboração e o surgimento dessa estratégia: "Um estudo encomendado pelo gabinete do prefeito mostrou que os turistas gays estavam mais inclinados a ir para cidades como Barcelona e Berlim do que para Israel, um país associado à religião e à guerra. Então, o prefeito teve uma ideia: promover Tel Aviv como uma entidade separada". Portanto, o foco israelense era simplesmente tratar a existência de Tel Aviv como uma construção utópica e favorável aos olhos do Ocidente; o projeto colonial de Israel, com suas guerras e crimes contra palestinos, seria uma questão menos importante, secundária. Como descreve Yaniv Waizman, conselheiro do prefeito da capital para assuntos da comunidade gay: "Fizemos uma mudança. Não falamos mais sobre Israel, mas sobre Tel Aviv". Waizman vangloriou-se em 2013 do valor empenhado por Israel com marketing para o público gay: "Agora gastamos 250 mil dólares por ano com turismo gay, uma fortuna pelos padrões israelenses".

Seria simplista acreditar que a resistência queer à ocupação israelense provenha somente do *pinkwashing*. Porém, o movimento de solidariedade aos palestinos queer existe muito antes do termo em si. O grupo Queers Undermining Israeli Terrorism (Quit!), sediado em San Francisco, nos Estados Unidos, e o grupo queer israelense Black Laundry foram fundados em 2001, antes do lançamento da campanha Brand Israel. Ambos surgiram para articular duras críticas às opressões cometidas pelo governo israelense contra os palestinos, e também faziam parte das organizações de reconhecimento e acolhimento das lutas palestinas por libertação e autodeterminação. Os dois grupos estão à frente de marchas de solidariedade aos palestinos devido aos ataques de Israel à Faixa de Gaza iniciados em outubro de 2023.

Porém, foi por meio do alerta movido pela campanha governamental israelense Brand Israel e do apelo do BDS que as entidades queer palestinas Aswat e Al-Qaws passaram a organizar duas iniciativas que ajudaram a catalisar o movimento queer palestino e torná-lo transnacional: Palestinian Queers for Boycott (PQBDS), em 2010, e Pinkwatching Israel, em 2011, colaborando com ativistas e entidades queer do exterior, principalmente da Europa e da América do Norte.

Ambas as iniciativas, segundo Atshan (2020, p. 26), se desenvolveram sobretudo na internet, atraindo milhões de pessoas em busca de recursos para se envolver na Questão Palestina e na solidariedade aos palestinos queer. O termo *pinkwatching* rapidamente ganhou relevância para desmascarar o *pinkwashing* israelense. Através das campanhas virtuais, permitiu aos queer e às pessoas solidárias à pauta LGBTQIA+ uma forma de fortalecer a luta dos palestinos queer. O PQBDS fez parte do impulso das figuras e representações queer palestinas ao redor do mundo, já que o movimento BDS estava sendo conhecido internacionalmente.

Na época, o boicote às instituições israelenses estava apenas dando os primeiros passos. Entre concordâncias e discordâncias, debates e solidariedade, foram colocados os argumentos sobre o direito de existência dos palestinos queer por meio das declarações do PQBDS. A intenção do movimento queer palestino era abrir conversas com ativistas queer globalmente. Com o crescimento do BDS e a relevância das discussões de gênero e sexualidade no cotidiano palestino, a pauta alcançou a sociedade civil e as instituições palestinas. Isso ocorreu por conta do grande endosso recebido pelo BDS, não somente de organizações palestinas como também de entidades queer palestinas. Isso reconfigurou positivamente a compreensão da sociedade civil local sobre o sujeito queer palestino.

Foi o PQBDS que proporcionou aos palestinos a oportunidade de desafiar estereótipos e combater preconceitos homofóbicos, retratando a queeridade palestina não como fragilizada, fraca ou imoral, mas demonstrando um compromisso com a luta anticolonial e de libertação de todos os palestinos, propondo uma agenda clara com a afirmação de que os queer são parte integrante do tecido social palestino (Atshan, 2020, p. 26). Um dos momentos críticos para o estabelecimento e o reconhecimento das lutas queer palestinas ocorreu em abril de 2011, quando Omar Barghouti, cofundador do BDS, elogiou o movimento PQBDS em uma entrevista ao lado da ativista de solidariedade queer palestina Sarah Schulman. Barghouti declarou que os palestinos queer têm direito a "direitos iguais" e que estão totalmente integrados ao movimento nacional palestino.

Após uma breve passagem pelas análises de Atshan sobre o desenvolvimento do movimento queer palestino e de sua solidariedade internacional, torna-se necessário identificar o *pinkwashing* na atualidade, ou seja, o seu uso no massacre que ocorre em Gaza desde outubro de 2023. Compreende-se que Israel não utiliza a comunidade LGBTQIA+ e o *pinkwashing* somente para cumprir um papel de legitimidade global, de reconhecimento de uma noção de moralidade ou progressismo; é cada vez mais notória a utilização do movimento queer na intenção de manipular essas populações e construir a narrativa de que, caso as comunidades LGBTQIA+ queiram sobreviver, faz-se necessário o extermínio do povo árabe — mais especificamente, dos palestinos. Essa narrativa está atrelada à construção do ódio aos palestinos por parte de figuras públicas israelenses, ligadas ou não ao governo.

Entidades queer palestinas como a Al-Qaws classificam o *pinkwashing* como parte da violência colonial israelense — portanto, elemento intrínseco aos planos de limpeza étnica do povo palestino. Israel utiliza das narrativas progressistas para justificar atos nefastos. Um caso emblemático da manifestação do homonacionalismo e do uso do *pinkwashing* como arma pode ser vista na fotografia — compartilhada nas redes sociais do governo israelense — do militar Yoav Atzmoni exibindo a bandeira do orgulho LGBTQIA+ na Faixa de Gaza durante a mais recente ofensiva, tendo como paisagem os escombros deixados pelos bombardeios de Israel. São casos como o de Atzmoni que levam ao pensamento de ativistas e pesquisadores queer do mundo todo acerca do uso manipulativo da pauta em Israel para atacar e desumanizar todos os palestinos, sejam heterossexuais ou queer. A foto não é exclusiva do processo de apagamento da luta queer palestina. No contexto do massacre em Gaza, a LGBTfobia como forma de *pinkwashing* também foi amplamente utilizada para desmoralizar e coagir palestinos queer que criticam o colonialismo israelense nas redes sociais. A conta oficial de Israel no X compartilhou um vídeo que claramente ridicularizava ativistas queer pró-Palestina por meio da homofobia e da transfobia. A LGBTfobia é usada para manter a narrativa sionista de que, pelo fato de "contribuir" para os direitos queer, Israel teria justificativas para cometer crimes contra os palestinos. O uso sionista das lutas queer é um discurso racista e de desumanização dos palestinos, colocando os árabes sempre como bárbaros, antiquados, nefastos ou medonhos, fomentando ainda mais a ideia orientalista e estereotipada das comunidades árabes.

O *pinkwashing* israelense enfatiza o fato de que Israel possui a maior parada do orgulho LGBTQIA+ no Oriente Médio, além de garantir direitos à comunidade LGBTQIA+, enquanto os palestinos queer supostamente precisam de Israel para conseguir refúgio de sua comunidade "perigosa" e "homofóbica". Nesse ponto, voltamos à definição de Israel como salvador e vítima. O sionismo, como parte indissociável do projeto colonial israelense, adotou a narrativa de que os palestinos queer correm grande risco nas mãos de seus compatriotas heterossexuais. Porém, como pontuou a organização queer palestina Al-Qaws, "o *pinkwashing* é o sintoma, o colonialismo é a raiz. Reconhecer o *pinkwashing* como violência colonial pode nos ajudar a entender como Israel divide, oprime e apaga os palestinos com base em gênero e sexualidade". Ativistas LGBTQIA+ palestinos entendem que o colonialismo prejudica e controla todos os aspectos da vida palestina. Os palestinos, em geral, não usufruem de direitos básicos, começando pelo reconhecimento de sua soberania no território. Portanto, o ativismo dos palestinos queer vai além do combate à LGBTfobia: eles buscam o direito de autodeterminação, pois a sua inexistência não só impede os palestinos de possuírem acesso à liberdade como também ataca e desumaniza todos os corpos e identidades palestinas.

O *pinkwashing* promove a noção prejudicial de que a diversidade sexual e de gênero é algo estranho e antinatural na sociedade palestina. Quando essa ideia se enraíza nas comunidades palestinas, ela marginaliza os palestinos queer, segregando-os. Essa pressão constante os coloca em um dilema: ou eles renunciam a parte de sua identidade/experiência para serem aceitos como palestinos, ou são aceitos como queer, mas não como membros legítimos da comunidade palestina. Os efeitos negativos do *pinkwashing* internalizado afetam toda a comunidade palestina, alimentando mitos que, como dissemos, associam os palestinos queer à traição e à colaboração com os israelenses ou à adoção de valores ocidentalizados, o que resulta em sentimentos de desesperança que limitam nossas perspectivas políticas.

Além disso, o *pinkwashing* desempodera, sugerindo que a opressão de gênero e sexualidade é uma característica inerente da identidade palestina, impossível de ser desafiada ou modificada. Isso priva os palestinos queer da possibilidade de serem agentes de mudança radical dentro da própria sociedade. Em vez disso, o *pinkwashing* os força a interpretar suas experiências e dificuldades como uma questão de vitimização e impotência, contribuindo para a supressão geral dos palestinos sob domínio colonial.

Em entrevista ao jornal britânico *The Guardian* em 2014, um ex-membro dos serviços de inteligência israelenses disse que, ao ser treinado, deveria desconsiderar a privacidade dos palestinos e manipular suas vidas pessoais de acordo com os interesses do Estado de Israel: "Aprendemos a memorizar e filtrar diferentes palavras para 'gay' em árabe".[2] Há relatos de palestinos presos em cadeias israelenses que detalham ter sofrido assédio verbal

2 "'Any Palestinian is Exposed to Monitoring by the Israeli Big Brother'", *The Guardian*, 12 set. 2014.

e sexual nos quais a homofobia e a transfobia são usadas como ameaça. Um jovem de dezesseis anos relatou que, como parte de suas ameaças, um agente israelense lhe disse: “Eu vou te foder e você vai cantar no meu pau”. Outro de 23 anos revelou como um membro do serviço secreto israelense gritou: “Você, terrorista, eu vou te foder como um homossexual”, enquanto outro, em um relatório da Human Rights Watch (1994, p. 219), descreveu ser assediado por um interrogador: “Você é homossexual? Você parece uma mulher. Você já transou com uma mulher?”. Outro detido de apenas quinze anos relatou à organização Defense for Children International, em 2021, que em interrogatório foi vítima de violência sexual por um agente israelense.[3]

Israel utiliza a comunidade LGBTQIA+ como arma em nome de uma falácia democrática, em nome de um falso amor, de um falso sinônimo de liberdade; utiliza as pautas das comunidades envolvidas nas lutas contra as opressões e readéqua o discurso a seu favor, às suas necessidades coloniais. Israel justifica a proteção de minorias oprimidas enquanto extermina uma população étnica a sangue frio; justifica a contínua perseguição de palestinos queer nos territórios ocupados e, ao mesmo tempo, discursa sobre liberdade sexual e reconhecimento da diversidade.

Não são somente os palestinos heterossexuais que morrem assassinados por balas e mísseis israelenses; a comunidade queer palestina é alvo constante da ocupação e, por consequência disso, a exigência dos palestinos queer é clara: queremos urgentemente justiça para a população palestina, liberdade para que possam construir soberania em seu próprio território e o fim do colonialismo sionista que usurpa os corpos palestinos. Não existe orgulho nas mãos daqueles que cometem crimes de guerra, limpeza étnica e genocídio contra uma população nativa.

3 “Israeli Interrogator Sexually Assaults Palestinian Child Detainee”, Defense for Children International Palestine, 10 fev. 2021.

Referências

ATSHAN, Sa'ed. *Queer Palestine and the Empire of Critique*. Redwood City: Stanford University Press, 2020.

DUGGAN, Lisa. "The New Homonormativity: The Sexual Politics of Neoliberalism". *In*: CASTRONOVO, Russ & NELSON, Dana D. (org.). *Materializing Democracy: Toward a Revitalized Cultural Politics*. Durham: Duke University Press, 2002.

EL-ROUAYHEB, Khaled. *Before Homosexuality in the Arab-Islamic World, 1500-1800*. Chicago: University of Chicago Press, 2011.

HUMAN RIGHTS WATCH/MIDDLE EAST. *Torture and Ill-Treatment: Israel's Interrogation of Palestinians from the Occupied Territories*. Nova York: Human Rights Watch, 1994.

PUAR, Jasbir K. *Terrorist Assemblages: Homonationalism in Queer Times*. Durham: Duke University Press, 2007.

PUAR, Jasbir K. "Keynote from the Homonationalism and Pinkwashing Conference", The Center for LGBTQ Studies, 2013.

PUAR, Jasbir K. "Homonacionalismo como mosaico: viagens virais, sexualidades afetivas", *Revista Lusófona de Estudos Culturais*, v. 3, n. 1, p. 297-318, 2015.

PUAR, Jasbir K. *Ensamblajes terroristas: el homonacionalismo en tiempos queer*. Barcelona: Bellaterra, 2017.

RAHMAN, Momin. "Sexual Diffusions and Conceptual Confusions: Muslim Homophobia and Muslim Homosexualities in the Context of Modernity". *In*: PICQ, Manuela & THIEL, Markus (org.). *Sexualities in World Politics*. Abingon: Routledge, 2015.

WEBER, Cynthia. *Queer International Relations: Sovereignty, Sexuality and the Will to Knowledge*. Oxford: Oxford University Press, 2016.

HYATT OMAR é uma jovem brasileiro-palestina nascida em Pelotas (RS). Em seu perfil no Instagram, com mais de 190 mil seguidores, publica vídeos sobre orientalismo, culturas árabes, islamismo e geopolítica. É formada em psicologia pela York University, no Canadá, e mestranda em psicologia pela Pontifícia Universidade Católica do Rio Grande do Sul (PUC-RS).

Redes sociais e a voz palestina

HYATT OMAR

As redes sociais têm sido o meio de comunicação com maior crescimento nos últimos anos, criando mudanças no mercado de trabalho e na maneira como recebemos e absorvemos informações. No meu ponto de vista, as redes sociais nos oferecem duas experiências relativas ao tipo de conteúdo que consumimos: a de permanecermos na nossa "bolha", acessando apenas aquilo que nos convém; e a de procurarmos conteúdos novos, a fim de aprender sobre o dessemelhante e expor nossos pré-conceitos a diferentes perspectivas.

Contudo, as redes sociais nos passam um falso senso de liberdade de expressão. A entrega dos conteúdos é controlada por algoritmos programados para censurar o que vai "contra" as diretrizes da plataforma, como questões políticas ou até mesmo relacionadas a direitos humanos. Essa censura depende do grupo de pessoas ao qual estamos nos referindo, de sua nacionalidade ou religião. Esse falso senso de liberdade é um reconhecido instrumento de manipulação — e uma das muitas armas de guerra usadas contra os palestinos.

Ao longo dos anos, a Questão Palestina foi abordada pelas redes sociais de diferentes maneiras e em diferentes momentos. Um dos maiores e mais recentes exemplos é o despejo forçado de famílias palestinas no bairro Shaikh Jarrah, em Jerusalém

Oriental, em 2021. Ao mesmo tempo que palestinos e apoiadores da causa usavam as redes sociais para expor as violências cometidas por Israel, conteúdos sobre o ocorrido em Shaikh Jarrah tiveram seu alcance limitado por Instagram e Facebook, ou simplesmente foram removidos.

No entanto, apesar dos inúmeros e incontestáveis casos de agressão digital contra os palestinos, a partir de outubro de 2023 houve uma mudança na maneira como os crimes de guerra cometidos por Israel são compartilhados ao redor do mundo. Diante do genocídio em curso na Faixa de Gaza, a mídia tradicional manteve seu papel omisso e enviesado, desumanizando os palestinos e legitimando o assassinato em massa de mulheres e crianças. Enquanto isso, as redes sociais, pela primeira vez, tomaram um rumo diferente, o que ajudou a desencadear protestos, boicotes e indignação contra a ação das forças armadas israelenses.

Mas o que aconteceu para que, depois de 7 de outubro de 2023, as redes sociais começassem a ser usadas como uma das principais ferramentas de exposição dos crimes contra os palestinos e contra a humanidade praticados em Gaza? Israel sempre nos contou o que acontecia, determinando o que é verdade e o que é mentira; desta vez, porém, os palestinos foram capazes de ultrapassar a censura constante e mostrar a realidade do massacre. Assim, mesmo sob constante ataque — e cortes no sinal de internet —, estão conseguindo contar a própria história.

Narrar o próprio destino, porém, teve um custo. Os palestinos em Gaza precisaram tomar a decisão de colocar a vida em risco para compartilhar a situação que estão atravessando: pegaram celulares e câmeras para mostrar, entre muitas outras cenas chocantes, os bombardeiros e os destroços, pessoas morrendo de fome, feridos passando por procedimentos cirúrgicos sem anestesia. Esse conteúdo doloroso foi compartilhado inúmeras vezes nas redes sociais — o único meio que possibilitou a difusão dessas imagens. E muitos morreram por isso.

As redes sociais permitiram a primeira transmissão em tempo real de um genocídio. A exposição constante dos crimes israelenses e a indignação ao redor do mundo se tornou imensa, e o algoritmo não conseguiu restringir a divulgação de conteúdo desfavorável a Israel. As plataformas digitais também serviram como meio para combater as fake news que grandes canais de notícias e líderes globais faziam questão de compartilhar, como a falsa notícia dos quarenta bebês israelenses decapitados pelo Hamas. Todo esse alcance fez com que as pessoas de Gaza finalmente se sentissem vistas e ouvidas, apesar de seus apelos continuarem se deparando com a surdez daqueles que realmente poderiam colocar um freio ao genocídio.

Por muitos anos, as redes sociais foram — e ainda são — usadas como uma grande e poderosa arma de guerra do sionismo, mas, no trágico cenário de hoje, tornaram-se também um instrumento de resistência dos palestinos, assumindo uma dimensão contraditória. Enquanto os palestinos foram abandonados por governos e organismos multilaterais, as redes sociais foram adotadas como ferramenta para humanizarem a própria existência.

Quando comecei a compartilhar nas redes sociais questões históricas e geopolíticas sobre a Palestina, não esperava que meus maiores *haters* seriam as próprias plataformas. Comecei a jornada de influenciadora com 21 anos, entre erros e acertos, sem saber ao certo o que esperar, mas a única certeza que sempre tive era de que eu deveria usar qualquer plataforma ao meu alcance para dar espaço à causa palestina. Conforme meus seguidores me faziam perguntas, notei que nem mesmo eu sabia o suficiente: foi quando percebi como muitos palestinos da diáspora somos privados não somente da nossa terra, mas também da nossa história.

Quanto mais eu cresci nas plataformas, mais me recomendavam que deixasse de falar da Palestina e parasse de postar vídeos sobre o que via e vivia quando visitava minha família nos territórios ocupados. Aconselhavam que eu focasse outros assuntos, porque publicar conteúdo sobre a Palestina não é "atraente": várias marcas não querem trabalhar com influenciadores que abordam "questões políticas", ainda que, na verdade, eu estivesse falando sobre humanidade.

Isso fez com que eu questionasse qual o tipo de "influência" queria ter sobre as pessoas. Além disso, quanto mais eu cresci, mais atenção negativa recebi de perfis e grupos — na maioria sionistas — que não concordavam com minhas visões. No início foi difícil, mas com o tempo amadureci o suficiente para entender que as pessoas oferecem o que têm dentro delas, e que isso se reflete no tipo de conteúdo que produzimos e consumimos.

Já passou da hora de tomarmos o controle da narrativa da nossa própria história e, por mais surpreendente que possa parecer, com todos os boicotes, algoritmos e diretrizes, as redes sociais têm se mostrado uma das principais ferramentas para exposição das nossas narrativas. O trabalho feito agora por milhares de palestinos ao redor do mundo é para que o caminho das gerações futuras seja mais fácil; para que elas possam seguir com a esperança de um dia voltar para uma terra que lhes pertence, sem precisar lidar com assentamentos ilegais, checkpoints e humilhações diárias; para que nossos filhos possam ver a beleza das oliveiras plantadas e cultivadas pelos avós e entender que, embora nossa história tenha sido contada por inúmeras pessoas e com diferentes versões, ela nunca foi deles para contar, mas nossa para dividir.

SORAYA MISLEH é jornalista, membro da diretoria do Instituto da Cultura Árabe (ICArabe), da Ciranda Internacional da Informação Independente e da Frente em Defesa do Povo Palestino, mestre e doutora em estudos árabes pela Universidade de São Paulo (USP).

Um chamado das mulheres palestinas

SORAYA MISLEH

> A máquina sionista de matar não distingue entre homem e mulher, adulto ou criança. Baseia-se no apagamento e é ameaçada pela mera existência de palestinos, especialmente dos palestinos em Gaza, cujos corpos são sinônimo de resistência contra décadas de ataques israelenses e a contínua expropriação das suas terras. Estamos aqui hoje pelos homens, mulheres, crianças e jovens de Gaza, pelos nossos avós, guardiões da nossa história e memória, e por todos aqueles que fizeram de Gaza um berço popular para sua resistência corajosa. Defendemos o tijolo, o mar, as ruas, as árvores. Defendemos as memórias do passado, bem como esperanças para o futuro que fazem de Gaza a nossa casa.

A afirmação é parte de um chamado à luta anticolonial e anti-imperialista internacional, feito pelas mulheres palestinas que integram um coletivo denominado Gaza Group, por ocasião do 8 de março de 2024 — Dia Internacional da Mulher —, em uma extensa carta intitulada "Não há luta feminista sem Gaza". Ao denunciar mais de cinco meses de genocídio na estreita faixa territorial, o texto ecoa o legado de resiliência e resistência das mulheres palestinas em seu protagonismo histórico, sintetizado pelo escritor e revolucionário marxista palestino Ghassan Kanafani (1936-1972): "A causa palestina não é apenas dos palestinos, é uma causa de todos os revolucionários [...] das massas oprimidas e exploradas de nossa era".

Ao não se curvarem, as mulheres palestinas revelam a dor de seu povo como um clamor por solidariedade internacional efetiva, urgente e permanente:

> Quase todos os dias, vemos mulheres palestinas darem à luz em condições terríveis, gestantes mortas, crianças que perderam toda a família, homens à procura de entes queridos cavando escombros com as próprias mãos e médicos forçados a amputar os membros dos próprios filhos sobre uma mesa sem qualquer equipamento médico, numa casa cercada por tanques sionistas e atiradores de elite. Centenas de milhares do nosso povo no norte da Faixa de Gaza estão cercados, enfrentando uma política sistemática de fome como ferramenta da guerra genocida perpetrada pela entidade sionista, com o objetivo de quebrar a resiliência de um povo oprimido e orgulhoso. Quanto aos nossos idosos que sobreviveram à Nakba de 1948, encontram-se mais uma vez sob uma campanha brutal de massacre e deslocamento forçado.

Segundo um artigo publicado em 26 de janeiro de 2024 pelo Instituto de Estudos Palestinos, intitulado "As mulheres de Gaza durante o atual genocídio: mulheres, guerra e resistência", de autoria de Madlin Al-Halabi, pesquisadora e escritora palestina de Gaza, elas são o "contorno da sociedade". Como agentes da produção e reprodução da vida, consequentemente, são o principal alvo de Israel na sua busca por erradicar o povo palestino. Além das ameaças de abuso sexual e estupro, balas e bombas genocidas miram os corpos femininos, como se vê historicamente na Nakba contínua e, a partir de 7 de outubro de 2023, em sua nova fase: a limpeza étnica avançada na Cisjordânia e o genocídio em Gaza.

Al-Halabi observa que a ação e a retórica genocidas são parte do projeto colonial sionista, mencionando a declaração proferida em 1956 por Ariel Sharon, que exerceria o cargo de primeiro-ministro de Israel entre 2001 e 2006, e que entraria para a história com o apelido de "carniceiro": "Mulheres e crianças palestinas são de longe mais perigosas que os homens porque a existência de uma simples criança significa a sobrevivência de diversas gerações futuras". Em seus relatos, refugiados palestinos da Nakba citam as palavras de outra liderança sionista, Golda Meir, primeira-ministra entre 1969 e 1974: "Quando vejo uma mulher 'árabe' grávida, tenho dor de cabeça". É dela a célebre frase, repetida sem meias palavras hoje por seus seguidores: "Os palestinos não existem".

Essa retórica genocida voltou a nortear o discurso de lideranças sionistas, inclusive mulheres, a partir da ação coordenada da resistência palestina em 7 de outubro de 2023: "Matem todos! Estuprem! Gaza, um cemitério! São animais humanos!". Essa desumanização é parte da incitação ao genocídio em Gaza, cujo resultado, até 14 de março de 2024, era de pelo menos 32 mil palestinos assassinados por Israel (sem contar os milhares de desaparecidos sob os escombros), dos quais 12,3 mil crianças e 9 mil mulheres, além de mais de 75 mil feridos.

A Organização Mundial da Saúde (OMS) trouxe um informe alarmante em 3 de novembro de 2023: "Estima-se que existam 50 mil mulheres grávidas em Gaza, e mais de 180 dão à luz todos os dias. Quinze por cento delas provavelmente sofrerão complicações relacionadas à gravidez ou ao parto e precisarão de cuidados médicos adicionais". Muitas davam à luz num dia e no outro embalavam os corpos sem vida de seus recém-nascidos. Na Cisjordânia, pogroms perpetrados por colonos sionistas e bombardeios a campos de refugiados são parte da agressiva limpeza étnica que, somente entre o início de outubro de 2023 e março de 2024, matou mais de 500 palestinos, entre os quais cerca de 120 crianças, e feriu mais de 12 mil, entre os quais também muitas mulheres.

O número de presos políticos quase dobrou no período. Segundo a Associação de Direitos Humanos e Apoio aos Prisioneiros Palestinos (Addameer), até o início de outubro de 2023 eram 5.200, que então passaram a assombrosos 9.100, submetidos a torturas inomináveis. Testemunhos de mulheres encarceradas evidenciam o estupro como arma do Estado racista e colonial de Israel, o que não é novidade: foi assim em outros massacres genocidas, como nas aldeias de Dair Yassin e Tantura, em 1948.

Os dados assombrosos, apresentados pela ONU, escancaram a dor de todo o povo palestino na nova fase da Nakba contínua, em que Israel se sentiu à vontade para buscar sua "solução final", avalizado pela cumplicidade, pelas armas e pelos bilhões de dólares do imperialismo estadunidense e europeu.

As cenas em Gaza são de desolação, dor, sangue, destruição, fome e sede, mas também de persistência e firmeza — resiliência como resistência, ou *sumud*, em árabe. É o que têm protagonizado as mulheres palestinas, em meio a perdas inomináveis. Existência é resistência para o povo palestino, sob constante ameaça de apagamento. E as mulheres, ao lado dos homens, fazem jus ao legado que levará esse projeto sionista inevitavelmente ao fracasso. A resistência das mulheres palestinas explicita ao mundo que elas não estão alheias às lutas anti-imperialistas e anticoloniais. Não são submissas por natureza, uma massa absolutamente uniforme, como geralmente a mídia hegemônica as apresenta — e parte do movimento feminista no "Ocidente" corrobora, ao fundar-se em estereótipos.

O discurso de que tais mulheres precisam ser salvas de sua sociedade e cultura acaba por servir à dominação colonial. O feminismo liberal enxerga o véu islâmico (que apenas muçulmanas usam — e nem todas) como um símbolo de opressão, sem entender que o problema não é seu uso, mas sua imposição. A ideologia que permeia essas ações contrapõe um "Ocidente" de gente civilizada, racional e pacífica a um "Oriente" de bárbaros e violentos por natureza, como denuncia o intelectual palestino Edward Said em *Orientalismo: o Oriente como invenção do Ocidente*.

Essa representação mostra os palestinos como povos atrasados, que não podem se autogovernar, que devem ser temidos e, portanto, controlados — ou seja, colonizados. Contra tal caricatura, na Palestina e no mundo árabe como um todo, insurge-se o chamado "feminismo anticolonial", que considera a emancipação de gênero inseparável da libertação da Palestina. Ele desconstrói as representações orientalistas, reducionistas e generalistas, e preenche o vácuo de um movimento que desvia o olhar para as relações de poder que são fundantes da opressão de gênero. Parte da desconstrução proposta pelo "feminismo anticolonial" — que se coaduna com vertentes como os feminismos antirracista e islâmico — é resgatar o protagonismo das mulheres árabes e muçulmanas na história.

Como aponta a feminista egípcia Nawal El Saadawi em *A face oculta de Eva: as mulheres do mundo árabe*, as mulheres palestinas foram pioneiras nos protestos contra os primeiros assentamentos sionistas ainda no final do século XIX, que estavam a serviço da colonização por povoamento que serviu de base ao projeto sionista de limpeza étnica para constituição de um Estado judeu na Palestina. Já em 1903, período que marca o começo da segunda onda de imigração sionista, criaram uma associação de mulheres. Após a Declaração Balfour, de 2 de novembro de 1917 — com a qual a Inglaterra se declarou favorável à constituição de um "lar nacional judeu" na Palestina, avalizando a colonização sionista —, a organização de mulheres deu um salto. Nos anos 1920, elas formaram vários comitês populares para articular protestos e demais ações de desobediência civil, bem como garantir auxílio a feridos em manifestações. Em 1921, constituíram a primeira União de Mulheres Árabes-Palestinas, que organizou protestos contra o mandato britânico, a colonização sionista e a Declaração Balfour.

Das letras aos campos de batalha, as mulheres utilizam as armas de que dispõem. Em 1948, Nariman Khorsheed e sua irmã Moheeba fundaram, na cidade de Yaffa, a primeira brigada feminina palestina, denominada Al Zahrat al-Uqhuwan [Flores de crisântemo], para lutar contra a expulsão empreendida pelas forças paramilitares sionistas. No mesmo ano, surgiram outras brigadas femininas — e um grupo misto, de cem combatentes, liderado por Fatma Khaskiyyeh Abu Dayyeh.

Na revolução palestina de 1936-1939 contra o mandato britânico e a colonização sionista — cujas causas e a derrota são analisadas por Ghassan Kanafani em *A revolta de 1936-1939 na Palestina* —, Fatma esteve no comando do local de armazenagem das armas dos revolucionários. No período, mulheres organizaram grandes marchas e comitês populares. Além de promover protestos, recolhiam fundos para assistência às famílias dos mortos e prisioneiros e auxiliavam no transporte de insumos básicos e armas. Nas aldeias, lutavam lado a lado com os homens para defender suas terras. Uma dessas guerrilheiras é Fatma Ghazal, morta em combate no dia 26 de junho de 1936.

Já diante da consolidação do projeto sionista, em 1965, foi criada a União Geral das Mulheres Palestinas, vinculada à Organização para a Libertação da Palestina (OLP). No final dos anos 1960 e início dos 1970, diversas mulheres partiram para a ação direta, diante da omissão internacional em relação à violação cotidiana de direitos humanos e à expansão colonial israelense, que em 1967 resultou na ocupação por parte de Israel de toda a Palestina histórica. Nas intifadas [levantes populares] de 1987-1993 e 2000-2004, novamente elas foram protagonistas.

São heroínas desconhecidas e, em sua maioria, invisibilizadas pela história. Neste momento, elas têm pautado a solidariedade internacional com o povo palestino como parte inseparável da luta das mulheres, desmistificando as caricaturas em relação às árabes, muçulmanas e palestinas e expondo com veemência a mentirosa propaganda israelense que busca ocultar o genocídio. Elas ensinam: "Ninguém será livre até que todas sejamos livres. Não há futuro sem Gaza. Não há luta feminista sem Gaza".

RITA VON HUNTY é a persona drag do ator e professor Guilherme Terreri. Com formação em artes cênicas pela Universidade Federal do Estado do Rio de Janeiro (Unirio) e em língua e literatura inglesa pela Universidade de São Paulo (USP), atua como crítica cultural, educadora popular, professora, atriz e palestrante, com intensa atividade nas redes sociais.

Quantos campos de batalha?

RITA VON HUNTY

> Porque existem outras mesas de negociações além das mesas de oficiais e das conferências de guerra [...] e outras armas.
> — VIRGINIA WOOLF

Escrever sobre nossa solidariedade irrestrita ao povo palestino, quando mais de trinta mil pessoas — na maioria mulheres e crianças — já foram assassinadas pelo regime imperialista de limpeza étnica de Israel, me causa fúria. Peço desculpas pelo uso da primeira pessoa, já assim, no parágrafo de abertura do texto, mas me recuso a crer na imagem de intelectuais que rejeitam as emoções; esse falseamento é o que possibilita parte da hipocrisia venal com que convivemos nesta quadra histórica.

Tal hipocrisia é venal no sentido da corrupção vil daquilo que é mercantilizado a despeito de qualquer valor ético ou moral: aquilo que se apresenta como humanitário, mas sendo, de fato, o rebaixamento mais cruel de que é capaz o "mundo ocidental". Em nome de um "verniz civilizatório", os Estados Unidos têm oferecido suprimentos básicos por via aérea ao povo de Gaza, agora majoritariamente confinado em Rafah, enquanto segue financiando a indústria militar israelense com mais de catorze bilhões de dólares. Pesa mencionar que, em novembro de 2023, Itzhak Brik, general aposentado de Israel, afirmou, em entrevista ao *Jewish News Syndicate*, que, assim que os Estados Unidos "fechassem a torneira", o massacre acabaria: "Não teríamos como seguir lutando". Os Estados Unidos poderiam, portanto, ter sido o primeiro obstáculo para o genocídio em curso, mas foram seu catalisador.

Demonstrações hipócritas não ficaram restritas ao maior aliado (e interessado) na manutenção da posição estratégica e imperialista de Israel no Oriente Médio. Países como o Brasil também participam desse grotesco teatro quando corretamente condenam em âmbito diplomático o massacre perpetrado por Israel na Palestina, mas mantém intactas suas relações comerciais com o governo genocida. Segundo levantamento da plataforma Oil Change International, nosso país está entre os maiores fornecedores de petróleo cru ao Estado de Israel, assim como Rússia, Arábia Saudita, Emirados Árabes Unidos, Iraque e Egito. Na contramão da hipocrisia, há países que cortaram relações com Israel, como Bolívia, Belize ou África do Sul — e esta última, além de reconhecer o regime imposto sobre o povo palestino como semelhante àquele que o apartheid impôs sobre a população racializada do país, também declarou, por meio de sua ministra dos Negócios Estrangeiros, que os cidadãos sul-africanos que lutarem ao lado das forças armadas israelenses serão presos ao retornar.

As sanções econômicas, o embargo de armas e o rompimento de relações comerciais e diplomáticas são as mais importantes demonstrações de solidariedade nas quais devem se engajar os Estados que verdadeiramente se opõem ao genocídio palestino. Não pode haver qualquer dúvida em relação a esse caminho. Enquanto nações como os Estados Unidos, o Reino Unido e a França falam sobre cessar-fogo, mas se mostram incapazes de transformar discursos em medidas concretas de pressão econômica e política, nenhuma ajuda humanitária chegará até um povo à beira do apagamento. Foi através de medidas concretas de bloqueio, sanção e embargo que a comunidade internacional fez pressão sobre a África do Sul pelo fim do regime de apartheid. Foi por meio das mesmas medidas que o regime fascista e colonial de António de Oliveira Salazar em Portugal foi acuado. Agora não será diferente.

Como intelectuais, artistas, educadores, agentes democráticos e comunicadores, há muito a ser feito e muito o que temos feito ininterruptamente desde a escalada sanguinária conduzida pelo governo liderado por Benjamin Netanyahu nas semanas seguintes ao ataque do Hamas, em 7 de outubro de 2023. Das tarefas centrais do momento, quatro me parecem mais urgentes: (i) a difusão de imagens, textos e notícias que o genocídio do povo palestino tem produzido, mas que não interessam às agências midiáticas hegemônicas; (ii) o combate às falsificações históricas que isolam o episódio de 7 de outubro de 2023 de uma tragédia que remonta à fundação — ilegítima — do Estado de Israel; (iii) a denúncia da coação produzida por grupos sionistas contra aqueles e aquelas que se levantaram em solidariedade à causa palestina; e (iv) a organização e o comparecimento em atos públicos de solidariedade à causa palestina.

Sobre a primeira tarefa, parece que tivemos algum sucesso ao redor do mundo. Os Estados Unidos aprovaram na Câmara dos Representantes e levaram ao Senado, em caráter de urgência, a lei que visa proibir o uso da rede social TikTok no país. Um dos pilares da argumentação dos congressistas republicanos foi o suposto prejuízo que a rede social causava aos estadunidenses jovens (pesquisas mostram que o aplicativo se tornou a principal plataforma usada pela população com menos de trinta anos para se informar). Fato é que, no TikTok, o número de menções pró-Palestina (272 milhões) ultrapassa aquelas pró-Israel (77 milhões). A prevalência de opiniões favoráveis à Palestina também pode ser observada em outras redes sociais, sendo 39 vezes maior do que as favoráveis a Israel no Facebook e 26 vezes maior no Instagram.

Sobre a segunda tarefa, devemos frisar que os acontecimentos de 7 de outubro de 2023 não são um "raio em céu azul", mas um ataque que ocorre após mais de 248 palestinos terem sido assassinados em 2023 pelas forças de segurança israelenses — 40 deles, crianças. A lista de crimes de guerra cometidos por Israel é longa e bem documentada. Em 2014, houve a operação Margem Protetora; em 2012, a operação Pilar de Defesa; em 2009, a operação Chumbo Fundido, deflagrada depois que Israel rompeu um acordo de cessar-fogo em 2008. A lista não fica restrita ao século XXI: 1967 é um ano marcante do conflito, quando Israel iniciou uma "guerra preventiva" contra Egito, Síria e Jordânia para tomar mais terras do povo palestino e confiná-lo na Faixa de Gaza. A ação foi, desde então, amplamente considerada uma ocupação ilegal do território, condenada por órgãos como a Corte Internacional de Justiça, as Nações Unidas, a Cruz Vermelha e as Convenções de Genebra, marcando uma espécie de consenso internacional para que Israel voltasse às suas fronteiras prévias a junho de 1967. A primeira metade do século XX foi marcada pela Nakba. Em 1948, um processo de limpeza étnica teve lugar na Palestina, forçando o deslocamento violento dos palestinos e a desapropriação de suas terras e pertences, juntamente com a destruição da sua sociedade, cultura, identidade, direitos políticos e aspirações nacionais. Cerca de quinhentas cidades, vilarejos e povoados foram esvaziados, destruídos e repovoados por judeus. Aproximadamente 750 mil pessoas foram desabrigadas por milícias sionistas para que o território chamado hoje de Israel pudesse surgir, ilegítimo como é.

Sobre a terceira tarefa, é possível pensar no jornalista Breno Altman e nas professoras universitárias Berenice Bento e Francirosy Barbosa, para nomear apenas alguns dos casos de perseguição àqueles que levantaram publicamente a voz em defesa do povo palestino. Altman foi processado pela Confederação

Israelita do Brasil (Conib), que visava censurar sua crítica ao regime sionista por meio de uma espécie de *lawfare*, ou seja, a manipulação dos instrumentos jurídicos como arma de guerra contra a liberdade de imprensa e de expressão. Berenice e Francirosy foram perseguidas e difamadas nas redes sociais, além de serem incluídas em listas de "supostos terroristas" por parlamentares brasileiros.

A quarta tarefa é um grande desafio para as esquerdas brasileiras. Desmobilizado e com pouco apoio institucional, em seis meses de genocídio em curso, o campo das esquerdas não foi capaz de produzir grandes manifestações no país — na contramão de cidades como Londres, Madri e Istambul, que levaram milhares de pessoas às ruas contra o genocídio em Gaza. O protesto na capital inglesa mobilizou aproximadamente 250 mil pessoas em fevereiro de 2024. A própria capital de Israel, Tel Aviv, tem visto uma série de protestos pelo cessar-fogo imediato, o retorno dos reféns e a renúncia de Netanyahu.

Cada momento é decisivo e cada esforço conta no objetivo de produzir pressão política capaz de demandar ações mais concretas do Estado brasileiro em relação ao genocídio que se desenrola diante de nossos olhos. Nos dias finais de março, a ONU declarou que mais de 1,1 milhão de palestinos enfrentará fome e desnutrição em níveis letais. O chefe de assuntos humanitários das Nações Unidas, Jens Laerke, alertou em 20 de março que a "morte em massa é iminente": estima-se que mais de duzentas vidas possam ser perdidas diariamente devido à fome, as quais se somarão às vítimas dos ataques que seguem sendo conduzidos por Israel e às vítimas das doenças que se proliferam sem que a população tenha acesso a água e saneamento ou a quaisquer outras infraestruturas básicas para a manutenção da vida.

Esse episódio tenebroso da história será lembrado como a façanha mais cruel contra um povo sem condições de se defender, punido coletivamente, de forma indistinta, empurrado com velocidade ímpar para a fome e para condições sub-humanas de existência, destruído por um projeto de poder muito semelhante ao nazismo em sua empreitada de "limpeza racial". Que sejamos rápidos em agir, que nossas ações possam reverberar em nossos espaços e produzir ainda mais ação, que o medo e o horror não nos paralisem e que esse povo tão açoitado possa ainda cantar que "a Palestina será livre, do rio ao mar". Preservaremos a memória, transmitiremos a história, na esperança de que, no futuro, nenhum povo volte a conhecer tamanho horror.

JAMIL CHADE é jornalista, mestre em relações internacionais e correspondente internacional em Genebra, Suíça, há mais de vinte anos, tendo contribuído com diversos veículos da imprensa brasileira. É autor de *Luto: reflexões sobre a reinvenção do futuro* (Contracorrente, 2022) e *Política, propina e futebol* (Objetiva, 2015), entre outros livros.

A ONU sob os escombros de Gaza

JAMIL CHADE

Sob os escombros de Gaza não estão apenas vítimas inocentes, sonhos e o futuro. A guerra também abalou de forma significativa — e talvez decisiva — a credibilidade do sistema das Nações Unidas. Se a governança global já vivia uma profunda incerteza nos últimos anos, e se o veto russo durante os debates acerca da invasão do território ucraniano havia colocado um ponto de interrogação sobre o organismo internacional, a crise eclodiu de forma escancarada diante da incapacidade da ONU em dar uma resposta à altura das — ou frear as — mortes de mulheres e crianças e a fome entre civis palestinos.

Soterrada, as Nações Unidas passaram a ser tomadas por apelos de sua própria liderança para que uma reforma seja implementada, na esperança de salvá-la. Criada em 1945, a ONU mantém sua estrutura de poder praticamente intacta desde o final da Segunda Guerra Mundial. O resultado, portanto, tem sido um crescente questionamento sobre a legitimidade da instituição e sua habilidade em encarar os desafios do século XXI. Se Gaza passou a ser um ponto de inflexão, o mal-estar nos corredores da entidade não era exatamente uma novidade quando a brutal ofensiva israelense teve início. Atolada por demandas dos quatro cantos do mundo e incapaz de encontrar novas formas de arrecadação, a ONU foi esvaziada financeiramente, atravessou

2023 com sérios problemas de caixa e começou 2024 com uma severa crise de liquidez.

Sem saber se poderia contar com recursos das potências e dos principais doadores, a ONU congelou contratações, fechou escritórios e pediu que os diversos departamentos apertassem os cintos, com cortes de gastos em diferentes programas. Numa carta interna enviada a todos os departamentos da organização no primeiro bimestre de 2024, a cúpula da ONU deixou claro que a situação não era confortável. "Apesar da menor arrecadação de contribuições nos últimos cinco anos, conseguimos garantir o pagamento ininterrupto dos salários dos funcionários e dos fornecedores. No entanto, nesse processo, é provável que terminemos o ano com nossas reservas de liquidez do orçamento ordinário em grande parte esgotadas", alertou Chandramouli Ramanathan, controlador e secretário-geral adjunto da ONU para Planejamento, Finanças e Orçamento de Programas. "Começaremos o ano [2024] com um déficit de caixa significativo que terá corroído a maior parte de nossas reservas de liquidez do orçamento regular", alertou. O documento ainda tinha como objetivo aconselhar os chefes de seções e programas a "exercer a máxima moderação na utilização dos fundos".

Aquela havia sido a terceira carta enviada pelo controlador em apenas seis meses. Em julho de 2023, ele alertara sobre a "deterioração da situação de liquidez do orçamento regular, o que exige restrições temporárias de contratação e gastos para evitar uma interrupção, até outubro de 2023, no pagamento de salários e direitos e outras obrigações legais com terceiros". "No final de junho, restavam pendentes 1,52 bilhão de dólares de contribuições orçamentárias regulares; para contextualizar, as contribuições de 2023 eram de 2,99 bilhões de dólares, e começamos o ano com 329,7 milhões de dólares em atraso", explicou. "Com base nas entradas e saídas de caixa projetadas nesse estágio, temos um risco real de que nossas reservas de liquidez do orçamento regular se esgotem, e podemos correr o risco de até mesmo esgotar o excedente de caixa que a Assembleia Geral nos autorizou a usar excepcionalmente, se necessário."

Naquele momento, diante da "piora da situação de liquidez e para minimizar o risco de não conseguir pagar salários ou liquidar obrigações legais", o secretário-geral da ONU, António Guterres, determinou a suspensão temporária das contratações para cargos financiados pelo orçamento regular, inclusive para missões políticas especiais. Outra medida adotada foi a imposição de bloqueios de fundos. No dia 6 de outubro de 2023, numa outra carta, o mesmo controlador deu a notícia aos departamentos de que a crise não tinha sido contornada. "Nossa situação de liquidez não melhorou. No final de setembro, as arrecadações estavam aquém das estimativas em 216 milhões de dólares", alertou. "Coletamos apenas cerca de 64% das contribuições do ano, a menor nos últimos cinco anos."

Em Genebra, a tradução da carta foi logo sentida. A sede das Nações Unidas foi fechada para economizar recursos, e o aquecimento interno foi desligado em pleno inverno europeu, entre os dias 20 de dezembro de 2023 e meados de janeiro de 2024. Em plena crise no Sudão, em Gaza, na Ucrânia, em Mianmar e tantos outros cantos do planeta, o centro nevrálgico de todo o trabalho humanitário e de direitos humanos internacional viu seus funcionários serem obrigados a trabalhar de casa. De fato, medidas para economizar energia começaram a ser adotadas já em outubro de 2023, e foram justificadas como "ações para garantir a continuidade de nossas atividades obrigatórias de apoio à paz, aos direitos e ao bem-estar". Ou seja, para garantir que houvesse dinheiro para os programas pelo mundo, a burocracia teria de ser repensada.

As medidas incluíam o desligamento das escadas rolantes e a redução da iluminação externa. Em dezembro daquele ano, um cartaz colocado ao lado de uma das escadas rolantes avisava a embaixadores e ministros que o desligamento ocorria "por restrições orçamentárias". Apesar da necessidade de mudar a matriz energética do mundo, a ONU decidiu fechar todas as estações de recarga de carros elétricos no estacionamento, até segunda ordem. A entidade ainda anunciou que adiaria a decisão de religar a climatização do prédio. Foi decidido que a temperatura interna máxima seria de 20,5 °C. Numa das salas, uma placa avisava aos embaixadores que a temperatura estaria mais baixa, em razão do racionamento de gastos.

Fragilizada financeiramente, a ONU se apoiava em sua capacidade de representar uma espécie de bússola moral da humanidade para continuar relevante. Mas, nas horas que se seguiram aos ataques do Hamas em 7 de outubro de 2023, um terremoto de grandes proporções abalou as estruturas da instituição. O que se viu nos bastidores foi uma guerra paralela às bombas que estavam sendo jogadas sobre Gaza, num embate travado entre o governo de Israel, potências, governos árabes e atores envolvidos direta e indiretamente no Oriente Médio. O centro da polêmica passou a ser o colapso do Conselho de Segurança da ONU diante da pressão por uma resposta. Uma vez iniciada a ofensiva israelense, ficou evidente que a questão deveria entrar na agenda do órgão máximo do sistema de segurança coletiva internacional. Naquele momento, o Brasil ocupava a presidência rotativa do Conselho de Segurança e recebeu um alerta claro por parte da diplomacia estadunidense: não envolva a ONU na resposta de Israel aos ataques que sofreu.

Ainda assim, o Itamaraty continuou trabalhando para que o Conselho de Segurança se mostrasse presente. Em reuniões fechadas até mesmo para os demais membros da ONU, o Brasil tentou desenhar um texto que pudesse ser aceito pelo governo dos Estados Unidos. A ideia de cessar-fogo foi substituída por uma proposta de “pausa humanitária”. O que estava em jogo não era apenas a população de Gaza ou os reféns israelenses; o temor era de que, de mãos atadas, a ONU não conseguisse se reerguer. Quando o texto brasileiro foi à votação, a imagem da mão levantada da delegação estadunidense vetando o projeto revelou o que a Casa Branca estava disposta a fazer para blindar seu aliado israelense da pressão internacional. Naquele momento, em meados de outubro de 2023, existiam 3,2 mil mortos em Gaza. Quando este artigo foi escrito, no final de março de 2024, já eram mais de 31 mil vítimas fatais.

Oficialmente, o argumento estadunidense era de que a diplomacia não deveria ser pública e que negociações sigilosas estabeleceriam os termos para o fim do conflito. Mas, à medida que os corpos iam se amontoando e a crise humanitária se agravava a uma velocidade sem precedentes, embaixadores brasileiros passaram a questionar abertamente a justificativa dada pela Casa Branca. Houve ainda uma nova tentativa de driblar o veto dos Estados Unidos, levando o caso para a Assembleia Geral da ONU. Ali, bastaria uma aprovação pela maioria dos países para garantir que uma resolução pedindo o cessar-fogo fosse sacramentada. Mas as resoluções da Assembleia Geral da ONU têm um caráter não vinculante. Israel, assim, ignorou solenemente a aprovação do documento.

Sob os escombros de Gaza também ficou a reputação da Corte Internacional de Justiça, sediada em Haia, na Holanda. O órgão, depois de uma queixa formalizada pela África do Sul contra Israel, determinou que Tel Aviv tomasse "todas as medidas" para impedir que um genocídio ocorresse contra palestinos em Gaza. A decisão exigia que Israel permitisse que a ajuda humanitária entrasse na região, que a destruição de casas e infraestrutura civil fosse evitada e que ataques contra a população não ocorressem.

Os juízes também pediram que o Hamas libertasse os reféns israelenses e insistiram que todos devem se submeter ao direito internacional. A corte ainda determinou que: (i) Israel deve tomar medidas imediatas e eficazes para permitir o fornecimento de serviços básicos urgentemente necessários e assistência humanitária na Faixa de Gaza; (ii) Israel deve tomar medidas para prevenir e punir o incitamento direto ao genocídio na Faixa de Gaza; (iii) Israel deve informar ao tribunal, no prazo de um mês, o que está fazendo para cumprir a ordem de tomar todas as medidas ao seu alcance para evitar atos de genocídio em Gaza; (iv) a decisão cria obrigações legais internacionais para Israel; (v) Israel deve garantir, imediatamente, que seus militares não cometam nenhum ato descrito como genocídio; (vi) Israel deve tomar medidas efetivas para prevenir a destruição e garantir a preservação de evidências relacionadas a atos de genocídio contra palestinos em Gaza; e (vii) Israel ainda ficava proibido de causar danos corporais ou mentais graves aos membros do grupo sob ameaça — ou seja, os palestinos —, incluindo matar membros do grupo, infligir deliberadamente ao grupo condições de vida calculadas para provocar sua destruição física, infligir deliberadamente ao grupo condições de vida calculadas para provocar sua destruição física total ou parcial, e impor medidas destinadas a impedir nascimentos dentro do grupo.

Ainda que um cessar-fogo não tenha sido determinado pela Corte Internacional de Justiça, como era esperado, a decisão foi recebida por diplomatas e advogados como um sinal de que Haia ao menos considerava que existia base para temer um genocídio, e que uma proteção era urgente. Para uma parcela dos observadores internacionais, tratava-se de uma derrota para a versão adotada pelos governos europeus, estadunidense e israelense, de que não existia risco de genocídio. Uma vez mais, o que se viu foi uma ofensiva para ignorar qualquer compromisso com a máxima corte do direito internacional. Minutos após o anúncio das medidas, o primeiro-ministro de Israel, Benjamin Netanyahu, disse que seu governo continuaria "a fazer tudo o que fosse necessário" para se defender.

A resposta de Israel veio ainda na forma de uma campanha orquestrada para não só ignorar a Corte Internacional de Justiça como também colocar uma dúvida sobre o próprio papel da ONU. Horas antes do anúncio das medidas legais contra Israel, o governo de Netanyahu apresentou suspeitas de que doze funcionários da Agência das Nações Unidas de Assistência e Obras para os Refugiados da Palestina no Oriente Próximo (UNRWA) haviam sido cúmplices dos ataques do Hamas. Imediatamente, doadores suspenderam suas contribuições à entidade, ampliando o desespero de 2,2 milhões de palestinos na Faixa de Gaza e barrando o repasse de mais de quatrocentos milhões de dólares. A ONU abriu investigações e demitiu os funcionários acusados. Mas nada disso foi suficiente para convencer os grandes doadores a voltar a financiar a agência. Quatro semanas depois, a ONU informou que o governo de Israel ainda não havia apresentado todas as evidências e novas provas de suas acusações, causando consternação interna na organização.

A acusação era apenas parte de uma ofensiva maior. Um documento enviado pela chefia da UNRWA para o presidente da Assembleia Geral da ONU, Dennis Francis, revelou a dimensão da crise que existia entre o governo de Israel e a entidade internacional. Assinada pelo suíço Philippe Lazzarini no dia 22 de fevereiro de 2024, a carta tenta conscientizar as potências e a cúpula das Nações Unidas sobre o fato de que haveria uma tentativa deliberada de inviabilizar o socorro humanitário aos palestinos em Gaza. Segundo Lazzarini, as seguintes medidas foram tomadas para desmobilizar a agência internacional: (i) a Autoridade Fundiária Israelense exigiu que a UNRWA desocupasse seu Centro de Treinamento Vocacional de Qalandia, em Jerusalém Oriental, cedido pela Jordânia em 1952, e que pagasse uma "taxa de uso" de mais de 4,5 milhões de dólares; (ii) o vice-prefeito de Jerusalém tomou medidas para expulsar a UNRWA da sede que ocupava há sete décadas em Jerusalém Oriental; (iii) os vistos para a maioria dos funcionários internacionais, inclusive os de Gaza, foram limitados a um ou dois meses; (iv) o ministro da Fazenda de Israel declarou que revogaria os privilégios de isenção fiscal da UNRWA; (v) as autoridades alfandegárias suspenderam o envio de mercadorias da UNRWA; (vi) um banco israelense bloqueou uma conta da UNRWA; (v) centenas de funcionários locais da UNRWA não tiveram acesso a Jerusalém a partir de outubro de 2023 para chegar à sede da UNRWA, às escolas e aos centros de saúde; (vi) um projeto de lei foi apresentado no Knesset, o Parlamento israelense, para excluir a UNRWA dos privilégios e imunidades da ONU; (vii) um segundo projeto de lei tenta impedir qualquer atividade da UNRWA em território israelense, o que limitaria o atendimento aos palestinos em Jerusalém e, eventualmente, em Gaza; e (viii) em 31 de janeiro de 2024, o primeiro-ministro disse que a UNRWA estava "a serviço do Hamas", enquanto muitas autoridades israelenses pediram que os doadores deixassem de financiar a UNRWA.

Segundo a carta, desde a decisão da Corte Internacional de Justiça, "houve um esforço conjunto de algumas autoridades israelenses para confundir enganosamente a UNRWA com o Hamas, para interromper as operações da UNRWA e para pedir o desmantelamento da agência". "Essas ações e declarações prejudicam as operações da UNRWA, criam riscos à segurança da equipe e obstruem o mandato da agência, conferido pela Assembleia Geral da ONU", disse o chefe da entidade, que concluiu a carta com um aviso: "Temo que estejamos à beira de um desastre monumental, com graves implicações para a paz regional, a segurança e os direitos humanos".

Enquanto os corpos se acumulavam em Gaza, a realidade era que a ONU vivia uma crise existencial. Do lado de Netanyahu, era dito abertamente que o objetivo era encerrar as atividades da UNRWA, enquanto potências faziam seus cálculos geopolíticos para determinar como responderiam à crise. Aquele não era o primeiro ataque que as Nações Unidas sofriam desde a eclosão do confronto em Gaza. Nos bastidores, a guerra ganhou um outro significado — e parte da operação exigia desacreditar e silenciar a ONU como um interlocutor legítimo. Nos primeiros dias do conflito, o alvo já havia sido o alto comissário da ONU para os Direitos Humanos, Volker Türk. Em 10 de outubro de 2023, o representante da entidade fez um apelo para que Netanyahu acatasse as regras internacionais e não atacasse civis, alertando que o cerco contra Gaza poderia constituir um crime de guerra. No mesmo discurso, ele condenava a ação do Hamas e pedia a libertação dos reféns.

"Estamos enfrentando uma situação explosiva de barril de pólvora. Sabemos como isso acontece, repetidamente: a perda de vidas israelenses e palestinas e o sofrimento incalculável infligido a ambas as comunidades", disse Türk. O alto comissário ainda afirmou estar "profundamente chocado e estarrecido com as alegações de execuções sumárias de civis e, em alguns casos, horríveis assassinatos em massa por membros de grupos armados palestinos". "É horrível e profundamente angustiante ver imagens de pessoas capturadas por grupos armados palestinos sendo maltratadas, bem como relatos de assassinatos e profanação de seus corpos", disse ele. "Os civis nunca devem ser usados como moeda de troca."

Horas depois, a diplomacia de Israel emitiu um comunicado com uma dura resposta, exigindo que as cobranças fossem direcionadas apenas aos palestinos. Ali, estava claro que a relação entre ONU e Tel Aviv seria tensa. Semanas depois, Israel pediu a demissão do próprio secretário-geral da ONU, que havia declarado que os ataques do Hamas "não aconteciam no vácuo". Nos corredores e salas de reunião da ONU, o sentimento foi de indignação e impotência. Atacada, a instituição não conseguia fazer seus apelos serem ouvidos: havia sido rejeitada como parte da negociação para um acordo e se debatia internamente sobre como qualificar o que estava ocorrendo em Gaza.

Uma fresta dessa frustração ficou evidente com o vazamento de uma carta de despedida de um alto funcionário que, ao deixar seu cargo e se aposentar da ONU, trouxe à tona o mal-estar. Craig Mokhiber era diretor do escritório do Alto Comissariado da ONU para os Direitos Humanos em Nova York. Seu desabafo ao escrever ao seu chefe, o austríaco Volker Türk assumiu um tom de indignação e de alerta:

Mais uma vez, estamos testemunhando o desenrolar de um genocídio diante de nossos olhos e a Organização a que servimos parece impotente para impedi-lo. Como alguém que pesquisa os direitos humanos na Palestina desde a década de 1980, viveu em Gaza como consultor de direitos humanos da ONU na década de 1990 e realizou várias missões de direitos humanos no país antes e depois desses períodos, essa situação me afeta pessoalmente.

Foi também nesses escritórios da ONU que trabalhei durante os genocídios contra os tutsi, os muçulmanos bósnios, os yazidi e os rohingya. Em todos os casos, quando a poeira baixou sobre os horrores perpetrados contra populações civis indefesas, ficou dolorosamente claro que havíamos falhado em nosso dever de cumprir os imperativos de prevenir atrocidades em massa, proteger os vulneráveis e responsabilizar os perpetradores. O mesmo tem acontecido com as sucessivas ondas de assassinatos e perseguição de palestinos ao longo da existência das Nações Unidas. [...]

Como advogado de direitos humanos com mais de trinta anos de experiência, estou bem ciente de que muitas vezes abusou-se politicamente do conceito de genocídio. Mas a atual matança do povo palestino, enraizada em uma ideologia etnonacionalista colonial, uma continuação de décadas de perseguição e limpeza sistemáticas, baseada inteiramente em sua arabidade e associada a declarações explícitas de intenção do governo israelense e de líderes militares, não deixa espaço para dúvidas ou debates. Em Gaza, casas, escolas, igrejas, mesquitas e instalações médicas estão sendo atacadas sem motivo e milhares de civis estão sendo massacrados. Na Cisjordânia, incluindo a Jerusalém ocupada, as casas são confiscadas e realocadas exclusivamente com base na raça. Além disso, pogroms violentos perpetrados por colonos são acompanhados por unidades militares israelenses. O apartheid reina em todo o país.

Esse é um caso exemplar de genocídio. O projeto colonial e etnonacionalista europeu de colonização na Palestina entrou em sua fase final, rumo à destruição acelerada dos últimos vestígios da vida indígena na Palestina. Além disso, os governos dos Estados

Unidos, do Reino Unido e de grande parte da Europa são totalmente cúmplices desse terrível ataque. Esses governos não só se recusam a cumprir suas obrigações de "garantir a conformidade" com as Convenções de Genebra como também estão ativamente armando a ofensiva, fornecendo apoio econômico, inteligência e cobertura política e diplomática para as atrocidades de Israel. [...]

Senhor Alto Comissário, entrei para esta Organização na década de 1980 porque encontrei uma instituição baseada em princípios e padrões que estavam resolutamente do lado dos direitos humanos, mesmo quando os poderosos Estados Unidos, o Reino Unido e a Europa não estavam do nosso lado. Enquanto meu próprio governo, suas instituições subsidiárias e grande parte da mídia estadunidense continuavam a apoiar ou justificar o apartheid sul-africano, a opressão israelense e os esquadrões da morte da América Central, as Nações Unidas defendiam os povos oprimidos desses países. Tínhamos o direito internacional do nosso lado. Tínhamos os direitos humanos do nosso lado. Tínhamos os princípios do nosso lado. Nossa autoridade estava enraizada em nossa integridade. Mas esse não é mais o caso.

Internamente, a constatação era uma só: Gaza havia exposto a falência do sistema e a incapacidade de ter o direito internacional como base da relação entre os Estados. Se a análise de que a estrutura já não era revelante existia antes do massacre em curso na Palestina, a crise humanitária ampliou rapidamente o apoio a uma reforma. A grande dificuldade, porém, é que a pressão por mudança ocorre justamente num momento em que a desconfiança e a ruptura de qualquer diálogo prevalecem entre as principais potências. E isso tudo ficou evidenciado quando, em março de 2024, o G4 — grupo formado por Brasil, Índia, Japão e Alemanha — apresentou uma proposta sobre como deveria ser o novo Conselho de Segurança da ONU. Pelo projeto, o órgão passaria a ter um total de 25 ou 26 membros, onze a mais que o atual formato. O veto, hoje usado para impedir decisões, não seria usado por um período de quinze anos pelos novos membros. A escolha dos novos membros seria feita por uma eleição, ampliando o órgão que já conta com Estados Unidos, França, Reino Unido, China e Rússia como membros permanentes. A nova proposta prevê seis novos membros permanentes, a serem eleitos pela Assembleia Geral da ONU. A composição da expansão incluiria: dois países da África, dois países da Ásia, um país da América Latina e um país do Grupo Ocidental. O projeto ainda prevê quatro ou cinco novos membros não permanentes. Isso inclui: um ou dois países africanos, um país asiático, um país do Leste Europeu e um país latino-americano.

Ao defender a reforma, o embaixador do Brasil na ONU, Sérgio Danese, indicou que a mera existência de uma reunião para debater o projeto já era "claramente um passo à frente, permitindo discussões mais concretas e focadas, após trinta anos de debates ociosos". Segundo Danese, a sub-representação dos países em desenvolvimento — especialmente da África, da América Latina e do Caribe — entre os membros permanentes "prejudica de forma crítica a eficácia e a legitimidade do Conselho de Segurança". Para o embaixador brasileiro, "nenhuma reforma será realmente transformadora a menos que busque reequilibrar a composição" de membros permanentes e não permanentes.

Imediatamente, porém, o projeto foi alvo de ataques, tanto de parte de grandes potências como de economias emergentes. O governo russo, por exemplo, avisou que era contra a proposta e alertou que a expansão sugerida pelo grupo tornaria o Conselho de Segurança ainda menos eficiente, até paralisá-lo por completo. Para o Kremlin, nenhuma expansão pode ter mais de vinte países. Os russos admitem que podem aceitar a entrada do Brasil e da Índia, mas não dariam sinal verde para mais uma vaga para uma potência ocidental, num recado para a Alemanha. O governo da China também deixou claro que não apoiava o modelo apresentado. Pequim afirmou que a ideia era "completamente mal orientada" e que apenas ampliaria o desequilíbrio entre as grandes potências e o resto do mundo. O veto chinês tinha como objetivo impedir a entrada da Índia e do Japão, seus principais rivais regionais.

Mas não foram apenas as superpotências que contestaram o projeto. Os países africanos questionaram a ideia de renunciar ao veto por quinze anos, já que os demais membros permanentes continuariam a usar esse poder. A Itália, falando em nome de Argentina, Canadá, Colômbia, Costa Rica, Malta, México, Espanha e Turquia, também criticou o projeto do G4. Para o Paquistão, que é contra a entrada da Índia, a proposta vai "no caminho errado" ao propor que a escolha dos novos membros do Conselho seja feita por meio de uma votação na Assembleia Geral da ONU. "Que democracia vota alguém para um cargo permanente?", argumentou. O governo do México também questionou: "Que garantia existe que um país vai representar de fato sua região?". Na avaliação deles, a expansão apenas "perpetua uma estrutura que gera paralisia".

Os governos sabem que a atual estrutura, que sacramentou as relações de poder após a vitória dos Aliados em 1945, não condiz com a realidade do século XXI. Mas, divididos, em guerra e querendo se reposicionar como protagonistas de uma nova ordem mundial, os principais atores internacionais vivem a encruzilhada de ter de reconstruir a governança global ou abrir uma era na qual as regras que moldaram o mundo após a Segunda Guerra Mundial deixam de existir na prática.

Gaza consolidou a certeza de que o rei está nu. Se as bombas mataram crianças e inocentes, se o Hamas transformou vidas humanas em instrumentos de barganha política, a impotência do direito internacional, das instituições em Nova York, Haia ou Genebra escancararam uma crise existencial nos órgãos que representavam a esperança da tradução de utopias em realidades. Sob os escombros de Gaza está também a própria estrutura de poder na ONU. Resta saber com qual credibilidade ela ainda será resgatada. A explosão pode ter sido fatal.

UALID RABAH é presidente da Federação Árabe Palestina do Brasil (Fepal).

O fracasso sionista na Palestina

UALID RABAH

É comum lermos e escutarmos — de sionistas e de antissionistas, de defensores do experimento social genocida autoproclamado Estado e autodenominado "israel" e dos que se opõem a ele porque defendem os direitos nacionais, civis e humanitários do povo palestino — opiniões que beiram o catastrofismo, próximas de concordarem com a impossibilidade de a Palestina tornar-se livre do rio ao mar, de Gaza à Galileia. Estas, entretanto, pecam por não lerem adequadamente a história e, por isso, não enxergarem o fracasso do sionismo desde que seus representantes iniciaram a empreitada colonial na Palestina, ainda sob administração colonial britânica.

Uma breve incursão histórica até o início efetivo do projeto sionista nos oferece não apenas elementos comprobatórios desse fracasso mas também mostras do quanto o sionismo foi levado ao extremo dos genocídios clássicos e abertos, seja porque era esse mesmo o plano, seja porque se tornou "necessário" em sua forma mais brutal, sempre com a cobertura de uma potência colonial de plantão — primeiro a Grã-Bretanha, depois os Estados Unidos, e as duas juntas, de acordo com o sistema dominante "ocidental".

Remontemos à famosa Declaração Balfour, de 2 de dezembro de 1917. Em suas 67 palavras, sobressai a promessa de um "lar nacional judeu". Há aqui duas premissas que precisam ser melhor compreendidas. A primeira é que a promessa colonial de uma terra não inglesa é dirigida a um determinado grupo humano, a demografia euro-judaica, visto ser esta a única a enfrentar o antijudaísmo, fenômeno da cristandade europeia e realizado em seu espaço geográfico. Logo, não é para nenhum judeu de qualquer outro canto do mundo, nem mesmo para os palestinos de fé judaica, nesta terra vivendo desde sempre, tal qual os palestinos de outras fés religiosas, e sem sofrer perseguição, pogroms ou qualquer outra mazela supremacista "ocidental". A segunda diz respeito ao fato de não citar o povo palestino nem uma só vez, apenas fazendo uma "generosa" referência aos não judeus ("coletividades") naquela terra, que supostamente não seriam afetados em seus direitos civis e religiosos. Combinando as duas premissas, a conclusão é de que somente judeus teriam direitos nacionais; logo, haveria um regime de apartheid, seja imediato, seja em algum momento da história palestina, àquela altura ainda incerta.

É preciso compreender a promessa britânica num contexto que remonta aos planos sionistas do século XIX, nos quais um futuro Estado judeu deveria ser exclusivo dos judeus. A frase "uma terra sem povo para um povo sem terra", além de tornar professantes do judaísmo um povo, lançava o pressuposto de que a geografia onde o Estado judeu se realizasse deveria estar desimpedida de outra demografia. Ou seja: a nova terra para o deslocamento de euro-judeus seria tornada "sem povo". Assim, a promessa britânica está necessariamente presa à realização de uma limpeza étnica na Palestina, posto que o I Congresso Sionista, realizado em 1897, resolvera que a "terra sem povo" seria a Palestina.

A Declaração Balfour desencadeou os acontecimentos que viriam na sequência. O primeiro, a Conferência de San Remo (1920), em que as potências coloniais vencedoras da Primeira Guerra Mundial resolveram adotar a Declaração Balfour para a Palestina, sem, novamente, citar uma única vez o povo palestino. Depois, aprovaram, na Liga das Nações (1922), o Mandato da Palestina, que, na prática, foi a farsesca legalização do projeto colonial de judaização da Palestina e, consequentemente, de extermínio da população originária. O texto consistia de 28 artigos, nos quais, conforme a regra colonial em andamento, não havia uma só menção ao povo palestino. Os onze primeiros desenhavam o que viria a acontecer na Palestina, como plano e não como acidente de percurso, isto é, a substituição da população originária, num processo combinado de seu deslocamento para além das fronteiras e sua substituição por uma nova demografia — euro-judaica, importada por imigração, gestada pelos britânicos e pela Organização Sionista Mundial, depois sob a grife Agência Judaica.

Para que não reste dúvida, recorramos ao preâmbulo do texto do Mandato da Palestina, que é claro e taxativo:

> as principais Potências Aliadas também concordaram que a Mandatária deveria ser responsável por colocar em vigor a declaração [Balfour] originalmente redigida em 2 de novembro de 1917 pelo Governo de Sua Majestade Britânica e adotada pelas referidas Potências, em favor do estabelecimento na Palestina de um lar nacional para o povo judeu.

Entre a Declaração Balfour e a aprovação do Mandato da Palestina, ocorreu o primeiro fracasso sionista: o mapa adotado pelos britânicos para ser a Palestina da promessa não trazia os dois lados do Rio Jordão — ou seja, a então Transjordânia, atual Jordânia, foi excluída dos intentos sionistas. O plano, em poucas tintas, visava, de 1923 a 1948 (14 de maio, data do término do Mandato da Palestina), lograr a despalestinização da Palestina e a judaização de suas demografia e geografia. Mas naqueles 25 anos, o que vimos foi o fracasso colossal do projeto sionista. Em 1947, quando a ideia britânica de partilha da Palestina foi levada à ONU — devido ao fracasso do projeto que objetivava tornar toda a terra um "lar nacional judeu" —, apenas 30% da população professava o judaísmo (em 1922, beirava os 9%) e detinha menos de 6% do território (em 1922, possuía ao redor de 3%).

Não ter conseguido judaizar toda a Palestina — mesmo que apenas para tornar sua demografia e sua geografia majoritariamente judaicas e, assim, poder reivindicar o direito à autodeterminação para os judeus na terra — foi o segundo fracasso do sionismo. Como seria possível reivindicar a "libertação nacional" se o grupo que a reivindicaria, a despeito de ser estrangeiro e recém-chegado, era minoritário? Apesar do fracasso e dos desmentidos de todos os mitos sionistas para a Palestina — que se tratava de um deserto (a precipitação pluviométrica média na Palestina é de 513 milímetros ao ano, maior que a de Los Angeles, inferior a 400 milímetros, ou de Madri, que não chega aos 500 milímetros), ou que os palestinos nada produziam (o Relatório A/364, da ONU, que serviu de base para a recomendação da partilha da Palestina, informou que, em libras de grãos, frutas e legumes, os judeus produziam o equivalente a 4.710.926 e os palestinos, 17.103.133) —, as Nações Unidas adotaram a Resolução 181, de 29 de novembro de 1947, recomendando a partilha.

Além de ilegal, imoral e injusta, a resolução era desequilibrada, pois deu aos donos da terra — os palestinos, que nela viviam incontestável e ininterruptamente há milênios, e que eram 70% da população e donos de mais de 94% da terra — apenas 42,9% de seu próprio país para um eventual novo Estado palestino. E para os estrangeiros recém-chegados (30% da população e com menos de 6% da terra), 56,5% do território. Outros 0,6% corresponderiam à área internacional — basicamente, Jerusalém — a ser administrada pela ONU em nome da Comunidade Internacional.

Podemos dizer que a imposição de partilha foi o terceiro fracasso do sionismo, isto é, não ter conseguido construir um Estado judeu em toda a Palestina. Mas isso não deteve os planos sionistas. Em 17 de dezembro de 1947, pouco mais de duas semanas depois da recomendação da partilha, os sionistas iniciaram a limpeza étnica da Palestina, com os ataques a Dair Ayub, Bait Affa e Lifta. Esse processo passou pelo massacre de Dair Yassin, em 9 de abril de 1948, que viria a ser, dali em diante, o modelo de limpeza étnica a ser empreendido em toda a Palestina.

Até 14 de maio de 1948, quando o sionismo se autoproclamou Estado e se autodenominou "israel", já eram pelo menos 250 mil os palestinos vitimados pelo processo de limpeza étnica. Outros cerca de cinquenta mil já haviam sofrido o mesmo durante o Mandato Britânico, no processo de tomada de terras pela aquisição junto a latifundiários não palestinos, pelo qual os camponeses eram substituídos por colonos euro-judeus. Houve, aí, um quarto fracasso: os sionistas não tomaram a Palestina inteira, mas "apenas" 78% dela, e, assim, não conseguiram limpar etnicamente toda a região — da qual tomaram, expulsaram ou mataram 88% da população. Parte dessas pessoas refugiou-se nos restantes 22% do território, dali em diante (até 1967) sob administração jordaniana, e permaneceu intacta a população da parte não tomada. Foi desse fracasso que resultou, como necessidade sionista, a guerra de agressão de 1967, na qual foi tomado o restante da Palestina, bem como o Sinai egípcio e as Colinas de Golã sírias. Apesar disso, a população palestina ali estabelecida permaneceu — este pode ser entendido como o quinto fracasso sionista.

De lá para cá, outros fracassos aconteceram. Um deles foi a tentativa de remover os refugiados palestinos do Líbano e da Síria. No primeiro caso, a ação genocida nos campos de refugiados de Sabra e Chatila, em 1982, buscou causar nos refugiados palestinos no Líbano o mesmo pavor provocado pelo massacre em Dair Yassin. Na agressão à Síria, que já dura mais de uma década, o mesmo objetivo foi perseguido, notadamente no campo de refugiados de Yarmuk, no qual grupos armados foram introduzidos para destruir a infraestrutura, massacrar a população e afugentá-la. Em outros locais aconteceu o mesmo, como no

Iraque, quando da invasão pelos Estados Unidos. O objetivo era claro: fazer com que os refugiados saíssem desses países e, como consequência, deixassem de contar com o auxílio da Agência das Nações Unidas de Assistência e Obras para os Refugiados da Palestina no Oriente Próximo (UNRWA) e, sobretudo, não fossem mais portadores do direito de retorno, conforme determinado pela Resolução 194 da ONU, de 1948. Temos aí o sexto fracasso.

Depois de todos esses fracassos, agora o mundo vê "israel" buscar uma solução final para a Palestina, da qual o genocídio contra a população de Gaza é a parte mais visível. A atual ação genocida — que já matou, considerando os entre 8 mil e 10 mil desaparecidos sob os escombros, perto de 42 mil civis palestinos, dos quais 44% são crianças e 25%, mulheres, a maior matança dessas parcelas demográficas em qualquer guerra conhecida, inclusive superando, proporcionalmente, em centenas de vezes, os números da Segunda Guerra Mundial e, em milhares de vezes, os registrados em guerras convencionais recentes — pode significar, para além de o sionismo estar perseguindo seu projeto inicial, de limpeza étnica em toda a Palestina, que "israel" busca superar seu sexto fracasso e todos os anteriores.

Ocorre que, atualmente, na Palestina histórica, isto é, considerando o que ilegalmente (na Resolução 273/III, de 11 de maio de 1949, de admissão de "israel" como Estado-membro da ONU, há cláusulas condicionantes de acatamento e implementação das resoluções 181 e 194, até hoje letras mortas) denomina-se "israel", a população não judaica supera em até trezentos mil, ou mais, a população judaica. Novamente, portanto, está desafiado o primado sionista de reivindicar toda a Palestina a pretexto de ser maioria demográfica. Fracassa, assim, o texto de formalização da supremacia judaica na Palestina, contido no item 1 (Princípios Básicos) da lei que institui o Estado-nação exclusivamente judaico, de 2018, no qual se lê: "A realização do direito à autodeterminação nacional no Estado de Israel é exclusiva do povo judeu".

Independentemente da imoralidade e ilegalidade do projeto sionista por qualquer prisma que se adote para analisá-lo, podemos afirmar que, sob seus pressupostos, não haver maioria judaica significa o fracasso total do projeto sionista. Com um agravante: é cada vez menor o número de ensandecidos que migram à Palestina para tomar parte do experimento social genocida sionista. Logo, não há como mudar a curva demográfica. Pelo contrário, a queda deve se acentuar.

O atual genocídio televisionado, mantido malgrado todo o mundo enxergá-lo e repudiá-lo, pode ser resultante do desespero dos sionistas diante do fracasso total de seu projeto. Limpar etnicamente Gaza significará, para o sionismo, ganhar um "fôlego" com a fabricação, novamente artificial, de uma maioria judaica. Eliminar ao menos um milhão de palestinos de Gaza, talvez todos os 2,2 milhões de habitantes do enclave, daria aos sionistas uma "folga" demográfica de mais de um milhão de judeus contra os não judeus. Ao mesmo tempo, a eliminação de refugiados (mais de 70% de Gaza é habitada por refugiados da limpeza étnica de 1947-1951) assistidos pela UNRWA — explica-se os ataques militares e políticos contra essa organização — e sob o império legal internacional da Resolução 194 indica a tentativa de destruição do direito de retorno dos refugiados palestinos, principal "espada de Dâmocles" sobre a cabeça sionista.

Mesmo com tudo isso, é perceptível que estamos diante de mais um fracasso do sionismo — o sétimo — e de seu patrono, os Estados Unidos. No caso sionista, acentuado pela saída de judeus, uma parte deles indo embora para não retornar, cansados da vida em que são peças para matar palestinos. No caso estadunidense, por não conseguirem frear o novo mundo multilateral, em que se apossar dos recursos energéticos da região, incluindo o gás nas costas mediterrâneas de Gaza, além da conectividade geopolítica do Oriente Médio, é crucial para a manutenção de seu domínio imperial e genocida.

Por fim, com mais esse fracasso, ruirá o modelo totalitário global, em construção pelo "ocidente" em seu benefício, no qual o grande experimento se dá na Palestina, porque os genocídios serão cláusula impositiva, ainda que tácita, e o sionismo é o gestor que o aplica, inclusive testando a tolerância da opinião pública mundial frente aos genocídios como padrão. Não devemos nunca esquecer que o Estado sionista nasceu de uma limpeza étnica, isto é, de um genocídio. Genocídios são sua marca e essência. Todos os genocídios que "israel" cometeu até agora não garantiram sua vitória — e o atual pode selar seu fracasso derradeiro. Que assim seja, e que nunca mais vejamos outros genocídios.

GENI NÚÑEZ é ativista indígena guarani, psicóloga e escritora, doutora em ciências humanas e mestre em psicologia social pela Universidade Federal de Santa Catarina (UFSC), com intensa atividade nas redes sociais. É autora de *Descolonizando afetos: experimentações sobre outras formas de amar* (Paidós, 2023).

Por um “nós” inclusivo

GENI NÚÑEZ

Em contextos dominantes no Brasil, demonstrações públicas de solidariedade ao povo palestino têm sido silenciadas. As mídias hegemônicas certamente carregam grande responsabilidade nisso, uma vez que buscam trazer à população uma única narrativa, que demoniza, recorta, inverte e descontextualiza os cenários. Como lembra Judith Butler (2015), os enquadramentos, através de suas molduras, seletivamente nos apresentam quais vidas supostamente são mais dignas de serem assim reconhecidas, e quais não são. Portanto, “questionar a moldura significa mostrar que ela nunca conteve de fato a cena a que se propunha ilustrar, que já havia algo de fora, que tornava o próprio sentido de dentro possível, reconhecível” (Butler, 2015, p. 24). Ou seja, o reconhecimento da precariedade da vida é importante, embora não suficiente.

Como povos indígenas, percebemos que a mera exposição da violência que vivemos não é, em si, algo ético, se não avaliarmos o modo como isso é feito, por quem, para quem. Muitas vezes, a exposição sensacionalista da violência só traz mais feridas e sofrimento psicossocial justamente a quem já estava sensibilizado com essas questões (por vivê-las, inclusive), ao passo que quem, anteriormente, já não nos via como pessoas, como vidas, não tem como lamentar nossas mortes. Nossa tarefa coletiva nos chama, então, para o desafio de construirmos formas de solidariedade e de luta que atentem para o próprio método pelo qual são realizadas. Nesse sentido, os meios são parte dos fins. A ativista palestina A'ida Al-Shibli compartilhou comigo, em nosso encontro virtual, a importância de falarmos também da vida e da alegria, da solidariedade e dos bons encontros como partes essenciais da luta.

Há quem critique a solidariedade ao povo palestino, por entender que as lutas contra a colonização não devem admitir nenhuma concomitância — como se ou tivéssemos de lutar por povos indígenas e negros no Brasil ou tivéssemos que apoiar outros povos. Aí, há uma ideia de fronteira fixa, a marcação rígida que deveria haver entre um "eu" e um "nós", entre um "nós" e um "eles", sem que se questione os critérios que estabeleceriam essa linha divisória (Butler, 2015). Se a única base desse "nós" se der por semelhanças (de território, linguagem etc.), então esse tipo de aliança é frágil (Butler, 2015). Essa autorreferência pode gerar efeitos em processos como luto e cuidado, daí a necessidade de pensarmos em alianças que não se restrinjam às "similitudes pré-fabricadas", mas que ousem expandir a responsabilidade a esses outros que não são, à primeira vista, tão parecidos conosco (Butler, 2015). Se é o Ocidente que inventa o Oriente como seu contraste inferior, também é essa ideia de eu absoluto que reciprocamente inventa uma diferença que é colonial (Said, 1996). Uma política com as diferenças parece apontar para horizontes de solidariedade não binários, que acolham a possibilidade de concomitância não como um enfraquecimento de uma determinada luta, mas como seu fortalecimento. A condição de oprimido e opressor é contingente na história.

Daí, surge uma tentativa de hierarquizar opressões ou, ainda, de tornar exclusivos alguns modos de nomear as violências. Certamente, há especificidades em cada contexto e não são quaisquer termos que poderão nomear quaisquer violências; no entanto, há que se observar com que objetivos políticos as reivindicações são feitas. O termo "genocídio", por exemplo, em diversos espaços, tem sido reivindicado como exclusivo para nomear a violência sofrida pelo povo judeu durante a Segunda Guerra Mundial. Helena Palmquist (2018) relembra que o conceito foi elaborado em 1943 pelo intelectual judeu Raphael Lemkin, que dedicou décadas ao esforço para que a violência nazista fosse nomeada como genocida. Lemkin sempre se empenhou em "relacionar a palavra que cunhou com outros casos muito diversos, incluindo claramente o genocídio indígena e o genocídio cultural como integrantes do conceito" (Palmquist, 2018, p. 46). Para Lemkin, "foi importante a reflexão sobre o colonialismo nas Américas; ou seja, o extermínio físico e cultural dos povos indígenas está associado à própria gênese do termo" (Ascenso & Araújo, 2020, p. 2). Portanto, se o próprio autor do termo já concebia a possibilidade de expandi-lo para diferentes situações, a afirmativa de que apenas o povo judeu sofreu genocídio, além de contribuir para o silenciamento do genocídio perpetrado contra o povo palestino, também silencia outros genocídios, como o que a população indígena e negra sofre em nosso território.

Esse genocídio não se refere apenas à morte "física", pois a dimensão cultural e cosmogônica sempre foi central para a conceituação de Lemkin, ainda que reconheçamos o quanto a "associação exclusiva de genocídio com assassinato dominou a linguagem do jornalismo, da política, da abundante literatura acadêmica sobre o tema e principalmente dos operadores do direito internacional" (Palmquist, 2018, p. 50). A produção da morte também é central nas políticas de etnocídio. O argumento sustentado no binarismo físico/cultural, simbólico/concreto é o mais utilizado para defender a diferenciação entre genocídio e etnocídio, e compreendo que as justificativas que sustentam essa suposta distinção são inspiradas pelo próprio binarismo, que, como lembra Frantz Fanon, é a bússola do mundo colonial que compartimentaliza tudo.

Se é justamente sobre essa ferida que a colonização se atualiza, não me parece oportuno adotar a perspectiva binária para falar justamente da violência que essas cisões nos trazem, especialmente como povos indígenas. Por isso, proponho o termo "etnogenocídio". Não há como um genocídio não ser também etnocida, assim como não há como o etnocídio não fazer parte do genocídio, justamente porque nossa cultura, línguas, costumes e modos de vida não estão apartados de quem somos; são nossa própria identidade, nossa vida. Como dizia o cacique guarani-kaiowá Marcos Veron, "isto que você está vendo aqui é minha vida, minha alma; se você me separar da terra, me tirará a vida".

Em nossa gramática guarani, temos dois tipos de nós: o *ore* e o *nhande*; o primeiro é exclusivo, quando não se inclui a pessoa com quem se fala; o segundo é inclusivo. Mesmo com essa diferenciação, em nossa cosmogonia o que fica é que, mesmo quando não estamos diretamente incluídos, continuamos nós. Continuamos "nós" quando falamos da terra, dos rios, dos demais seres. Continuamos nós quando nos somamos às vozes de nossos irmãos palestinos.

Referências

ASCENSO, João & ARAÚJO, Rayane. "Genocídio indígena e ecocídio no Brasil", *Ciência Hoje*, n. 372, 2020.

BUTLER, Judith. *Quadros de guerra: quando a vida é passível de luto?* Trad. Sérgio Tadeu de Niemeyer Lamarão e Arnaldo Marques da Cunha. Rio de Janeiro: Civilização Brasileira, 2015.

PALMQUIST, Helena. *Questões sobre genocídio e etnocídio indígena: a persistência da destruição*. Tese de doutorado. Belém: Universidade Federal do Pará, 2018.

SAID, Edward. *Orientalismo: o Oriente como invenção do Ocidente*. Trad. Tomás Rosa Bueno. São Paulo: Companhia das Letras, 1996.

GERALDO GODOY DE CAMPOS é doutor em filosofia pela Universidade de São Paulo (USP), com tese sobre o cinema palestino. É professor do Departamento de Relações Internacionais da Universidade Federal de Sergipe (UFS), onde coordena o Centro Internacional de Estudos Árabes e Islâmicos.

O genocídio é um rosto que nos olha

GERALDO GODOY DE CAMPOS

Aos amigos Tarzan Nasser e Arab Nasser

Como falar sobre Gaza em maio de 2024? Estilhaços e ruínas se fazem texto, montados na precisão de varar silêncios e palavras ocas. Fragmentos-flechas.

A (im)possibilidade de representar as catástrofes com palavras, sons ou imagens permanece uma questão que ronda o limiar da ética, da arte e da política. Por isso, não basta denunciar o genocídio. É preciso evidenciar seu funcionamento, expor os métodos e ideias que o sustentam. Se "a história das batalhas é, antes de mais nada, a história da metamorfose de seus campos de percepção", como diria Paul Virilio — ou seja, se a guerra depende da apropriação da imaterialidade dos campos de percepção —, o mesmo pode ser dito sobre os processos de extermínio e segregação.

Assim como os genocídios produzem seus próprios regimes de visualidade, não há solidariedade sem imagens. É muito mais difícil nos mobilizarmos subjetiva e politicamente por aquilo que não vemos. Solidarizar-se com um povo pressupõe visualizarmos esse povo, suas casas, suas crianças, rabiscarmos traços e dores em nossa imaginação. A relação entre solidariedade e visualidade não é estranha à catástrofe palestina, tampouco às suas modalidades de resistência desde o início do projeto colonial sionista.

Já nos anos 1930, pôsteres (como os elaborados por Franz Krausz) eram utilizados para atrair judeus europeus à Palestina. Esses materiais compõem um acervo visual colonial que propagandeou a ideia de uma terra vazia cuja redenção seria intermediada pelas entidades sionistas, como o Fundo Nacional Judaico. Antes disso, a Palestina estava associada a um conjunto de representações imagéticas que alimentavam o imaginário europeu em uma "geoteologia da terra santa", nas palavras de Elias Sanbar. Nesse registro, a negação ontológica de um povo e sua história confundia-se com o congelamento temporal de cenários bíblicos, exteriores aos musculosos avanços do progresso, como se a Nakba não estivesse sendo maquinada e nutrida ali mesmo, no coração colonial da modernidade.

A fotografia, a pintura e o cinema foram, portanto, não apenas instrumentos para reivindicar a inscrição histórica de um trauma coletivo, mas armas decisivas para que a Palestina continuasse existindo. Cada imagem que atestasse a existência, o sofrimento e, principalmente, a coragem de enfrentamento daquele povo se converteria em faca afiada ou artefato de explosão de percepções. Assim, o cinema palestino nasceu diretamente de sua luta anticolonial no final dos anos 1960, com a proliferação de organizações políticas envolvidas na resistência armada que era projetada na tela do "internacionalismo revolucionário" e do "terceiro-mundismo" da época. Cineastas como Jean-Luc Godard, Masao Adachi e Koji Wakamatsu foram alguns dos que viajaram para Jordânia e Líbano, no início dos anos 1970, acompanhando o treinamento de combatentes palestinos e produzindo filmes que até hoje informam a memória de sua resistência. Desde então, o cinema palestino tem sido crucial para a solidariedade global com aquele povo.

Em contraponto aos esforços de apagamento do processo colonial sionista, as imagens também passaram a desempenhar um papel central para assentar a Palestina como um poderoso ícone visual da política no século XX, ornado de símbolos como a *kuffiyeh* [lenço palestino], a oliveira, a chave, entre tantos outros.

Na impossibilidade de impedir que os palestinos circulassem globalmente suas próprias imagens, tornou-se necessário para o projeto colonial um redirecionamento dos significados que entravam em disputa. O terror surgiu como o referencial desse novo momento: não se tratava mais de ocultá-los, mas de fazer seu campo simbólico gravitar ao redor do adjetivo "terrorista". A hipervisibilidade da imagem do "palestino terrorista" passou a constituir um novo traço do detalhado processo de desumanização colonial.

Solidariedade não é empatia, é tomada de posição. Por isso, solidarizar-se é também decodificar a articulação dos necrorregimes de visualidade, temporalidade e terror, no extermínio perpetrado por Israel.

Na condição de testemunhas do massacre atual da população de Gaza, com métodos identificáveis e circulação global de informações em tempo real, estamos diante de um processo de produção de um arquivo — ou, para sermos mais precisos, em um novo momento de um longo arquivo associado à palavra "Palestina". É urgente, por um lado, compreender o campo de visualidade específico que está em funcionamento em Gaza para que esse arquivo possa ser útil para encerrar o genocídio.

Apagar a Palestina é um projeto fracassado dos sionistas. No final dos anos 1970, Edward Said já dizia que a Palestina não existia mais, exceto como "reminiscência ou, mais fundamentalmente, como uma ideia, uma experiência política e humana e um ato de persistente vontade popular". Ideia, experiência política e ato de vontade popular: é justamente na combinação desses três elementos que as imagens podem seguir fortalecendo os movimentos de solidariedade global à Palestina.

O cinema joga com o tempo e produz sentido através de avanços, recuos, repetições, ritmos e inversões temporais. Gaza interrompe o tempo. Gaza é o tempo do mundo. Em Gaza decidem-se métodos, técnicas e limites para a racionalidade da morte no século XXI, em seus múltiplos (re)arranjos coloniais contemporâneos.

Os artistas de Gaza nunca pararam de produzir imagens próprias, mesmo em meio às ruínas. Ao contrário, fizeram e fazem dos escombros a matéria de suas fotografias, filmes, quadros e instalações. Artistas como os irmãos Tarzan e Arab Nasser, Dina Matar, Mohammed Musallam, Rehaf Al-Batniji, entre tantos outros, exibiam em suas obras aquilo que o mundo decidiu ignorar. Em 2015, o cineasta Khalil Mozayen organizou o Festival de Cinema de Direitos Humanos de Gaza. O nome do festival era Karama Gaza Red Carpet — *karama*, em árabe, significa "dignidade". O festival estendeu um tapete vermelho em meio às ruínas de Shujaiyya, bairro completamente destruído nos bombardeios da ofensiva israelense contra Gaza em 2014. Milhares de pessoas se reuniram para assistir — pela primeira vez na vida — à projeção de filmes sobre as ruínas, pois em Gaza não há mais cinemas. A frase proferida pelos organizadores do festival repercute com mais contundência neste momento: "Nós queremos viver, nós queremos respirar".

Assim como a Palestina, de modo geral, Gaza possui a riqueza das encruzilhadas, pois é historicamente lugar de passagens, de múltiplos povos e culturas. Gaza não foi sempre uma prisão a céu aberto ou um campo de testes para a racionalização do extermínio. O cinema chegou a Gaza em 1944, e na década seguinte já existiam por lá dez salas de projeção — a maior delas, o Cinema Al-Nasser, exibia filmes vindos de trem do Egito e recebia estrelas cinematográficas da época.

Se, por um lado, cabe falarmos da vida que reivindica sua existência em Gaza por meio das imagens e das poesias que seus moradores nos oferecem, cabe nos acautelarmos com as palavras de Mahmud Darwich, eterno poeta palestino, que nos ensinava a não procurar pelos poemas de Gaza, pois estaríamos cometendo uma injustiça, desfigurando a beleza desse território cujo esplendor está justamente em ser desprovido de poesia em um momento em que poemas não podem triunfar sobre as armas do inimigo: "Somos injustos com Gaza quando a transformamos em um mito, porque a odiaremos quando descobrirmos que não é mais que uma pequena pobre cidade que resiste". Gaza, como ideia e experiência humana, abriga algo que é perigoso para os barões de lá e de cá. Darwich sabia o motivo, e o descreveu no poema "Silêncio por Gaza": "Gaza não tem garganta. São seus poros que falam por suor, sangue e fogos. Por isso, o inimigo a odeia até a morte, e a teme. Gaza é a brutal lição e o claro exemplo tanto para seus amigos quanto para seus inimigos. Gaza continuará a explodir. Nem morte nem suicídio. É como Gaza reivindica seu direito de viver".

Não podemos cerrar os olhos para as imagens que vêm de Gaza, por mais que seja difícil vê-las. É necessário que as catástrofes sejam vistas para serem inscritas. Nunca olhamos apenas para uma coisa, sugeria John Berger, mas para a relação entre a coisa e nós mesmos. Somos todos testemunhas do massacre em Gaza. Os corpos estão em nossos celulares.

Gaza não pode ser apenas o espetáculo da destruição. A força que emana de suas imagens precisa ser também mais que um alarme de incêndio a nos recordar de que inexiste lugar seguro. Não há lugar seguro em Gaza. Gaza-mundo. Gaza-periferia. Gaza-campo. Não há solidariedade que não seja política e que não nos coloque em risco. Solidariedade não existe para trazer conforto ou acolchoar a consciência. Não somos solidários para conseguir dormir à noite. Solidarizar-se não é compartilhar uma dor, porque a dor é intransferível. Ao se transferir como trauma, cruza gerações como memória comum. Memória do corpo. Mas a solidariedade não me traz essa dor. Solidariedade genérica não é solidariedade, é empatia. Solidarizar-se com uma luta é instalar-se nas relações de poder que ela pressupõe, o que pode ser feito de variadas formas. Solidariedade não é afago, é aproximar-se, tropicando e trombando na certeza da alteridade. Por isso, a solidariedade está montada em imagens.

"A forma é um rosto que nos olha." Serge Daney usava tal frase para pensar os filmes e a estética cinematográfica. O mesmo poderia ser dito sobre os extermínios: "O genocídio é um rosto que nos olha".

Sentindo o olhar desse genocídio-rosto que nos encara a partir de Gaza, penso no diálogo entre os amantes, um japonês e uma francesa, no filme *Hiroshima, Mon Amour*, de Alain Resnais.

"Você nada viu em Hiroshima. Nada."

"Eu vi tudo, tudo."

"Não, você não viu nada em Hiroshima."

"O hospital, por exemplo. Eu vi. Eu tenho certeza que eu vi. Há um hospital em Hiroshima. Como eu poderia não ver?"

"Você não viu o hospital em Hiroshima. Você não viu nada em Hiroshima."

Você nada viu em Gaza. Nada.

RAÚL ZIBECHI nasceu em 1952, em Montevidéu, Uruguai. É jornalista, escritor e ativista, profundo conhecedor dos movimentos sociais na América Latina. É autor de vários livros, entre os quais *Territórios em rebeldia* (Elefante, 2022), *Dispersar el poder: los movimientos como poderes antiestatales* (Tinta Limón, 2006) e *Territorios en resistencia: cartografía política de las periferias latinoamericanas* (Lavaca, 2008).

A solidariedade como pensamento/ação anticapitalistas

RAÚL ZIBECHI

Tradução Reginaldo Pujol

Deveríamos nos perguntar como o pensamento crítico e os movimentos sociais são capazes de contribuir para a solidariedade com o povo palestino diante da possibilidade de que este venha a ser totalmente desterritorializado pela expulsão em massa da população que habita a Faixa de Gaza e a Cisjordânia. A assimetria das forças militares e a decisão implacável do Estado de Israel fazem com que frear a guerra seja praticamente impossível, de modo que as opções que restam são muito reduzidas.

Podemos nos mobilizar das mais diversas maneiras e assinar declarações, fazer investigações que expliquem a situação atual e organizar um ativismo de agitação e denúncia permanentes. Tudo isso vem sendo feito há décadas, e as coisas não melhoraram, o que não quer dizer que devemos deixar de fazê-lo. Na prática, o repúdio de milhões de pessoas à guerra em Gaza conseguiu isolar o governo de Netanyahu, embora não tenha conseguido frear a escalada bélica. Não é, de forma alguma, algo desprezível nem de menor importância. Contudo, é claramente insuficiente.

Acredito que existem diversas maneiras de ser solidário com quem é vítima de opressão, violência e, neste caso, de genocídio por parte de forças muito superiores em quantidade e qualidade de armamento. Mas, como praticar a solidariedade? Na década de 1980, período de guerras civis na América Central e da agressão estadunidense contra a Nicarágua, a solidariedade era manifestada em três tipos de ações: (i) a denúncia das atrocidades e o respaldo político para as organizações populares; (ii) o envio de ajuda material, desde alimentos até equipamentos médicos, que eram sempre encaminhados através dos movimentos e partidos receptores; e (iii) a participação direta, no campo, de trabalhadores humanitários no atendimento das necessidades dos povos em resistência.

É evidente que, no caso palestino, não é possível replicar as mesmas formas de solidariedade, com exceção da primeira, em função das limitações materiais e militares que resultam da guerra em curso. Além disso, agora o que se persegue não é apenas a derrota militar do adversário mas o desaparecimento de um povo inteiro, o que nos remete à conquista europeia do nosso continente e ao seu quase êxito em exterminar os povos originários. Creio que também temos muito o que aprender dessa história.

Nos últimos anos, difundiu-se a ideia do boicote aos produtos exportados por Israel e, agora, também às empresas que apoiam o genocídio. No caso da resistência ao apartheid na África do Sul, costuma-se dizer que o boicote teve um papel importante no enfraquecimento do regime racista, porém não podemos esquecer que muitos países, inclusive os Estados Unidos, apoiaram medidas contra a segregação da população negra. No caso atual, não parece que o boicote possa durar muito tempo, nem vencer a cultura consumista que impera — embora seja possível que a realidade desminta essa percepção pessimista.

Em todo caso, me parece necessário insistir que estamos em uma situação muito diferente dos conflitos anteriores, por duas razões básicas. A primeira é que assistimos à crise e ao colapso do sistema-mundo nascido da derrota do nazismo na Segunda Guerra Mundial, bem como de todas e cada uma das criações desse sistema, desde as Nações Unidas até o Banco Mundial e o Fundo Monetário Internacional, surgidas com amparo dos Estados Unidos. Estamos transitando rumo a um mundo multipolar, no qual as grandes instituições emergentes — como o BRICS+10 e a Organização para Cooperação de Xangai — mal estão se consolidando em meio a gigantescas ondas de turbulência global.

Sobre a segunda razão podemos refletir à luz da Guerra do Vietnã (1955-1975). Foi uma guerra longa e extremamente desigual entre o exército mais poderoso do mundo, que se encontrava no ápice do seu poder, e um exército de camponeses pobres porém aguerridos, como já haviam demonstrado na histórica Batalha de Dien Bien Phu (1954), que selou o fim do colonialismo francês na região. Na Guerra do Vietnã morreram cerca de três milhões de vietnamitas, cambojanos e laosianos — dos quais um milhão eram combatentes —, e apenas 58 mil estadunidenses.

No entanto, a resolução da guerra não se deu apenas no campo de batalha. As imagens das matanças de vietnamitas e dos cadáveres de soldados repatriados pelos Estados Unidos, além da brutal assimetria das forças militares, mobilizaram a sociedade estadunidense, em especial os jovens. A superpotência perdeu a guerra frente à sua própria opinião pública. Por isso, passaram a usar seus aliados e empresas privadas, como a Blackwater, para realizar o trabalho sujo que suas tropas já não mais podiam fazer legitimamente. Esse roteiro, porém, não tem condições de se realizar com a opinião pública israelense, que está apoiando em massa a guerra contra Gaza, ainda que amplos setores não simpatizem com seu primeiro-ministro. Creio que isto marca uma diferença fundamental com o que ocorreu na Guerra no Vietnã e com outros conflitos.

×

É lógico que o mais urgente é parar a guerra, parar a máquina de morte comandada por Benjamin Netanyahu. É este o ponto de partida que nos move e encoraja. É evidente que esse tipo de solidariedade ativa incomoda os poderes estatais na maior parte do mundo, assim como as direitas dos mais variados matizes e boa parte da população, que não tem interesse em sair de sua rotina de consumo e ócio capitalistas. Ainda assim, vale a pena insistir, porque não se mede a solidariedade pelos resultados obtidos — em geral, muito poucos, se observarmos a história —, mas pelo compromisso ético que a sustenta. Nestas breves linhas, tentarei mostrar que a opção estatal é o pior dos caminhos para quem luta por liberdade e emancipação coletivas, já que leva a simetrias entre adversários, o que veda o campo emancipatório e coloca a população no centro da violência.

Acredito que a comparação estabelecida por Luiz Cláudio Cunha — que foi consultor da Comissão Nacional da Verdade (2012-2014) — entre o genocídio em Gaza e o sofrido pela população do gueto de Varsóvia oitenta anos atrás é muito adequada para refletir sobre como o perseguido se converte em perseguidor, como o "judeu assassinado" torna-se "judeu assassino". Como foi possível que um povo perseguido durante séculos tenha se convertido em perseguidor? Cunha cita o ministro da Defesa de Israel, que considera os palestinos como "animais humanos", e o presidente Isaac Herzog, que disse: "É uma nação inteira lá fora que é responsável. Não é verdade essa retórica de que os civis de Gaza não sabiam, não se envolveram. Absolutamente não é verdade. Eles poderiam ter se levantado, poderiam ter lutado contra aquele regime maligno que assumiu o controle da Gaza".

A crueldade dessas afirmações remete aos sofrimentos que os nazistas impuseram aos judeus. Por isso, acredito que é imperativo refletir sobre uma transformação tão aguda que não pode ser entendida ou justificada pelas ações de um primeiro-ministro como Netanyahu, mas pelos sentimentos de milhões de pessoas que foram perseguidas e que, quando se viram no poder, se vingaram e reproduziram o que sofreram. Não é a primeira vez na história que algo assim acontece.

Frantz Fanon, em *Pele negra, máscaras brancas*, analisa como o oprimido é um perseguido que sonha em se converter em perseguidor, uma metamorfose que o autor relaciona com a internalização da dominação por parte de quem sofre opressão. Essa mudança, porém, costuma acontecer quando os oprimidos assumem o Estado, o aparato regulador da violência e a instituição central da dominação dos povos. Nesse sentido, contrapor povos e Estado me parece algo decisivo, que nos ajuda a compreender como um povo perseguido, a exemplo dos judeus, chegou a identificar-se com um Estado perseguidor.

A questão central, na minha opinião, é que as opressões não podem ser superadas com atitudes simétricas às do opressor. A esse respeito, quero destacar que os povos originários da América Latina vêm recusando a tentação de se converterem em Estado, de superar a opressão do colonizador utilizando as instituições, incluindo os aparatos armados que reproduzem as hierarquias coloniais e patriarcais que, supostamente, se pretende superar. A imensa maioria dos indígenas do nosso continente rejeita as simetrias, porque não querem se converter em povos similares aos que os oprimiram, e toda a sua luta é para afirmar suas diferenças. Ou seja, para seguir sendo diferentes, os povos necessitam escapar da utilização dos mesmos métodos e ferramentas de seus opressores, como já nos alertou Audre Lorde.

Fazer a guerra com quem faz guerra contra nós e assassinar quem nos assassina não é o melhor modo de resistir às opressões, porque nos transforma de perseguidos em perseguidores. Aqueles de nós que, na década de 1970, bradaram lemas como "para a violência de cima, a violência de baixo" e outros semelhantes, podem dizer algo sobre o papel autodestrutivo das simetrias.

Em outubro de 2023, o Exército Zapatista de Libertação Nacional (EZLN) lançou um comunicado que pode parecer polêmico, afirmando: "Nem Hamas, nem Netanyahu. O povo de Israel sobreviverá. O povo da Palestina sobreviverá. Eles apenas necessitam dar-se uma oportunidade e se empenharem nela.

Até lá, cada guerra seguirá sendo apenas o preâmbulo da próxima, mais feroz, mais destrutiva, mais desumana".

É evidente que essa posição só pode ser assumida por quem coloca os povos na frente dos Estados, que ao longo da história têm sido os perpetradores dos genocídios e dos massacres. Necessitamos dar esse passo inspirados na ética da responsabilidade, para fazer com que a solidariedade siga sendo um respaldo incondicional para os povos do mundo, para o palestino neste momento, mas não necessariamente para as organizações que falam em seu nome e que, com frequência, utilizam os povos como escudo para interesses que lhes são alheios.

CASÉ ANGATU é indígena da Aldeia Gwarini Taba Atã, no Território Tupinambá de Olivença, Bahia, historiador e doutor pela Faculdade de Arquitetura e Urbanismo (FAU) da Universidade de São Paulo (USP) e docente na Universidade Estadual de Santa Cruz (Uesc) e na Universidade Federal do Sul da Bahia (UFSB). É autor de *Nem tudo era italiano: São Paulo e pobreza* (Annablume, 2006) e *Identidade urbana e globalização: a formação dos múltiplos territórios em Guarulhos* (Annablume, 2006).

O povo originário palestino reexiste por seu território e vida

CASÉ ANGATU

A luta do povo palestino por sua terra possui muitas semelhanças com a luta dos povos originários de Pindobetama [Brasil] e Abya Yala [América] por nossos territórios ancestrais. O espírito da população palestina tem o mesmo pulsar da alma guerreira que possuímos nestes seculares e sistemáticos processos de invasões, espoliações de nossas terras, mortes, prisões e várias formas de atrocidades para nos etnogenocidar.

A violência contra o povo palestino e vários povos da Terra não é episódica, mas historicamente estrutural: trata-se da espoliação de nossos territórios e de nossas formas de ser, naturalmente contracoloniais e opostas à lógica de morte do capitalismo. Nós somos vida e representamos já outro mundo possível de igualdade social e respeito às diferenças e à natureza. Tentam desaparecer com o povo palestino como fazem conosco através de diferentes formas de imposição da ordem colonial-capitalista, na qual algumas nações se acham donas da terra, de tudo e de todos os seres — humanos e não humanos.

As ações do Estado sionista contra o povo da Palestina são claras e históricas ações de etnogenocídio sistemático de uma população para roubar suas terras ancestrais e apagar sua forma de viver. Tal qual aconteceu/acontece em Pindobetama e Abya Yala.

Silenciar é aceitar que isso ocorra e que se naturalize o terror colonial-capitalista através do sofrimento humano para satisfazer as imposições de poder e ganância de alguns. Cada pessoa palestina morta, presa, torturada, amputada, violentada é uma irmã sacrificada. Somos nós que também estamos sendo trucidados pelos devoradores de vidas originárias. As crianças, mulheres, anciãs, anciões e homens palestinos pertencem à família dos que lutam pela terra ancestral. Somos parentes por sermos filhas e filhos da mesma mãe terra.

Não foram "guerras" o que fizeram os invasores europeus em Pindobetama e Abya Yala, tampouco o que faz o Estado sionista contra os palestinos. São massacres terroristas, genocídios e etnocídios contínuos e estruturais, mesmo que as organizações internacionais não os reconheçam como tais. O povo palestino sofre um genocídio com o consentimento de vários Estados ainda coloniais. Se o ato de matar constantemente determinados povos buscando exterminá-los e roubar suas terras não é considerado uma ação genocida e etnocida, essas palavras não possuem nenhum valor.

"Guerra" fizemos e fazemos nós, os originários de Abya Yala e as corajosas e corajosos palestinos. Guerra de resistência e pela manutenção das terras sagradas, dos direitos, das ancestralidades. Embora o etnogenocídio seja estrutural — peça fundamental do colonial-capitalismo —, mais forte e profunda é a resistência e reexistência palestina e dos povos da terra. Assim como muitos de nós, indígenas, os palestinos resistem porque são a própria terra e a natureza que lhes é vital. Nela estão os seus ancestrais, passado, presente e futuro — assim como os nossos. Somos a terra e, com ela, somos indivisíveis. Temos uma relação de pertencimento. Para os invasores, como o terrorista Estado sionista, trata-se de espoliar terras e estender sua ocupação territorial, seguindo o mando capitalista dos Estados Unidos. Para os povos da terra, como os palestinos, trata-se de reexistir nos territórios onde estão os ancestrais.

A resistência diante do poder bélico tão desigual dos invasores só é possível por essa força da reexistência espiritual — tanto na Palestina como em Abya Yala. Quando pensam que nos derrotaram, aqui estamos, cada vez mais resistentes. Mas não basta reconhecer o etnogenocídio e pedir desculpas; é preciso interrompê-lo imediatamente e devolver o que foi espoliado, os direitos roubados, já que as vidas ceifadas não poderão ser restituídas. Pelos menos os mortos terão um pouco de justiça, uma vez que a presença deles estará conosco agora e sempre. A causa palestina — assim como a causa dos povos originários — é de todos nós. Ou, como cantamos na Terra Indígena de Olivença, em Ilhéus, na Bahia: "Vamos todos nessa marcha/ Pra lembrar o que passou/ Nossos antepassados/ Que seu sangue derramou/ Devolvam nossas terras/ Essas terras nos pertencem/ Pois mataram e ensanguentaram/ Nossos parentes".

GIZELE MARTINS é doutoranda na Escola de Comunicação (ECO) da Universidade Federal do Rio de Janeiro (UFRJ), mestre em educação, comunicação e cultura pela Universidade do Estado do Rio de Janeiro (Uerj), jornalista pela Pontifícia Universidade Católica do Rio de Janeiro (PUC-Rio), comunicadora comunitária da favela da Maré e militante no movimento de favelas do Rio de Janeiro.

Das favelas do Rio à Palestina

GIZELE MARTINS

Em junho de 2017, os movimentos palestinos Boicote, Desinvestimento e Sanções (BDS) e Stop the Wall, junto com as organizações israelenses Hamushim e Coalizão de Mulheres pela Paz, ofereceram uma passagem aérea ao movimento de favelas do Rio de Janeiro para visitar a Palestina. O objetivo era mostrar a realidade de vida e sobrevivência à qual os palestinos estão submetidos desde a Nakba de 1948. O encontro dos movimentos palestinos com o movimento de favelas e com a Rede de Comunidades contra a Violência (movimento de mães e familiares de vítimas da violência de Estado) ocorreu em meados de 2016, quando estavam sendo realizados no Brasil, especificamente no Rio de Janeiro, os Jogos Olímpicos.

A realização de megaeventos esportivos no país[1] significou um momento de grandes ataques às favelas e periferias cariocas. Muitas violações aos direitos humanos estavam sendo promovidas pelos governos federal e estadual. Só naquele período, mais de cinquenta favelas passaram por remoções forçadas, e cerca de outras cinquenta foram submetidas à instalação de

1 Jogos Pan-Americanos (2007), Jogos Mundiais Militares (2011), Copa das Confederações de Futebol (2013), Jornada Mundial da Juventude (2013), Copa do Mundo de Futebol (2014) e Jogos Olímpicos (2016).

Unidades de Polícia Pacificadora (UPP). Além disso, o conjunto de favelas da Maré foi palco de uma operação de Garantia de Lei e da Ordem (GLO) durante a Copa do Mundo de 2014, medida que se estendeu até meados de 2015, sob comando do general Braga Netto.

Durante esse período, muitas tecnologias e equipamentos militares de origem israelense, apelidados por nós de "tecnologias da morte", chegaram às favelas e periferias do Rio de Janeiro — e foram também utilizados por agentes de segurança pública durante as grandes manifestações que ocorreram nas principais cidades do país a partir de 2013. "Mais de 70% do que Israel produz em termos de tecnologia militar vai para exportação. E o Brasil se tornou nos últimos quinze anos um dos cinco maiores importadores de tecnologia militar israelense."[2]

Um exemplo dos equipamentos militares importados de Israel é o "caveirão", blindado utilizado pelo Batalhão de Operações Policiais Especiais (Bope) da Polícia Militar do Rio de Janeiro em suas frequentes — e letais — incursões em favelas. Em 2013, o governo fluminense comprou, por seis milhões de reais, oito novos veículos desse tipo da empresa israelense Global Shield — que é uma das fornecedoras das forças de ocupação da Palestina.[3] Eis aqui uma conexão clara entre a realidade de violência nas periferias cariocas e nos territórios palestinos, que transforma totalmente a análise da realidade vivida pelas favelas do Rio de Janeiro. Não se trata apenas de um debate local, como estávamos acostumadas a pensar.

Enquanto moradora de um dos maiores conjuntos de favelas do Rio de Janeiro, a Maré, que abriga mais de 140 mil habitantes e que está localizada junto às três principais vias expressas da cidade — Linha Vermelha, Linha Amarela e Avenida Bra-

2 "Do Rio de Janeiro à Palestina: ato denuncia feira internacional de armas em São Paulo", *Brasil de Fato*, 12 abr. 2018.

3 "Rio terá 8 novos 'caveirões' para grandes eventos", *UOL*, 26 jan. 2013.

sil —, sempre sofri as mais diversas violações de direitos, seja na minha casa, na rua, no trabalho ou nos estudos, atravessadas pela lógica militarizada e racista de um Estado que ainda não enxerga as favelas como parte da cidade. Nasci numa área da Maré onde a militarização e o racismo são cotidianos. Minha rua — que costuma ser escolhida pela polícia para iniciar suas operações — é conhecida como Faixa de Gaza. Ali perdi inúmeros amigos vítimas de "bala perdida". Perdi também minha casa, invadida por policiais em meio a um conflito que vivenciamos por quase seis meses.

Em 2017, a caminho da Palestina, eu não tinha muita ideia do que iria encontrar. Apesar de ter passado a vida inteira sofrendo uma grande opressão no Rio de Janeiro (e não estou aqui comparando dores ou opressões) e de ter realizado uma série de conversas preparatórias com os movimentos palestinos (que me orientaram sobre como não ser barrada no aeroporto de Tel Aviv, por exemplo), eu não podia imaginar o nível de controle das terras e das vidas palestinas. Ao desembarcar, os soldados israelenses me interrogaram diversas vezes, querendo saber com quem me encontraria e onde ficaria hospedada. Pediram que eu repetisse diversas vezes qual seria a minha programação em todos os dias. A cada interrogatório eles aumentavam o tom de voz. Obviamente, em nenhum momento eu poderia dizer que estaria em contato com palestinos, que visitaria áreas ocupadas, muito menos que estava ali a convite de dois movimentos que lutam contra o apartheid.

Mesmo com todas as perguntas e questionamentos, segundo os palestinos eu consegui passar pela revista rapidamente. Outras pessoas de outros países, até mesmo europeus, que estavam na mesma caravana que eu, foram detidos por cinco horas, outras por um dia inteiro, nessa averiguação. Depois de tudo isso, fui para Jerusalém, onde encontrei pessoas de vários países do Norte global que iriam para o mesmo encontro. Visitar essa cidade histórica foi sem dúvida uma experiência única. Mas, ao andar pelas ruas, logo presenciei muitas grades separando palestinos e israelenses. A entrada principal da Cidade Velha estava completamente cercada pelas forças de segurança israelenses, pois era início do Ramadã, mês sagrado para os muçulmanos, quando os soldados costumam ter uma presença mais ostensiva para coibir os palestinos de entrarem na Mesquita de Al-Aqsa. No portão de Damasco, um dos oito portões de entrada da Cidade Velha, há algo que parece um contêiner, onde o exército israelense revista todo e qualquer palestino que por ali circule, seja homem, mulher, criança, idoso ou grávida. Algumas vezes, a entrada de palestinos não é permitida. Outras, há confusão, bombas e até mesmo tiros.

Ainda em Jerusalém, eu, um israelense e uma estadunidense do movimento Black Lives Matter [Vidas negras importam] pegamos um ônibus para circular pela cidade. Em certo momento, o coletivo foi parado por soldados israelenses: todos os palestinos (mulheres, jovens, crianças de colo, homens, idosos) foram revistados — menos nós, turistas. Isso foi um grande choque para mim, pois ali percebi claramente que se tratava mesmo de um Estado militarizado, de um controle de corpos, casas, terras, trabalho, comida, água.

Depois de passar esses dias em Jerusalém, nos direcionamos para Ramallah, onde encontramos as lideranças do BDS e do Stop the Wall, além de um grupo de mulheres que nos disseram o quanto é opressor ser mulher palestina sob ocupação. Outros testemunhos narravam o impacto do racismo e da militarização, tanto sobre o corpo como sobre a mente das pessoas. Muitas nos diziam que já haviam sido presas, outras contaram que perderam filhos por causa de disparos de armas de fogo israelenses. Um dia depois, visitamos o campo de refugiados de Aida, em Belém, onde vi os muros que separam vidas, histórias e a população palestina. Esse lugar abriga pessoas que foram expulsas de suas casas e terras. Ali, assim como em outras partes do território, o abastecimento de água e luz já sofria cortes, chegando duas ou três vezes por semana, apenas.

Todas essas partes da Palestina são divididas por muros e checkpoints, e a população é revistada a cada vez que entra e sai dos territórios. As pessoas muitas vezes perdem dias de trabalho porque os soldados as deixam durante horas e horas debaixo do sol.

Hebron se parece muito com a favela onde moro, pois tem praticamente o mesmo número de habitantes da Maré, algo em torno de duzentas mil pessoas, com casas, escolas, ruas e becos. Esse lugar, conhecido por seu grande comércio, estava com as lojas fechadas, falidas, pois, por causa dos muros, dos cercos, dos postos de controle, as pessoas de outras áreas da Palestina não conseguem mais chegar até lá. "Mais de quinhentas lojas foram fechadas em Hebron por forças militares, sem contar as outras mil lojas fechadas ao longo das décadas porque o exército israelense bloqueou as principais vias de acesso para a cidade, onde não é possível circular livremente."[4] Hebron também sofre com a falta d'água. Nas ruas, encontrei pessoas carregando galões, assim como acontece na Maré. A energia e a internet eram controladas. As escolas da localidade estavam cheias de grades, porque os colonos israelenses que hoje moram em Hebron costumam se reunir para jogar pedras e granadas nos palestinos, além de invadir as escolas e aterrorizar as crianças — aliás, as próprias crianças precisam passar pelos postos de controle, onde todas são revistadas. Ao percorrer as ruas de Hebron, vimos que muitas casas palestinas já haviam sido tomadas por colonos israelenses. Eles se apossam estrategicamente das partes de cima das residências. Por isso é que aquelas ruas estavam cheias de grades: os colonos que moram nos andares superiores costumam jogar ácido, fezes, pedras e ferros nos palestinos que vivem na parte de baixo.

Quando voltei para o Brasil, passei meses sem dormir direito. Não conseguia entender tamanha brutalidade. Comecei a com-

4 "Da Palestina à Maré: a luta pelo direito à vida", WikiFavelas, s.d.

preender o que presenciei na Palestina fazendo um paralelo com a realidade das favelas cariocas, já que são as mesmas armas, os mesmos equipamentos bélicos e os mesmos treinamentos que matam as pessoas aqui e lá. Por isso, no Brasil, fizemos inúmeras atividades conjuntas, assim como as atividades do Julho Negro, o que me levou a visitar novamente a Palestina em 2023, junto com outras pessoas dos movimentos negro, favelado e periférico brasileiros.

Visitei novamente Jerusalém. Conheci famílias que não saíam de casa para evitar que elas fossem tomadas pelos colonos; vi crianças serem presas; passei por ruas fechadas por causa dos ataques israelenses nos vilarejos do Vale do Rio Jordão; presenciei adolescentes serem revistados numa mesma rua três vezes, e soube que se ficarem nas ruas em grupos com mais de três pessoas, são considerados grupo inimigo. Em Belém, visitei uma família palestina que havia acabado de perder um filho jovem, jogador de futebol, que tentou salvar uma família de dentro de uma casa em chamas, incendiada por soldados israelenses. Os soldados atiraram na cabeça dele, e a família morreu asfixiada e queimada: os soldados fecharam as portas da casa com ferros para que eles não tivessem chance de sair.

Infelizmente, nos quase dez dias que passei na Palestina em 2023, notei que tudo estava muito pior do que eu havia presenciado em 2017. Durante minha última viagem, o campo de refugiados de Jenin havia sido invadido pelas tropas israelenses e, pela primeira vez, fizeram uso de helicóptero. Por uma triste coincidência, nesse mesmo dia, a favela da Maré também estava sob ataque das polícias militar e civil, que também faziam uso de helicóptero, atirando de cima. Ao investigarmos, descobrimos que se tratava de helicópteros fabricados pela mesma empresa israelense.

Além disso, dentre os mais terríveis relatos, um jovem palestino de 23 anos me disse que já havia sido preso 33 vezes. Fiquei imaginando que infância e adolescência esse rapaz teve, quais oportunidades lhe foram dadas. Chorando, ele dizia, indignado: "O mundo nos abandonou, ninguém olha por nós!". Por isso, eles pedem para, sempre que pudermos, falarmos da Palestina. E é isso que devemos fazer. Denunciar o apartheid, o racismo, a colonização e a militarização que os palestinos vivenciam em seus territórios. Até porque lutar pela vida palestina é lutar pela vida negra e favelada em todo o Brasil, pois as vidas de lá e daqui são perdidas pelo uso das mesmas tecnologias de morte produzidas pelas mesmas empresas.

DOUGLAS BELCHIOR é professor de história, educador, defensor de direitos humanos e cofundador da Uneafro Brasil e da Coalizão Negra por Direitos.

PEDRO BORGES é jornalista, cofundador do portal de notícias *Alma Preta* e mestrando em história pela Universidade Estadual de Campinas (Unicamp).

SIMONE NASCIMENTO é feminista, ecossocialista, jornalista, coordenadora estadual do Movimento Negro Unificado (MNU) e fundadora do RUA — Juventude Anticapitalista.

Povo negro brasileiro e povo palestino: a aliança dos condenados da terra contra o colonialismo

DOUGLAS BELCHIOR
PEDRO BORGES
SIMONE NASCIMENTO

Em 1980, a Organização para a Libertação da Palestina (OLP) tentava mobilizar a sua primeira atividade pública no Brasil. O local escolhido para o evento foi o Teatro Ruth Escobar, em São Paulo, um espaço que já havia recebido muitos encontros políticos. Quando os militantes pró-Palestina chegaram ao local, encontraram um grupo de sionistas dispostos a impedir a atividade. Naquele dia, contudo, os palestinos contaram com o apoio do Movimento Negro Unificado (MNU). Milton Barbosa e Rafael Pinto, dois dos fundadores do MNU, junto com outros companheiros, contiveram o avanço dos sionistas e contribuíram para garantir o primeiro debate protagonizado pela OLP em terras brasileiras.

Organizações do movimento negro no Brasil têm sido solidárias com a luta do povo palestino desde então. Para os militantes das décadas de 1970 e 1980, ambos os grupos — os negros em África ou na diáspora, e os palestinos — eram vítimas de uma política colonialista, de uma ação racista e supremacista de retirada de autonomia dos povos. O contexto e a análise da época eram influenciados por pensadores como Frantz Fanon, que fez uma leitura precisa da subordinação imposta pelo capital e o colonialismo contra as populações do chamado "terceiro mundo". Seja na Argélia, no Caribe, na América Latina ou no Oriente Médio, a pressão recaía de modo abrupto e desproporcional sobre esses segmentos sociais.

A resistência diante desse projeto também deveria ser internacional. E assim foi. Para além da luta conjunta para viabilizar o primeiro evento da OLP no Brasil, é possível dizer que uma das principais alianças políticas internacionais do movimento negro brasileiro na década de 1980 foi com os palestinos. As primeiras edições do Congresso de Cultura Negra das Américas, realizadas em 1977, na Colômbia, em 1980, no Panamá, e em 1982, no Brasil, foram momentos de reafirmação dessa aliança. Na edição de 1980, uma moção de apoio aos palestinos foi aprovada como forma de contribuir com a pressão internacional. Ainda em 1980, Milton Barbosa foi convidado pelos movimentos palestinos para compor uma missão de políticos e ativistas brasileiros para o Líbano, onde se encontrariam com o então líder da OLP, Yasser Arafat. Em um bunker, com toda a devida proteção, Arafat ouviu da boca de Milton Barbosa que o povo negro brasileiro compartilhava da sua solidariedade para com os palestinos.

Essa aliança se desdobrou para outros momentos, como o apoio dado pelos segmentos palestinos para campanhas políticas e eleitorais de militantes negros brasileiros, que enfrentavam todas as barreiras do racismo nacional. No plano interno, o movimento negro lutava contra o chamado mito da democracia racial, contra a dimensão de que aqui se vivia sob o paraíso das raças — uma máscara colocada para apagar as desigualdades e o sofrimento imposto ao povo negro.

Os povos negro e palestino compartilhavam a noção de que tinham os mesmos inimigos. E o regime militar brasileiro (1964-1985) tinha ciência de que essa aliança existia e era perigosa. Documentos do setor de inteligência presentes no Arquivo Público do Estado de São Paulo mostram que a ditadura perseguiu ambos os movimentos, que se juntaram para denunciar situações de violência. Em 11 de junho de 1982, ocorreu uma manifestação diante do Theatro Municipal de São Paulo contra os bombardeios israelenses no Líbano. Cerca de cinquenta pessoas, sob os olhares do regime militar, propuseram a construção de um comitê de solidariedade para o envio de remédios e apoio internacional para a OLP. Durante o ato, foram distribuídos panfletos com o título "A realidade do povo palestino". O texto trazia, entre outras mensagens, a seguinte afirmação: "Nossa manifestação é uma manifestação de apoio aos nossos irmãos, ao povo de nossos pais, avós e ancestrais: o povo palestino".

Décadas depois, esse pacto de solidariedade continuava vigente. Em 2001, movimentos negros e uma diversidade de lideranças negras brasileiras foram atores fundamentais na Conferência Mundial contra o Racismo, a Discriminação Racial, a Xenofobia e Formas Correlatas de Intolerância, organizada pelas Nações Unidas na cidade de Durban, na África do Sul. Foi um marco de reconhecimento internacional e comprometimento com a luta contra as várias formas de discriminação racial. Os documentos da conferência trazem declarações relacionadas à situação palestina e à necessidade do reconhecimento dos direitos humanos e da autodeterminação do povo palestino. A declaração oficial, conhecida como Declaração de Durban, de 8 de setembro de 2001, em seu ponto sobre "Origens, causas, formas e manifestações contemporâneas de racismo, discriminação racial, xenofobia e intolerância correlata", registra:

> Estamos preocupados com o padecimento do povo palestino sob ocupação estrangeira. Reconhecemos o direito inalienável do povo palestino à sua autodeterminação e ao estabelecimento de um Estado independente, e reconhecemos o direito à segurança a

todos os países da região, incluindo Israel, e convocamos todos os Estados a apoiarem o processo de paz e a torná-lo realidade em curto tempo.

A atuação do movimento negro brasileiro, em especial das organizações de mulheres negras, em aliança com movimentos negros diaspóricos, foram fundamentais para esse resultado.

A solidariedade de movimentos negros brasileiros combativos se mantém ativa e permanente a cada momento de radicalização da opressão e da violência racista e genocida promovida pelos sucessivos governos de Israel contra o povo palestino. E também no Brasil. Isso porque as armas de Israel também matam o povo negro nas periferias brasileiras. O "caveirão" que sobe os morros cariocas e o "guardião" que invade as quebradas de São Paulo são blindados produzidos por empresas israelenses, assim como os fuzis da polícia baiana. Essa indústria bélica tem um projeto de mundo muito diferente do defendido pelo movimento negro brasileiro e pelo povo palestino. Por isso, exigimos que o Brasil rompa relações com Israel. A tendência, porém, tem apontado para outra direção. Segundo estudo da Apex Brasil, órgão do Ministério do Desenvolvimento, Indústria, Comércio e Serviços, o fluxo econômico bilateral cresceu cerca de 130% entre 2021 e 2022, com 85% do valor das exportações brasileiras concentradas nos grupos de produtos como petróleo, carne bovina, milho e soja, com superávit para o Estado sionista. De um total de 339 bilhões de dólares exportados pelo Brasil em 2023, apenas 0,2%, ou 661,9 milhões, foram para os israelenses. Na outra mão, de tudo que foi importado no ano passado pelo país, 240 bilhões de dólares, 0,6%, ou 1,35 bilhão, veio de Israel. Assim, o Brasil tem ajudado a alimentar financeiramente um Estado genocida, enquanto milhares de palestinos morrem de fome e sede.

Por isso é que nossa histórica solidariedade não pode arrefecer. Em julho de 2023, a Stop the Wall, organização de direitos humanos formada na Palestina, organizou uma delegação para a região com militantes de organizações de todo o planeta — e também do Brasil. Ativistas da Coalizão Negra por Direitos e do MNU estiveram na Faixa de Gaza e presenciaram situações de violência extrema. Nos últimos meses, frente aos ataques militares com explícito objetivo de limpeza étnica racista e genocida promovida pelo governo de Benjamin Netanyahu, os movimentos negros brasileiros, uma vez mais, se levantaram em defesa do povo palestino. A Uneafro Brasil, com reconhecido trabalho na área da educação e direitos para a juventude negra, se uniu à ampla mobilização nacional contra o genocídio. Em outubro de 2023, ela se manifestou pelo imediato cessar-fogo, e em novembro de 2023 declarou:

> O mundo se levanta em solidariedade ao povo palestino, que tem sido alvo de um dos maiores massacres dos últimos anos. O mundo exige o fim dos bombardeios promovidos pelo exército de Israel de maneira indiscriminada contra o povo palestino, o que tem assassinado milhares de crianças, idosos, mulheres, médicos, população civil em geral. Um genocídio está sendo promovido aos olhos do mundo! CHEGA! Pelo fim do genocídio em Gaza, em defesa do povo palestino e de todas as vítimas da violência do Estado de Israel!

Também em outubro de 2023, a Coalizão Negra por Direitos, aliança nacional que reúne mais de duzentas organizações negras de todos os estados brasileiros — incluindo MNU, Uneafro Brasil, Geledés, Centro de Estudos das Relações de Trabalho e Desigualdades (Ceert), Criola, Centro de Estudos e Defesa do Negro do Pará (Cedenpa), Coordenação Nacional de Articulação das Comunidades Negras Rurais Quilombolas (Conaq), Instituto de Referência Negra Peregum, Alma Preta, entre outras — declarou:

> A Coalizão Negra por Direitos vem a público manifestar nossa profunda solidariedade ao povo palestino, que sofre o desproporcional e continuado terrorismo do Estado de Israel, e também ao

> povo israelense, que tem experimentado nos últimos dias a violência dos ataques do Hamas. É importante lembrar que a guerra deflagrada pelo ataque do Hamas a Israel no sábado, 7 de outubro, é a ponta de um iceberg de violência extrema vivenciado no território palestino. Reconhecemos que o que está se passando com o povo palestino não é uma injustiça distante, separada da nossa realidade, e que o regime de apartheid é um crime contra a humanidade baseado no racismo e no colonialismo, que tem como um dos efeitos colaterais o fortalecimento de grupos extremistas como o Hamas. Acreditamos que a luta contra o apartheid palestino orquestrado por Israel também é a luta do povo negro brasileiro e deve ser assumida por todos aqueles e aquelas que defendem a dignidade humana.

Na história recente, foram inúmeras as demonstrações de solidariedade e reconhecimento entre os chamados "condenados da terra". A luta contra o colonialismo, o supremacismo branco e o capitalismo é internacional — e segue presente entre os militantes negros brasileiros. É fato que esse segmento social seguirá firme na denúncia das violações cometidas em Gaza e na Cisjordânia, e na busca por uma solução que reconheça a soberania do povo palestino. No Brasil, bem como em todos os países de herança escravista e colonial, acreditamos e seguimos as palavras de Nelson Mandela: "Sabemos muito bem que nossa liberdade é incompleta sem a liberdade das pessoas palestinas".

GERSON DE SOUZA OLIVEIRA é militante do Movimento dos Trabalhadores Rurais Sem Terra (MST) em São Paulo pelo setor de Frente de Massa, membro do Coletivo Terra, Raça e Classe, doutorando em geografia pela Universidade de São Paulo (USP) e integrante da Brigada Internacionalista Ghassan Kanafani, movimento do MST em solidariedade à Palestina.

SELMA DE FATIMA SANTOS é militante do MST e integrante da Coordenação Política Pedagógica da Escola Nacional Florestan Fernandes (ENFF), graduada em pedagogia pela Universidade do Estado de Mato Grosso (Unemat), com especialização em estudos latino-americanos pela Universidade Federal de Juiz de Fora (UFJF), mestre e doutora em ciências sociais pela Universidade Estadual Paulista (Unesp).

A solidariedade do MST com a Palestina

GERSON DE SOUZA OLIVEIRA
SELMA DE FATIMA SANTOS

> Y una mañana todo estaba ardiendo
> y una mañana las hogueras
> salían de la tierra
> devorando seres,
> y desde entonces fuego,
> pólvora desde entonces,
> y desde entonces sangre.
> Bandidos con aviones [...]
> venían por el cielo a matar niños,
> y por las calles la sangre de los niños
> corría simplemente, como sangre de niños.
>
> — PABLO NERUDA, "EXPLICO ALGUNAS COSAS"

Aprendemos com Che Guevara a cultivar os mais nobres valores humanistas e socialistas: "Se você é capaz de tremer de indignação a cada vez que se comete uma injustiça no mundo, então somos companheiros". Assim fez Yasser Arafat quando esteve à frente da Organização para Libertação da Palestina (OLP) em favor da liberdade de Nelson Mandela durante o apartheid. Por isso, hoje, os sul-africanos retribuem com o importante posicionamento contra a agressão israelense, da mesma forma que outros países, como o Brasil, embora não tenham o poder de parar o massacre patrocinado pelo imperialismo internacional, explicitam seu repúdio contra Israel.

A relação de solidariedade entre o Movimento dos Trabalhadores Rurais Sem Terra (MST) e a Palestina tem mais de duas décadas. Surge de uma causa comum — a luta pela terra e a resistência no território ocupado — e da nossa posição política contrária à violência sionista covarde, genocida, colonialista e racista do Estado de Israel contra um povo que é secularmente expulso, humilhado e assassinado em sua própria terra.

Em 2002, militantes do MST e da Via Campesina estavam em Ramallah, na Cisjordânia, para compartilhar a solidariedade e aprender sobre a luta dos palestinos, quando foram surpreendidos por bombardeios israelenses. A delegação visitava a sede do Fatah, partido que controla a Autoridade Palestina, atacada e sitiada pelo exército de Israel. O único refúgio possível foi juntar-se aos palestinos por 22 dias, guiando-se pela sua heroica sabedoria de resistência. Foram dias tensos, mas também de grande generosidade, nos quais, entrincheirados, compartilhamos a pouca comida que havia, a pouca água, a falta de eletricidade, a indignação. De dentro para fora, se via a luz da mira a laser dos fuzis sobre os corpos indistintos no interior do prédio. As fronteiras entre nós desapareceram e todos nos tornamos um uníssono de resistência. Em meio aos estrondos das bombas, a bandeira do MST seguia entrelaçada à bandeira palestina.

Foi um momento histórico e de muitas lições para os sem-terra sobre o que significa enfrentar a força do exército sionista lado a lado com os palestinos. Esse acontecimento marcou a cultura internacionalista do movimento e o compromisso inexorável com a Palestina. Enfrentar uma guerra multifacetada — militar, econômica, cultural e política — em campo aberto, sujeito a todos os tipos de ataques de maneira desproporcional, sem possibilidade de reagir nas mesmas condições, tem sido a forma como o povo palestino enfrenta a barbárie e as atrocidades de uma ocupação covarde que já afetou toda a população.

No início dos anos 2000, aos poucos fomos fortalecendo nossa relação com a União dos Comitês de Trabalhadores Agrícolas da Palestina (UAWC), uma das principais organizações articuladoras dos camponeses do mundo árabe. Entre 2010 e 2020, o MST enviou, a cada dois anos, brigadas de militantes para apoiar a causa e fortalecer a relação com os camponeses palestinos, tanto na colheita de azeitonas na Cisjordânia quanto para o conhecimento das formas organizativas, num intercâmbio de lutas e saberes nas demais áreas do território.

A colheita de azeitonas é uma das ações mais simbólicas e de maior resistência na Palestina, uma vez que o exército israelense tenta impedir essa atividade como forma de boicote econômico, para enfraquecer os palestinos e fazê-los se render a chantagens e ameaças. Israel sabe que a economia Palestina é basicamente agrária e que essa é a forma de construírem maior autonomia diante do controle autoritário do Estado judeu, além de ser uma modalidade de ocupação e defesa do território sagrado que já dura muitos séculos. Para o povo palestino, as oliveiras são árvores-mães, cultivadas há mais de mil anos. Por isso, seguir semeando e colhendo azeitonas são atividades que se ligam à própria ancestralidade desse povo no território. É como defender a família, a continuidade da existência. É combater a guerra em defesa da própria história, contra o esquecimento, o apagamento. É manter-se vinculado às raízes existenciais mais profundas.

Atualmente, diante da perversidade da fome imposta por Israel aos moradores de Gaza — e sobretudo na cidade de Rafah, onde se concentram os sobreviventes da ofensiva —, que afeta mais de setecentas mil pessoas, o MST já enviou aos palestinos treze toneladas de alimentos, com a meta de chegar a pelo menos cem toneladas. Essa solidariedade significa compartilhar o que temos, da mesma forma que fizemos durante os anos da pandemia em solo brasileiro. Enviamos os alimentos saudáveis produzidos nas áreas da reforma agrária, nas terras conquistadas pela nossa luta, irmanada nos passos da luta palestina. Tanto para eles como para nós, a terra nos dá a vida. Por isso, não hesitamos em dar a nossa vida por ela.

Aprendemos com o internacionalismo dos povos e com a causa palestina que a principal forma de expressar nossa solidariedade é por meio da luta concreta, na qual, como disse o poeta, todas as armas são boas — sejam pedras, flores, poemas, noites entrincheiradas nas madrugadas com um livro, violão, foice ou facão, com a bravura das crianças palestinas, meninos e meninas em Gaza e nas periferias, enfrentando o exército com um estilingue na mão. Essa luta nos inspira a seguir cultivando, semeando a poesia como quem semeia a terra, mesmo diante da aspereza destes dias. Não podemos deixar de esperançar, porque o tempo da colheita vai chegar. Para quem faz da luta verbo alimentar, a rebeldia é fazer da própria vida o que se quer na poesia. Citando Leila Khaled, revolucionária e líder histórica da Frente Popular de Libertação da Palestina (FPLP), os inimigos temem o pensamento e a palavra assim como temem a arma. Somos guiados pela esperança, e eles, pelo medo e pelo ódio.

HELOISA VILLELA é jornalista. Foi correspondente internacional nos Estados Unidos por 35 anos. Trabalhou na Globo, na Record e na CNN. Atualmente, é comentarista de política internacional no ICL Notícias.

A responsabilidade de todos nós

HELOISA VILLELA

"Não esperamos nada de governo algum. Nossa única esperança são as pessoas, os povos do mundo."

Respiro fundo e penso novamente na frase que ouvi de quase todos os palestinos com os quais conversei nos doze dias que circulei pela Cisjordânia. Pisei pela primeira vez na Palestina dez dias depois do início da mais recente operação militar do Estado de Israel contra a população da Faixa de Gaza.

Em retrospecto, não me espanta que essa seja a primeira frase que me venha à cabeça todas as vezes que penso nas vítimas desse massacre — o ataque mais brutal que os palestinos já enfrentaram nas últimas sete décadas. Por que essa única esperança? Porque nenhum poder jamais se dedicou a solucionar de fato a situação criada pela ONU em 1947 com uma resolução que selou o destino de todo um povo ao fundar o Estado de Israel. Se os poderes instituídos, representados pela ONU naquela época, inventaram o problema, como esperar que agora eles apresentem uma solução?

A frase que não me sai da cabeça parece ecoar mundo afora, já que as manifestações populares, na Europa, no Oriente Médio e até mesmo nos Estados Unidos, enchem as ruas de pessoas que se recusam a fechar os olhos, a negar que sejamos de fato algo que se pode chamar de humanidade. A pergunta que ainda não consegui responder é a seguinte: que tipo de ser humano consegue virar de lado e dar de ombros às imagens de milhares de crianças e bebês mortos, sem pernas, sem braços, ou aos que sobreviveram apesar de terem perdido toda a família?

Conheci a Cisjordânia breve e intensamente no fim de outubro de 2023. Um lugar onde me senti mais perto de casa do que em Nova York, onde vivi por 35 anos. Por quê? Calor humano. Hospitalidade. Acolhimento. Fui tratada como parte do todo. E me agradeceram demais por eu estar ali, ouvindo as histórias, as angústias, prestando atenção no lado desse conflito que a imprensa brasileira costuma desprezar completamente. Enquanto estive na Cisjordânia, apenas um outro jornalista brasileiro volta e meia cruzava de Jerusalém (em Israel) para Ramallah (na Cisjordânia). Os demais chegaram e permaneceram em Israel. O lado da história a ser contada estava escolhido desde o começo.

Fiz de Ramallah a minha base de operações. Virei cliente diária de um café e dali parti para outras cidades da região. Visitei campos de refugiados em Jenin e no entorno de Belém. Foi justamente nesses lugares que entendi, em todos os sentidos, o que até então só sabia por meio dos livros. Muhammad Alazza, um jovem de 33 anos, me recebeu sob o arco, na entrada do campo de Aida. No topo do arco havia a escultura de uma chave imensa, símbolo da luta pelo direito de voltar às casas e cidades ocupadas pelos israelenses, das quais os palestinos vêm sendo expulsos desde 1948.

Muhammad me levou ao terraço de um edifício de três andares porque sabia que lá de cima eu conseguiria entender melhor a realidade. Em volta do campo, desde 2004, uma muralha construída por Israel separa os cerca de cinco mil moradores da única área verde onde Muhammad chegou a brincar na infância. Ao longo do muro, vinte câmeras vigiam a população dia e noite. Ao longe, do lado de lá do "muro do apartheid", como ele diz, a gente vê o assentamento ilegal de colonos judeus dentro da Cisjordânia.

Quando conheci Muhammad Alazza, a carnificina estava apenas começando. Eram menos de quinze dias de bombardeios em Gaza. A situação na Cisjordânia era tensa, mas se tornaria infinitamente pior com assassinatos, prisões arbitrárias e todo tipo de destruição material e subjetiva. Em Aida, por exemplo, depois que fui embora, o arco e a chave sobre ele foram destruídos pelo exército de Israel em plena luz do dia. Essa agressão físico-psíquica funcionava como um recado: nem ousem sonhar.

No campo de refugiados de Jenin não foi diferente. Os moradores me mostraram, com orgulho, a estátua de um cavalo feita de sucata: ferro-velho, restos de carros destruídos por Israel em um ataque ao campo de refugiados, em 2002, que matou 52 palestinos e destruiu 400 casas. Em uma das laterais da escultura se vê restos de uma ambulância do Crescente Vermelho, alvo desse mesmo ataque. O médico Khalil Suleiman morreu na hora, enquanto prestava socorro a uma mulher.

Por que um cavalo? Porque ele é símbolo de força e de liberdade. No dia 30 de outubro de 2023, recebi imagens dolorosas e revoltantes. Uma retroescavadeira do exército israelense entrou no campo de refugiados, destruiu a estátua e a carregou, aos pedaços, campo afora. E você vai me perguntar: por que lamentar por uma estátua feita de destroços? Porque Israel tenta, assim, solapar até mesmo o anseio de liberdade, de emancipação.

Tenta, mas não consegue — nem vai conseguir.

Na véspera da visita em que conheci a estátua do cavalo, o campo de Jenin havia sido alvo do primeiro ataque aéreo à Cisjordânia desde o começo da atual operação militar em Gaza. A partir de então, a comunidade passou a ser alvo de agressões constantes. No começo, eram as retroescavadeiras que se ocupavam em destruir as ruas, os calçamentos, máquinas que arrancavam os fios de eletricidade. Tudo para tornar a vida verdadeiramente insuportável.

Ouvi, nas ruas de Jenin, o barulho constante de drones usados para vigiar cada passo dos moradores. À noite, ninguém consegue dormir. Militares fortemente armados, acompanhados de tanques, invadem ruas e casas, levam jovens e mulheres sem mandado ou acusação alguma. E ninguém sabe quando ou se eles voltarão.

Sair de Ramallah, sede do governo da Autoridade Palestina, e visitar outras cidades da Cisjordânia foi tenso. Mas, em outubro de 2023, não era impossível. Pelas informações dos moradores, hoje esse mesmo deslocamento é impraticável. Enquanto Israel acaba de dizimar a Faixa de Gaza, as cidades da Cisjordânia também se tornaram palco de agressões cada vez mais violentas. Os vídeos, gravados com muita dificuldade, de frestas de janelas, continuam chegando ao meu celular.

Nós, que temos teto, comida e água, também temos responsabilidade.

É conosco, e só conosco, que contam os pais, mães, filhos e filhas, tios e tias, sobrinhos e sobrinhas, netos e netas palestinos.

GAL SOUZA é mestranda em história social pela Universidade Estadual de Campinas (Unicamp), graduada em história pelo Centro Universitário Fundação Santo André, integrante da Frente em Defesa do Povo Palestino da cidade de São Paulo, produtora cultural e professora da educação pública.

Viagem à Palestina: segregação, racismo e militarização

GAL SOUZA

Estive na Palestina entre os dias 30 de março e 5 de abril de 2015, integrando um grupo de ativistas, jornalistas e sindicalistas que denominamos de Missão Humanitária a Gaza. Começamos a organizar nossa ida em novembro de 2014, em razão dos bombardeios brutais realizados por Israel entre 8 de julho e 26 de agosto. Foram cinquenta dias de agressões contínuas, vitimando pelo menos 2.251 pessoas, entre elas cerca de 500 crianças. Essa ofensiva também deixou mais de 11 mil feridos e 450 mil desabrigados, além de transformar casas, escolas, universidades e hospitais em escombros.[1]

Além de realizar manifestações de rua em São Paulo e participar das campanhas do movimento internacional por Boicote, Desinvestimento e Sanções (BDS) a Israel, entendemos que precisávamos tentar chegar a Gaza, prestar solidariedade, registrar a situação e produzir conteúdo que a mídia hegemônica não veicula no Brasil. Depois de várias conversas, decidimos aceitar o apoio da diplomacia brasileira e entrar na Cisjordânia pela fronteira da Jordânia. Chegamos à Ponte Allenby, divisa

1 "Relembrando a ofensiva israelense contra Gaza de 2014", Monitor do Oriente Médio (Memo), 8 jul. 2020.

da Jordânia com a Palestina controlada por Israel, no começo da tarde de 31 de março de 2015. O lugar parecia um grande caixote no meio do deserto. Pegamos uma fila breve, deixamos nossas malas em uma esteira que as levou para uma sala equipada de aparelhos parecidos com máquinas de raio X, pediram nossos documentos e nos mandaram aguardar. Ficamos ali por mais ou menos quatro horas, observando europeus passarem com brevidade. Às vezes, alguns membros do nosso grupo eram chamados separadamente para interrogatórios rápidos.

Enfim, com rispidez, dois soldados nos pediram que fôssemos até eles, entregaram nossos passaportes e disseram: "Bem-vindos a Israel!", mas, para Soraya Misleh e Mohamad El Kadri, membros de nossa comitiva, além dos passaportes, deram um documento escrito em inglês e hebraico com a proibição expressa de entrar na Cisjordânia por cinco anos, com a justificativa de que ambos ofereciam ameaças à segurança israelense. A indignação tomou conta do grupo: ficou evidente o racismo antiárabe e a crueldade cometida contra duas pessoas que militam pela libertação da Palestina há mais de trinta anos. Tentamos contato com o embaixador do Brasil na Palestina e com alguns parlamentares que nos ofereceram suporte à distância. Nada adiantou. Enquanto entrávamos na Palestina, olhávamos Soraya e Mohamad sendo empurrados para fora com canos de metralhadora por seguranças frios e truculentos. De volta a Amã, eles visitaram os campos de refugiados palestinos até o nosso retorno. Soraya não pôde reencontrar sua família palestina e Mohamad não pôde rezar na Mesquita de Al-Aqsa em Jerusalém, nem entregar as bolas e camisetas de futebol que arrecadara com amigos e vizinhos para doar às crianças de Gaza.

Entramos na Palestina chorando, e já era noite quando chegamos à capital da Cisjordânia, Ramallah, sede da Autoridade Nacional Palestina, de embaixadas e organizações humanitárias. No dia seguinte fomos até a embaixada brasileira e soubemos do então embaixador Paulo França que não tínhamos permissão para entrar em Gaza. Reorganizamos nossas agendas para visitar associações civis, representantes de organizações políticas e humanitárias, famílias e lugares emblemáticos na Cisjordânia.

Tudo o que vimos nos chocou absurdamente.

Ao entrar em Jerusalém pela primeira vez, agindo como os palestinos, passamos por uma catraca giratória, parecida com as entradas antigas das estações de trens de São Paulo; depois colocamos nossas bolsas em uma esteira como as dos aeroportos, entregamos nossos passaportes e fomos revistadas por um scanner corporal. Se não existisse o checkpoint de Qalandia, a viagem de Ramallah a Jerusalém levaria no máximo trinta minutos. No entanto, o controle das forças israelenses, além de triplicar o tempo gasto, aumenta o custo de transporte para os palestinos, pois o ônibus os deixa obrigatoriamente na entrada do posto de controle, e depois da revista é necessário pagar outra passagem. Na segunda ida a Jerusalém, decidimos ficar dentro do ônibus, pois estávamos com visto de turistas. Ao chegar em Qalandia, soldados israelenses entraram no veículo, verificaram nossos passaportes e nos disseram: "Bem-vindos a Israel!". Já os palestinos tiveram que descer, incluindo um senhor aparentemente doente e com dificuldades de locomoção, que se recusou a sair e foi retirado à força.

Na primeira visita a Jerusalém Oriental, fomos recebidas por Nabil Al-Kurd no quintal de sua casa no bairro de Shaikh Jarrah. Nabil nos contou que, em agosto de 2009, sua residência foi invadida por policiais e soldados israelenses, mas, com ajuda dos vizinhos, que fizeram uma barreira para conter a desapropriação total, conseguiu manter a parte de trás de sua casa — os cômodos da frente e a garagem foram dados a colonos judeus estrangeiros. Desde então, o cotidiano dessa família palestina é um suplício, com agressões cotidianas dos novos vizinhos e das autoridades. A colonização israelense também se dá dessa forma: palestinos são obrigados a conviver com ocupantes ilegais fortemente armados dentro de suas próprias casas.

Viver na Palestina custa muito caro, principalmente o transporte, porque a maioria dos recursos, como os combustíveis, é controlada por Israel. Em solidariedade à nossa situação financeira, o dono do hotel em que estávamos chamou um amigo taxista que conseguiu fazer um preço camarada — e assim conhecemos Bassam Lahleh, que, antes de se tornar motorista, perdeu o emprego e foi proibido de rezar na Mesquita de Al-Aqsa após a construção do muro do apartheid. Com o táxi, passou a trabalhar doze horas por dia, ganhando em média dezoito dólares. Para Bassam, permanecer na Palestina é um ato de resistência. Ele diz que não há emprego para seus filhos, o que os impossibilita de constituir família e projetar um futuro digno. "Já presenciei muitos jovens que, desesperados em busca de trabalho, pularam o muro e foram alvejados por soldados israelenses", conta. No caminho de Ramallah para Al-Khalil (Hebron), além do muro e de assentamentos israelenses ilegais, ao longe se avista o Mar Morto. Dissemos a Bassam que gostaríamos de conhecer a paisagem de perto. Ele respondeu que tentaria encontrar alguém que pudesse nos levar, pois não tinha permissão para ir até lá.

As estradas na Palestina são segregadas e muitas delas proibidas aos palestinos. O controle é feito pela placa dos carros: os que ostentam placas amarelas são israelenses e podem circular livremente; já os veículos com placas brancas são palestinos e enfrentam bloqueios inesperados, como vimos na volta de Al-Khalil. Soldados israelenses plantaram um checkpoint móvel com a intenção de impedir um casamento — sim, havia uma noiva em um veículo a nossa frente. Ficamos parados por muito tempo e, quando a estrada foi liberada, tivemos que fazer um grande desvio. Se houve casamento, não sabemos.

Vivenciamos dois momentos de amargas alegrias na Palestina. O primeiro foi o jantar organizado pela historiadora palestino-brasileira Ruayda Rabah, que vive com a família em Kobar, uma vila próxima a Ramallah. Ouvimos histórias de lutas e resistências das mulheres palestinas, principalmente das mães cujos filhos foram presos arbitrariamente. Israel encarcera crianças a partir dos doze anos de idade, muitas vezes pegando-as à força dentro da sala de aula. São submetidas a isolamentos e enfrentam julgamento em tribunal militar.[2] Após o jantar, fomos convidadas a participar da festa de libertação do preso político palestino Raed Zibaar, que havia sido solto há dois dias, depois de catorze anos de detenção. Ele nos contou que, quando foi capturado pelas forças israelenses, sua esposa tinha acabado de dar à luz ao seu primogênito — que agora, orgulhoso, estava sentado ao lado do pai. A festa aconteceu no pequeno quintal de sua casa, em Kobar. O terreno estava enfeitado com uma tenda de pano florido, e nos serviram muitos doces e chás. A mãe do ex-prisioneiro não escondia a emoção, e disse que poderia morrer em paz, pois deus lhe dera a bênção de rever seu filho livre. Ao mesmo tempo, ponderou que sabia que ele não deixaria de lutar e que poderia voltar para a cadeia em breve.

No fim da viagem, o grupo partiu em momentos diferentes, de acordo com os horários dos voos. Eu e uma amiga combinamos o translado até a fronteira da Jordânia com nosso amigo Bassam Lahleh, que nos avisou que só poderia nos deixar num ponto muito antes da barreira, mas combinou com outro taxista, que nos levaria até a aduana. Saímos de Ramallah cedo para evitar transtornos. Quando chegamos a Jericó, Bassam parou o carro, pegou algumas moedas em seu porta-luvas, entrou na quitanda de um velho conhecido, voltou com tâmaras e nos presenteou, explicando que é uma fruta sagrada que simboliza prosperidade e que se dá aos amigos. E nos pediu: "Contem ao mundo o que passamos aqui!". Nos despedimos com lágrimas nos olhos, pegamos nossas malas e corremos entre os carros em meio ao deserto para alcançar o outro taxista.

2 "ONU classifica como 'desumano' e 'cruel' confinamento solitário de crianças palestinas por Israel", Nações Unidas Brasil, 20 jul. 2012.

A experiência de ter ido à Palestina nos deu a possibilidade de sentir um pouco do que é viver sob a dominação cotidiana do regime de colonização, segregação e racismo israelense. A muralha de mais de setecentos quilômetros que serpenteia a Cisjordânia, os arames farpados e os checkpoints nos fazem ter sensações de asfixia, aprisionamento, impotência e incredulidade diante de uma realidade absurdamente cruel. Fazíamos a todo momento a mesma indagação: como assim, a humanidade permite isso?

Mesmo sob ocupação sionista, a solidariedade, a esperança e a resistência da população palestina se revelam nas formas mais surpreendentes de invenção e reinvenção da vida no cotidiano. Cabe a nós aprender e nos juntar a essa luta por libertação e justiça.

MAYNARA NAFE é palestino-brasileira, secretária de juventude da Federação Árabe Palestina do Brasil (Fepal) e diretora de políticas educacionais da União Nacional dos Estudantes (UNE).

O sonho do meu avô, e o meu

MAYNARA NAFE

Ao meu avô Muhammad Nafe e ao nosso sonho.

Imaginemos uma cidade pacata, bem pequena, onde todo mundo se conhece e sobretudo se comenta. Essa cidade poderia ser qualquer pequena cidade no Brasil — ou na Palestina. A diferença é que ela faz parte de um território que é alvo de um apartheid, e ao longo dos dias, meses, anos e décadas, a paisagem ao seu redor vai se modificando: as ruas passam a ser vigiadas, a locomoção é dificultada, as terras são tomadas e os cidadãos, cotidianamente humilhados. A existência nesse espaço fica cada vez mais difícil em razão das restrições impostas pelos estrangeiros, a tensão é visível. Com o passar do tempo, a população, que vivia em paz, começa a não aguentar tamanha humilhação diária. Assim, de repente, uma pessoa que trabalha como policial da Autoridade Palestina, depois de tanto sofrimento e desrespeito, resolve dar um basta. Chega em casa, quebra o jejum do Ramadã com os filhos e a esposa, abraça-os, e sai levando sua pistola. Era a última vez que veria a família — e sabia disso. Ele se dirige a um posto de controle do exército israelense e dispara contra seis soldados, tão jovens quanto ele. E é morto ali mesmo.

Acontece na Palestina.

Passei algum tempo refletindo sobre a ação desse homem. Ter filhos, uma esposa e um emprego relativamente estável (independentemente da função) pode não parecer muito, mas, na Palestina, essa já é considerada uma vida de algum sucesso, dado o contexto colonial que assola o território há 76 anos. O que levaria um homem bem-sucedido, portanto, a abandonar tudo o que construiu e entrar em uma missão suicida? Muitos podem dizer: "É ódio, é claro. Ódio dos sionistas". Eu não o conheço, tampouco sei seu nome, mas de uma coisa eu sei: sim, é ódio — e também desespero. Pois eu sinto o mesmo desde que fui para a Palestina pela primeira vez.

Eu tinha apenas dez anos. Nascida e criada no Brasil, em uma posição social relativamente privilegiada, fui para a escola, brinquei, usufruí dos meus direitos de ser criança. No entanto, quando pisei na fronteira entre a Jordânia e a Palestina (controlada por Israel), eu não era mais uma criança: eu era uma criminosa em potencial, eu era aquilo que mais atrapalhava o projeto sionista. Além de representar o futuro da Palestina, eu carregava comigo a figura feminina, capaz de gerar mais crianças, mais palestinos, mais futuro.

Foram seis horas de interrogatório, e eu ainda saí antes do meu pai, que permaneceu respondendo a mais perguntas. Obrigaram-nos a entregar nossos celulares e conectá-los no wi-fi. Quando saímos da sala, depois de pagarmos taxas absurdamente caras, veio a primeira demonstração de poder: soldados passaram atirando para cima e correndo. Já era noite, o que tornava tudo mais assustador. Meu pai se jogou no chão comigo e ficamos debaixo de uma mesa até a situação terminar. No caminho para casa, na estrada estreita e perigosa, feita apenas para palestinos (um dos efeitos do apartheid), inúmeros tanques de guerra expostos como mais uma demonstração de poder. Durante o caminho, vi algumas vezes, de relance, refletindo o farol do carro, um muro cinza muito grande — era o que chamamos de "muro do apartheid". Era o medo do desconhecido, com certeza, mas creio que, mesmo que eu conhecesse aquela estrada, aquele muro, aqueles tanques, sentiria medo e desespero da mesma forma.

Um dia, um parente com licença especial para transitar em território israelense nos levou para conhecer Jerusalém. Era um dia de semana e estava muito calor. Quando saímos de casa, vimos as crianças palestinas indo para a escola, os meninos desciam a pé, brincando, alguns mais bem-vestidos que outros, mas quase todos de mochila nas costas. Saímos cedo pela manhã, meu pai jogou a rota no GPS e viu que estávamos a vinte minutos de carro do destino, passando pela *highway* reservada apenas para os cidadãos de Israel. Levamos duas horas pelas estradas para os carros com placas brancas (palestinos). Chegando ao checkpoint, enfrentamos mais filas, mais xingamentos, e vimos uma demonstração ostensiva de armas. Quando enfim alcançamos Jerusalém, já era horário de saída das escolas, vimos as crianças israelenses andando pelas ruas com uniformes impecáveis e sapatos reluzentes; vimos um senhor que, devido à baixa umidade e ao grande calor, jogava água para cima com uma mangueira, formando um lindo arco-íris. Ao fundo, lindas construções em pedras, tudo muito limpo e branquinho. Essa cena me deu ânsia. Senti raiva. Aquelas pessoas nos tratavam como invasores em nossa própria terra, todo mundo agia como se estivesse tudo certo naquele lugar — e estava longe de estar certo.

Fui crescendo e compreendendo: o que me causava raiva não era apenas uma relação desigual; havia camadas e camadas de agressões, mortes, prisões, roubo de terras. Anos depois, ao estudar a história da Palestina, compreendi a minha própria história. Entendi que aquela pequena casa de pedra construída há quatrocentos anos abrigou minha família durante séculos; que comi o fruto das oliveiras que meus ancestrais plantaram e colheram; que bebi o chá feito da erva colhida no meu quintal. Senti a liberdade do vento que batia na montanha, chorei na terra em que minhas raízes estavam fincadas. Percebi que a nossa história é o que nos mantém com tanta vida na mesma terra, a história que nos faz ser quem somos e o que somos: palestinos. Compreendi, por fim, que meus tios não tinham filhos porque foram esterilizados pelo regime sionista, porque, para que o projeto sionista se realize, a nossa história precisa acabar. Para o sionismo, a história de milhões de vidas precisa de um ponto-final.

Enxerguei-me nesse processo, em primeiro lugar, como um pequeno grão de areia: uma menina, uma estudante de classe média, filha de comerciantes, neta de mascates, bisneta, tataraneta e pentaneta de camponeses. Depois, me lembrei das lágrimas que deixei naquela terra e da promessa de que um dia meus filhos, netos, bisnetos, tataranetos, pentanetos viveriam e veriam a história que construímos naquele lugar. Por fim, me senti afogada pelo desespero de estarmos sendo mortos, apagados, calados, silenciados, e pelo desejo de interromper esse plano sangrento.

Ao imaginar o que aquele policial palestino sentiu e comparar ao que eu sinto, percebi que o desespero, por ser fruto do medo, possui efeitos tão estimulantes quanto paralisantes. Diante de uma ameaça de qualquer natureza, podemos lutar e nos manifestar — ou silenciar. Não existe resposta correta para esse tipo de sentimento; tudo sempre dependerá do contexto e da história de cada pessoa. Entre nós, no Brasil, pode acontecer que, durante nossa trajetória de vida, tenhamos de passar por situações difíceis, e que caiamos em desespero. Na Palestina, contudo, esse sentimento é diário e não remonta só a mim ou ao policial, mas a todo palestino, em diáspora ou não. Entre nossas lideranças históricas, esse sentimento também se fez presente, porém ganhou contornos diversos que impulsionaram a luta pela libertação.

Yasser Arafat é exemplo disso. Da mesma maneira que a maioria dos palestinos na contemporaneidade, ele nasceu em diáspora e logo cedo abraçou ideais árabes nacionalistas e antissionistas. Imagino o desespero do jovem Arafat ao assistir aos massacres perpetrados contra seu povo no início da limpeza étnica, em 1947; à criação do Estado de Israel, em 1948; e ao massacre de Dair Yassin, ocorrido em 9 de abril de 1948. Mas o desespero não o paralisou. Pelo contrário, seus ideais nacionalistas o fizeram engajar-se na Guerra Árabe-Israelense e, ao voltar para o Cairo, atuar como presidente da União Geral dos Estudantes Palestinos entre 1952 e 1956. Certamente, Arafat sentiu medo e desespero ao longo de sua trajetória, principalmente por não poder ver a Palestina livre, democrática e laica que tanto queria. Mesmo assim, sua militância aguerrida serviu de guia e inspiração para gerações de palestinos.

Podemos dizer o mesmo de Leila Khaled, que teve que fugir para o Líbano, ainda muito pequena, junto com a família, devido à invasão sionista em 1948. Essa experiência deve ter sido verdadeiramente aterrorizante. Mas o medo e o desespero foram impulsos para que Khaled se dedicasse à resistência palestina organizada no Líbano, como oficial da Frente Popular para a Libertação da Palestina (FPLP), membro do Secretariado-Geral das Mulheres Palestinas e atuando no cuidado de feridos em ataques israelenses. O desespero e o medo de Leila Khaled foram transformados em resistência à ocupação sionista que tomou sua casa e seu futuro na Palestina e que culminou, entre outras ações, no corajoso sequestro do voo 840 da Trans World Airlines (TWA), em 1969.

Para além das reações individuais de grandes lideranças palestinas, é importante compreender também como a coletividade lida com esse sentimento de desespero. Os palestinos, como comunidade, reconhecem que a maneira mais efetiva de transformar o desespero em ação concreta é resistir e permanecer. A partir da compreensão de que o objetivo central do projeto sionista é a expulsão dos palestinos, fincar pé na terra e preservar as raízes da Palestina é ato primordial da resistência coletiva. Assim, transforma-se o desespero em coragem de viver sob a mira dos rifles israelenses.

Durante tantos dias de genocídio em Gaza, muito falou-se sobre os corredores humanitários, sobre a possibilidade de diversos países, como o Brasil, receberem refugiados, sobre garantir condições para que os palestinos pudessem sair de Gaza "em segurança". Pouco se refletiu sobre a possibilidade de garantir a segurança para que os palestinos pudessem *ficar* em Gaza. No final das contas, o povo se viu na posição de dar a vida tentando permanecer, ou matar a própria alma e a própria história para sair do maior campo de concentração existente nos dias de hoje, e essa é uma escolha que ninguém deveria ter de fazer. Aqueles que optam por lidar com a dor da fuga nunca se recuperam. Milhares de palestinos que deixaram a Palestina ainda jovens, com a esperança de voltar, morreram na amargura de não ter vivido tempo suficiente para ver sua terra livre de novo. Meu avô foi um desses.

Os palestinos na diáspora, por sua vez, como comunidade, devem compreender que, estando fora do alcance físico das balas e bombas israelenses, são aqueles que podem ecoar o grito de dor de seu povo. Dessa forma, carregam a enorme missão de dar continuidade à luta de não deixar que nossas raízes, por tantos séculos cultivadas, sejam cruelmente arrancadas; de não deixar que nossa história milenar seja apagada. Sou apenas mais uma entre os milhões de palestinos em diáspora, mas me enxergo como um amplificador das vozes caladas pela política genocida de Israel. Sou a continuidade do sonho do meu avô.

Se eu não puder ver minha terra livre, embrulharei nosso sonho no meu *thobe* mais lindo e o entregarei aos meus filhos, na esperança de que eles possam ver com os próprios olhos a nobreza da história construída por nós, acolhida naquela pequena casa de pedras em uma Palestina livre e soberana.

SHARIF SHABAZZ é ator, rapper, poeta, podcaster, arte-educador e escritor. Primeiro vencedor do Slam de Poesia do Brasil. Muçulmano. Pai da Aisha.

As chaves de Yaffa

SHARIF SHABAZZ

A valente estratégia de um povo pra sobreviver:
sempre lembrar de jamais esquecer.

Yaffa tem cinco anos de idade. Seus dois grandes e lindos olhos castanhos expressam doçura e alegria. Com cabelos escuros e cacheados, Yaffa é tão encantadora quanto esperta — e provavelmente uma das maiores fãs de *Frozen* de toda a Terra. Em seu quarto, é possível encontrar pôsteres da mundialmente famosa animação da Disney por todas as paredes. Ao telefone com ela, pergunto sobre as coisas de que mais gosta, e a criança responde de modo terno e amável que gosta de correr e brincar. Yaffa mora em um apartamento na região central da cidade de São Paulo com o pai, Rami Othman, a mãe, Rahaf Hussin, a avó, Lutfia Hussin Waked, e o irmão mais novo, Omar, de apenas dois anos. Assim como Omar, Yaffa nasceu no Brasil. Seus pais, no entanto, são sírio-palestinos. Rami e Rahaf nasceram em um campo de refugiados em Sbeineh, na Síria, uma cidade a catorze quilômetros de Damasco.

Conheci Rami Othman no Ramadã de 2023 (ano 1444 do calendário islâmico). Nos víamos todos os dias durante as orações na mesquita, onde ele normalmente estava acompanhado do irmão Muhamamd Othman e da mãe, Lutfia. Na ocasião, eu estava procurando emprego. Rami disse que estava prestes a inaugurar um pequeno restaurante em um excelente ponto da cidade. Sua aposta comercial foram lanches rápidos inspirados na gastronomia turca. O pai de Yaffa explicou-me seu novo negócio e ofereceu-me uma vaga, que prontamente aceitei. Passadas as festividades que marcaram o fim do Ramadã daquele ano, ele inaugurou o pequeno box em um logradouro próximo à Avenida Paulista. Fui, então, seu primeiro funcionário. Aprendi sobre o preparo dos lanches de kafta e os segredos de dourar a kunafa por fora sem deixá-la fria por dentro. Conforme ele ia me ensinando o trabalho, vez ou outra contava partes da história da família, da Palestina e da sua chegada ao Brasil.

Entre o preparo de um lanche e outro, um dia indaguei:

— Rami, como é a Palestina?

Ele respondeu:

— Eu nunca vai na Palestina.

— Como assim, nunca esteve na Palestina?

Ele respondeu rindo, com pesar:

— Nem meu pai conheceu a Palestina.

E este é o ponto em que a explicação de Rami e o fio da história se encontram.

Em 1948, após a criação oficial do Estado de Israel, a cidade de Yaffa, assim como outras cidades palestinas, foi anexada ao território israelense, e dezenas de milhares de árabes foram obrigados a buscar refúgio em países como Líbano e Síria. Esse evento histórico, conhecido como Nakba, "a catástrofe", fez com que Yunus Othman, avô de Rami — nascido na Palestina, em Safad, capital da Galileia —, passasse a fazer parte daqueles exilados, juntamente com seus familiares.

A família foi forçada a instalar-se precariamente num campo de refugiados nas Colinas de Golã (em árabe, Al-Jawlam), que fazia parte da região oriental da Síria e que posteriormente seria também anexada pelo Estado de Israel como consequência da Guerra dos Seis Dias, em 1967. Quando isso ocorreu, os avós de

Rami, junto com outras dezenas de milhares de árabes, foram obrigados a se deslocar outra vez, em um novo êxodo dentro do território sírio. Tal evento é nomeado pelos árabes de Naksa, algo como "o revés", uma forma de se referir à derrota árabe contra Israel.

O pai de Rami, Hassan Othman, caçula de nove irmãos, nasceu no campo de refugiados de Sbeine, na Síria, em 1958. E lá ele também morreu, em 1989. Rami Othman nasce em 1985, no mesmo campo sírio. As estimativas dão conta de que centenas de milhares de palestinos foram deslocados forçadamente desde a guerra de 1948. A partir da Naksa, em 1967, novamente milhares fugiram da Cisjordânia e de Gaza para o interior da Jordânia, outros tantos saíram de Gaza rumo ao interior do Egito, e outros ainda deixaram Al-Jawlam com destino ao interior da Síria.

No Ramadã do ano islâmico de 1445 (2024), vigente enquanto escrevo estas linhas, encontrei Rami no Centro Cultural Islâmico Virgem Maria, no Cambuci, em São Paulo, onde há uma pequena mesquita. Assim como eu, ele lá estava para quebrar o jejum e realizar a oração que corresponde ao início do crepúsculo — em árabe, *Salat Maghrib*. Me voltei para ele e o saudei da maneira tradicional dos muçulmanos:

— *As Salaam Alaikum*.

Em seguida, engatei meu árabe sofrível:

— *Ana Adrass' Madinat Yaffa*.

Foi o suficiente para ter cem por cento de sua atenção:

— Você está estudando sobre Yaffa?

— Sim!

— Você vai escrevê sobre cidade de Yaffa?

— Não, *habib*. Eu quero escrever um texto sobre sua filha, Yaffa. E, através da história dela, contar a história de povoados que, como Yaffa, foram roubados por Israel.

Descubro através de fotografias e registros históricos que Yaffa era uma cidade portuária de vida pulsante e culturalmente vibrante, com teatros, cafés e um notável cinema chamado Al-Hambra, hoje convertido em um centro de memória judaica. Yaffa agora é parte de Tel Aviv e constitui, com suas maravilhosas praias, um importante polo turístico para Israel.

A escolha do nome da filha de Rami representa algo muito comum na diáspora palestina: o costume de batizar filhos com o nome de cidades de sua terra natal. Haifa, Ramallah, Rafah, Nablus, Jenin, Yaffa.

— Para nunca esquecer Palestina! — diz Rami.

Além do costume dos nomes, Rami narra que era muito natural que as famílias que viviam nos campos de refugiados mantivessem expostas nas paredes de suas moradias as chaves das suas antigas casas na terra natal, hoje pertencentes ao território de Israel: uma forma de afirmar que um dia voltarão, não importa quanto tempo passe. Já se passaram 76 anos. Como terá sido para uma criança como Rami ver todos os dias uma chave pendurada na parede de casa? A criança aprendendo que aquela é a chave da casa que pertence a ela, mas onde ela nunca morou, e que fica na terra que também é dela, mas onde nunca esteve e para a qual, a despeito de nunca a ter conhecido, um dia voltará.

Como pode sobreviver um país sem chão? Com qual força sobrevive na memória desse povo, geração após geração, a ideia de uma gente e do lugar ao qual essa gente pertence? Como esse lugar dá sentido à existência dessa gente?

Em 2011, sob o governo de Bashar Al-Assad, teve início uma guerra civil na Síria que fez centenas de milhares de vítimas e que, infelizmente, perdura até hoje, produzindo uma série de violentos conflitos. Foi essa guerra que provocou o deslocamento de Rami para o Líbano, onde residiu por cerca de três anos antes de vir ao Brasil, em 2015. Aqui, as dificuldades foram imensas, começando pelo idioma. Rami conheceu a esposa, Rahaf, já em terras brasileiras. Ambos possuíam histórias familiares diaspóricas semelhantes. Uniram-se e lutaram muito juntos: venderam quitutes árabes na rua e moraram na região central de São Paulo, na ocupação Leila Khaled, fruto da luta do movimento organizado por moradia, que até hoje abriga muitas famílias árabes que emigraram de diferentes países por diversos motivos.

Yaffa é resultado de cinco êxodos desde Safad, na Palestina, em 1948. Nascida no Brasil em 2019, sua existência representa a possibilidade de retorno, consequência de sua cidadania brasileira que permite a ela ter um passaporte aceito em 173 países sem a necessidade de visto. De ancestrais que foram usurpados e despojados da própria terra, impelidos a atravessar quatro gerações como refugiados, Yaffa é a primeira da sucessão familiar a ter uma identidade nacional legal e reconhecida, sem status de refugiada no documento, como tiveram seus pais, avós e bisavós.

Essa criança traz consigo não somente a memória da Palestina mas a esperança e o sonho de voltar para a terra de onde seu bisavô Yunus jamais deveria ter saído. Ela carrega em seu futuro novas possibilidades para si e para sua família. De agora em diante, a chave não ficará mais na parede da casa nem no imaginário: Yaffa tem nas mãos todas as chaves do mundo.

FELIPE BENJAMIN FRANCISCO é pesquisador do grupo Tarjama — Escola de Tradutores de Literatura Árabe Moderna, da Universidade de São Paulo, e um dos tradutores da coletânea de poemas *Gaza, terra da poesia* (Tabla, 2022).

O genocídio versificado: testemunhos de três poetas de Gaza

FELIPE BENJAMIN FRANCISCO

Estes poemas nasceram nos meses que se seguiram ao 7 de outubro de 2023. A poesia reverbera o desalento, a frustração e o luto envolvendo o dia a dia de três jovens poetas palestinos que encaram, neste exato momento, o que talvez venha a ser considerada a face mais mórbida da história da Nakba, a catástrofe que atravessa décadas e lhes ceifa o passado, o presente e o futuro.

Trata-se de uma elegia aos *chuhadâ'* [mártires], termo árabe utilizado pelos palestinos para se referir não necessariamente àqueles que morreram na resistência e na luta armada, mas a todos que perderam a vida — de forma natural ou não — como resultado da condição de ser palestino, seja em sua terra ocupada, seja na diáspora.

A tradução destes versos do árabe ao português é uma tentativa de dar voz aos que testemunham e vivem, ao lado de seus entes queridos, o genocídio corrente na Faixa de Gaza. Que possamos ouvir suas vozes.

×

Enquanto se desvia da nossa morte, pare um instante e escreva,
altere o ano no esquecimento, e desenhe
por uma flor pisada pelo soldado, vamos plantar frutos
por uma criança que se perdeu a caminho de seu riso, não
vamos esquecer
pois quantos de nós foram assassinados nos detalhes que
se esquecem.

Venham, vamos tentar nos milagres, vamos viver no conto como
uma bebezinha
que ainda não vislumbrou a vida, e juntemos corpos dilacera-
dos com todo
desejo e desilusão contidos neles, venham,
vamos tocar o impossível com os dedos das lindas mulheres
dilaceradas, e cantemos
através das gargantas delas que nos fizeram poetas e artistas
quem sabe
o mundo fique verde, cheio de possibilidades
de amar
nossa morte é dura
por isso não a releguem à história e ao esquecimento.

Só se pede que sejamos humanos chafurdando
no barro
da criação
no espírito primeiro
só se pede que gravemos a cena
com todas as tragédias despidas da perfídia dos idiomas
e uma única imagem, em que estamos sujos de sangue
até o nome.
Registrar é uma tentativa desalentada de alcançar a verdade
da dor.

Nossa morte é dura
por isso não a releguem à história e ao esquecimento.
Nossa morte é dura,
por isso revivemos na ausência todos que morreram como o impossível
para que eles sejam testemunhas do mundo que cortou as asas dos pequeninos
e riscou com projéteis
o nosso céu.

— Haidar Alghazali
Instagram: @haidar.ghazali

×

Gaza da memória

Minha terra são ruínas
pois levem os restos do lar
e nos construam um porto
ou um corredor
aos viajantes de regresso.

Minha terra são ruínas
e por que regressar,
se na infeliz cidade, tudo
à saudade está sujeito?
O dia de ontem,
os pássaros no céu,
as estrelas cintilantes...

Minha terra são ruínas
e de que serve chorar?
Quem vai retomar a batida
que tanto marcou nossa dança,
as canções alternadas,
e as conversas sobre a nação,
nação agora
pilha de memórias...

Minha terra são ruínas
minha terra pilha
de
memórias...
sobre minha ferida
sou eu quem sai triunfante
ao enfrentar o silêncio e a vitória?
Nós, que triunfamos como profetas...

jejuamos de pão
jejuamos de amor
com a morte à espreita.
E se jejuamos de tudo,
lamentar o quê
por nossas tristezas,
o que lamentar?

Minha terra são ruínas,
e mártires são
todos
que eu amar.

— Ahmad Assuq
Instagram: @ahmad_alsouq

×

Quem lava o sangue que cuspo
nas calçadas da cidade, meu Deus?
Sem água
nas torneiras
sem socorristas,
bombeiros,
ou enfermeiros
aqui
todos eles caíram
pra dentro do céu...
não bateram
na porta
não pularam
pela janela
pois todas as entradas foram arrombadas.

Estes ossos que se compadecem
das cabeças de peixe
eles nada fizeram para serem mortos
ossos de companheiros dos mártires,
e daqueles que não tiveram o luxo
da morte natural
não deram adeus
nem deixaram um último pedido!

Entre o céu e a terra
sobre uma linha, fio de cabelo
sou o ser racional mais imparcial da espécie
me equilibro
entre a histeria, o bater de dentes,
e a desgraça capital do espírito.
Talvez a loucura me invada
ou quem sabe uma pontada no coração
permita às valas comuns

emergirem
com saudações a cadáveres,
desilusões,
e uma esperança perdida
que correm no sangue,
como enfermidade
que paralisa...

— Adham Alaqqad
@adham.aq

MILTON HATOUM nasceu em Manaus, em 1952. Estudou arquitetura na Universidade de São Paulo (USP) e estreou na ficção com *Relato de um certo Oriente* (1989). Seu segundo romance, *Dois irmãos* (2000), foi adaptado para televisão, teatro e quadrinhos. Também publicou *Cinzas do Norte* (2005), *A cidade ilhada* (2006) e *A noite da espera* (2017), entre outros livros.

O último abraço[1]

MILTON HATOUM

Para Safa Jubran e Elias Khoury

Eles não podiam perder tempo: pararam numa encruzilhada, trocaram poucas palavras e se despediram com um abraço breve. Adam ainda respondeu ao aceno do amigo e seguiu pelo campo escuro. Não era a escuridão da masmorra onde vegetavam desde a juventude. Agora, o homem envelhecido se lembra da primeira conversa com Mourid sobre o plano da fuga: o sonho dos prisioneiros em sua própria terra.

— *Vamos cavar um buraco com uma colher.*

— *Onde?*

— *Na latrina dessa jaula, Mourid. A gente cava até encontrar a tubulação do esgoto e depois a gente cava debaixo da muralha e sai por um buraco.*

— *Quanto tempo isso vai levar?*

— *Há quanto tempo a gente está morrendo aqui?*

— *Vinte anos e dezessete dias.*

Durante a noite, quando gritos ecoavam na masmorra, as mãos cavavam a liberdade. Mais de duzentas noites para descer

1 Os trechos deste conto que aparecem grifados são versos de Mahmud Darwich publicados em *Onze astros* (Tabla, 2021), com tradução de Michel Sleiman.

ao fundo da terra e correr e andar por horas e horas até alcançar a encruzilhada.

— *Você vai ser caçado no campo, Adam. Por que não vem comigo para a cidade?*

— *Cidade? Você chama de cidade aquele campo de refugiados? Vão caçar a gente em qualquer lugar da nossa terra.*

Mourid vai ser algemado na casa de parentes ou de amigos: todos serão presos, depois a casa será destruída pelos soldados. De vez em quando Adam olha para o alto: as estrelas e a lua estão ocultas na noite opaca, o céu ainda é uma intuição. Ele sabe que a colina suave não está longe, sabe também que não pode parar... Quando uma faixa avermelhada surge para além da colina, Adam divisa cavidades na terra ondulada. Você era um cadáver no cárcere, rastejou pela tubulação do esgoto no fundo da terra, sentiu o cheiro das entranhas de centenas de prisioneiros, agora sente o fedor do lodo na roupa e na pele úmida. Por que esse amanhecer demora tanto? Você diminui os passos, e agora se lembra com nitidez dos colonos, armados com fuzis e facões, abatendo as árvores e urinando nas cavidades das raízes arrancadas. Você tinha dezesseis anos e os chamou de ladrões e assassinos, atirou uma pedra no peito de um homem alto, e quando ele caiu de costas, não ria mais: você viu os braços brancos do intruso, as mãos dele e de outros saqueadores estrangeiros haviam cortado oliveiras e invadido nosso vilarejo e queimado casas e lojas e espancado mulheres e crianças; depois foram embora, gargalhando da nossa desgraça. Jamais serão punidos pela lei, que os protege. Antes de ser preso e torturado, você abraçou o tronco de uma árvore solitária, a oliveira sobrevivente, e ouviu vozes que vinham de muito longe: "*Essas árvores contam a história de nosso povo, Adam. Elas são a nossa família, o alimento do nosso vilarejo, e todas permanecem no tempo e na memória e na vida*".

Vozes dos mortos, Adam. Vão e voltam. Agora você está sozinho, e já nem sabe quantos foram assassinados. Você rememora na masmorra os versos lidos e relidos por Mourid. Meu amigo dizia: "*Os que leem poesia são poetas*", depois recitava versos em voz baixa, como um fiel sussurrando orações numa caverna. O que eu esquecia, ele lembrava. Nosso rio nunca será o Lete, Adam: "*Nós fugimos desse tempo para o qual não estamos preparados ainda, iremos ao país dos pássaros, em bandos de pessoas do passado, olharemos nossa terra nas pedras da terra, nas fendas das nuvens, na fala das estrelas, no vento dos lagos, na flor que nasce nas covas, nas folhas dos álamos...*".

Já quase amanhece, e a voz de Mourid foi calada por balaços. Mas sempre haverá um intérprete para os que vagam durante a noite na tumba do céu. A voz de Adam sai fraca do seu corpo exausto, dilacerado, e se junta ao coro de crianças e poetas assassinados, que se dirigem aos intrusos armados: "*Ó brancos: mortos morrem, mortos vivem, mortos voltam, mortos revelam segredos*". E com a boca seca você pensa nos que sobreviveram aos massacres de 1948 e se refugiaram nessas colinas, longe de Lidd e Yaffa, longe do mar, que eles só podiam imaginar. Viveram anos e anos sob tendas de lona, agora estão espremidos, concentrados num campo sitiado, dormindo em casas e edifícios miseráveis, as paredes crivadas de balas e furadas por granadas de morteiros. Não podem ir a lugar nenhum. Alguns ainda viviam quando você era um menino, Adam, eles diziam que a memória da dor é a morte da humilhação, e que o silêncio do mundo esconde nossa morte. E quando ele viu a única árvore na colina suave, lembrou-se de sua avó, que cultivava no pomar uma oliveira rara, as azeitonas brancas pareciam pérolas opacas que dançavam ao ritmo do vento.

Você tirou a roupa lodosa, juntou seu corpo nu à oliveira e se abraçaram, duas décadas depois. Ficaram assim, você e a árvore abraçados no tempo, entregues ao devaneio e ao desejo de viver. Você não viu o facho de luz azulado rasgando o que restava da noite, nem o barulho feroz do helicóptero militar: não viu os soldados saltarem à terra e se aproximarem dos dois corpos enlaçados pelo último abraço.

CARLOS LATUFF nasceu no Rio de Janeiro e se autodenomina "cartunista político, cronista visual da barbárie e um amigo dos palestinos". Uma de suas personagens mais emblemáticas é a Mãe Palestina, que personifica a resistência e a resiliência das mulheres palestinas diante da constante Nakba que aflige o povo palestino, além de ser uma representação da própria terra palestina. Esta charge foi inspirada no poema "If I Must Die" [Se eu tiver que morrer], de Refaat Alareer, publicado on-line em inglês em 1º de novembro de 2023. Aos 44 anos, Refaat, assim como milhares de palestinos, foi assassinado em Gaza pelas forças militares israelenses.

LATUFF
2024

Primeira edição, setembro de 2024
São Paulo, Brasil

Dados Internacionais de Catalogação na Publicação (CIP)
Angélica Ilacqua CRB-8/7057

Gaza no coração: história, resistência e solidariedade na Palestina / organizado por Rafael Domingos Oliveira.
— São Paulo: Elefante, 2024.
424 p.

Bibliografia
ISBN 978-65-6008-041-6

1. Conflito Árabe-israelense 2. Palestina I. Oliveira, Rafael Domingos

24-3246 CDD 956.940

Índices para catálogo sistemático:
1. Conflito Árabe-israelense

---

elefante

editoraelefante.com.br
contato@editoraelefante.com.br
fb.com/editoraelefante
@editoraelefante

Aline Tieme [comercial]
Samanta Marinho [financeiro]
Yana Parente [design das redes]
Beatriz Macruz [redes sociais]

FONTES Archivo e Signifier
PAPÉIS Cartão 250 g/m² & Ivory slim 65 g/m²
IMPRESSÃO BMF Gráfica